dtv

Instant Influence: so heißt die revolutionäre Methode des renommierten US-Psychologen und Motivationsspezialisten Michael Pantalon. Egal, ob man seinen Partner davon überzeugen möchte, endlich mit dem Rauchen aufzuhören, ob man einer guten Freundin den nötigen Impuls liefern möchte, mehr für ihre Fitness zu tun, ob man als Abteilungsleiter seine Mitarbeiter für eine neue Geschäftsstrategie begeistern möchte, ob man selbst die längst überfällige Steuererklärung vom Tisch haben will oder seine Kinder dazu bringen möchte, ihr Zimmer aufzuräumen – Pantalons wissenschaftlich erprobter Ansatz lässt sich in allen Lebenssituationen anwenden. Und der Clou dabei ist: Die nur sechs einfachen Schritte kann man in sieben Minuten durchziehen. Instant Influence hilft Menschen, ihre eigene Motivation zu entwickeln, denn nur so lassen sich innerhalb kürzester Zeit Blockaden abbauen und nachhaltige Veränderungen einleiten.

Michael Pantalon ist Therapeut, Motivationstrainer und Autor. Der mit Preisen ausgezeichnete Psychologe unterrichtet und forscht an der Yale School of Medicine.
Pantalon hat seine Methode mit großem Erfolg in den verschiedensten Bereichen eingesetzt. Er hat u. a. mit Führungskräften großer amerikanischer Unternehmen, mit Sozialarbeitern, Psychologen, Lehrern und Eltern gearbeitet sowie mit amerikanischen Gesundheitsbehörden, Krankenhäusern, Drogenrehabilitations- und Resozialisierungszentren.

Michael V.
Pantalon

MOTIVATION

Wie Sie sich
und andere
schnell und erfolgreich
motivieren

Aus dem Englischen von Thomas Pfeiffer

Ausführliche Informationen
über unsere Autoren und Bücher
www.dtv.de

Der Band erschien zunächst in der Reihe dtv premium unter
dem Titel: ›Nicht warten – starten. Das 7-Minuten-Programm
zur Motivation‹

Für meine Familie – meine Frau Marianne Sharsky Pantalon
und meine Söhne Matthew und Nicholas. Ihr inspiriert,
motiviert und beeinflusst mich jeden Tag auf die bestmögliche
Weise.
Für alle, die – komme, was da wolle – an dem Glauben festhalten, dass wir stets in der Lage sind, uns selbst und andere
auf Dauer zu beeinflussen.

Ungekürzte Ausgabe 2015
dtv Verlagsgesellschaft mbH & Co. KG, München
© 2011 by Michael V. Pantalon
Titel der amerikanischen Originalausgabe:
Instant Influence. How to Get Anyone to Do Anything – Fast
(Little, Brown and Company, Hachette Book Group, New York)
Dieses Werk wurde vermittelt durch die Literarische Agentur
Thomas Schlück GmbH, 30827 Garbsen
Deutschsprachige Ausgabe:
© 2012 dtv Verlagsgesellschaft mbH & Co. KG, München
Umschlagkonzept: Balk & Brumshagen
Umschlaggestaltung: Katharina Netolitzky
Satz: Greiner & Reichel, Köln
Druck und Bindung: Druckerei C.H.Beck, Nördlingen
Gedruckt auf säurefreiem, chlorfrei gebleichtem Papier
Printed in Germany · ISBN 978-3-423-34846-1

Inhalt

Folge jenem Willen und jenem Weg, der sich durch Erfahrung als dein eigener erweist … C. G. Jung

Einleitung: Instant Influence in Aktion

Die Manager von General Electric starrten mich skeptisch und unwillig an. Ich konnte es ihnen nicht verdenken: Diese Experten aus dem Personalmanagementbereich waren bestens vertraut mit ihren eigenen Abläufen im Umgang mit schwierigen Mitarbeitern, und nun sollten sie auch noch meinen Ansatz lernen? Das Fortbildungsseminar war obligatorisch, aber ihre fest vor der Brust verschränkten Arme und der verschlossene Ausdruck in ihren Gesichtern signalisierten ihre unverkennbar ablehnende Haltung. *Auch wenn ich an dieser Veranstaltung teilnehmen muss,* brachten sie mit ihrer Körpersprache zum Ausdruck, *heißt das noch lange nicht, dass es mir auch gefallen muss.*

Sollte es mir nicht gelingen, ihre Aufmerksamkeit möglichst schnell zu wecken, würde ich sie niemals davon überzeugen, dass es sich lohnte, sich mit meiner Technik für den Umgang mit unmotivierten Mitarbeitern zu befassen. Ich würde nur ein paar Stunden mit ihnen verbringen. Wollte ich ihnen meinen neuen Ansatz vermitteln, brauchte ich jede Minute davon. Aber wie viel würde es bringen, wenn ich den ganzen Morgen auf sie einredete und sie nicht mitmachten?

Nun, meine Methode nennt sich nicht umsonst Instant Influence, und eins ihrer faszinierendsten Merkmale ist, dass sie nahezu sofort wirkt, häufig binnen sieben oder noch weniger Minuten. Warum sollte ich in dieser Situation also nicht sieben Minuten in den Versuch investieren, die Aufmerksamkeit der vor mir sitzenden Manager zu wecken?

Was ist Instant Influence?

Als Psychologe und Forscher an der Yale Universität habe ich mich über viele Jahre hinweg damit befasst, wie man Menschen aus einer ablehnenden Haltung herausholt und motiviert. Zunächst arbeitete ich mit einer von William R. Miller und Stephen Rollnick entwickelten und unter dem Begriff motivierende Gesprächsführung[1] bekannten Technik, fand aber eine Möglichkeit, diesen Ansatz weiterzuentwickeln.[2] Im Laufe der vergangenen fünfzehn Jahre habe ich eine sechsstufige Version der Methode entwickelt, die so schnell und effektiv ist, dass sie in der Tat einen sofortigen Einfluss – eben Instant Influence – auf die Menschen hat.

Instant Influence ist die einzige wissenschaftlich belegte Methode, mit der man Menschen in sieben oder weniger Minuten motivieren kann. Sie motiviert Leute zum Handeln, indem sie sie ermutigt, eigene Gründe für das zu finden, wozu man sie auffordert. Mit nur sechs einfachen Fragen können Sie Ihrem Gegenüber helfen zu erkennen, warum er etwas Bestimmtes tun sollte: mit dem Rauchen aufhören, pünktlich zur Arbeit kommen, seine Quartalsberichte termingerecht erstellen oder die zwanzig Euro zurückzahlen, die er Ihnen schuldet. Instant Influence funktioniert praktisch immer und überall. Sie können diesen Ansatz auch bei sich selbst anwenden, beispielsweise um produktiver zu werden, sich an Ihren Diätplan zu halten, regelmäßig Sport zu treiben oder um irgendetwas anderes zu erreichen, mit dem Sie sich schon länger schwertun – egal, worum es sich dabei auch handeln mag. Die Methode funktioniert bei Menschen, die sich ändern möchten und bereit sind, damit anzufangen, bei Leuten, die sich eigentlich ändern wollen, aber Angst davor haben, sowie bei Leuten, die sich *nicht* ändern wollen. Es kommt eigentlich nicht darauf an, wer damit arbeitet – Instant Influence funktioniert einfach.

Die zwei entscheidenden Vorteile von Instant Influence sind, dass Sie die Technik schnell erlernen können und fast sofort Ergebnisse zu sehen bekommen.[3] Ich habe das Verfahren auf Anfrage von gestressten Notaufnahmeärzten entwickelt, die nach Mitteln und Wegen suchten, Patienten zu motivieren, die wegen alkoholbedingter Unfälle und Gesundheitsprobleme in die Notaufnahme kamen. Die Ärzte wollten diese Leute dazu bringen, sich bei ihrem Alkoholproblem helfen zu lassen, hatten dazu aber nur die kurze Zeit zur Verfügung, in der die Patienten bei ihnen in der Notaufnahme waren. Das heißt, den Ärzten blieben nur rund sieben Minuten, um mit ihrem Anliegen zu den mehr oder weniger stark alkoholisierten Patienten durchzudringen, die nicht unbedingt davon überzeugt waren, dass sie Hilfe benötigten.

Sieben Minuten, widerwillige Patienten und das hektische Durcheinander in einer Notaufnahme: Wie soll man Menschen unter solchen Umständen nur dazu motivieren können, ihr Leben zu ändern? Die Antwort ist einfach: Sie müssen *ihre eigenen Gründe* dafür finden. Menschen handeln für gewöhnlich aufgrund ihrer eigenen Beweggründe, nicht aufgrund derer anderer Leute. Wenn sie ihr Verhalten ändern, weil ein anderer Mensch etwas Bestimmtes gesagt hat, dann ist diese Verhaltensänderung in den meisten Fällen nicht von Dauer. Das Geheimnis von Instant Influence besteht darin, dass es den Menschen hilft, ihre eigenen Gründe dafür zu entdecken, etwas Bestimmtes zu tun, selbst wenn sie dachten, dass sie es nicht tun wollten.

Man hilft Leuten nicht, indem man ihnen sagt, warum sie sich ändern sollten, sondern vielmehr, indem man sie fragt, warum sie sich ändern möchten. Hier nun die sechs Schritte, die es Ihnen ermöglichen, die Instant-Influence-Methode umzusetzen:

Schritt 1: Warum könnten Sie sich ändern wollen? (Oder um sich selbst zu beeinflussen: Warum könnte ich mich ändern wollen?)

Schritt 2: Wie groß ist Ihre Bereitschaft, sich zu ändern – auf einer Skala von 1 bis 10, wobei 1 »überhaupt nicht bereit« und 10 »vollkommen bereit« bedeutet?

Schritt 3: Warum haben Sie keine kleinere Zahl genommen? (Falls die Zielperson die 1 gewählt hat, stellen Sie Frage 2 erneut, und zwar auf einen kleineren Veränderungsschritt bezogen, oder fragen Sie, was nötig wäre, um aus dieser 1 eine 2 werden zu lassen.)

Schritt 4: Stellen Sie sich vor, Sie hätten sich verändert. Was wären die positiven Resultate?

Schritt 5: Warum sind Ihnen diese Resultate wichtig?

Schritt 6: Was ist, wenn überhaupt, der nächste Schritt?

Die Ärzte aus der Notaufnahme wendeten meinen Ansatz mit so großem Erfolg an, dass die Probleme mit Alkohol bei den betroffenen Patienten um nahezu die Hälfte reduziert wurden – allein durch siebenminütige Gespräche. Seitdem hat sich Instant Influence als Standardinstrument in Notaufnahmen und großen Traumazentren in den gesamten USA durchgesetzt und Ärzte sind landesweit verpflichtet, die Methode während ihrer Ausbildung zu erlernen.

Nachdem ich diese Technik entwickelt hatte, machte ich mich daran, sie auf andere Bereiche zu übertragen. Ich habe Instant Influence in allen möglichen Bereichen eingeführt, vom mittleren Management über den Außendienst und Personalabteilungen bis hin zur Geschäftsleitungsebene. Ich habe Mitarbeiter und Topmanager von Unternehmen wie Bayer, Bristol-Myers Squibb und General Electric geschult und beraten und darüber hinaus Seminare an Trainingszentren wie der American Management Association und dem Addiction Technology Transfer Center gehalten. Ich habe mit Eliteuniversitäten wie der Yale-, Harvard- und Brown-Universität zusammengearbeitet sowie mit großen Bundesbehörden wie etwa dem US-Gesundheitsministerium, mit renommierten medizinischen Zentren wie dem New Haven Krankenhaus an der Yale Universität, dem McLean Krankenhaus an der Harvard Universität und dem NYU Langone Medical Center sowie mit zahllosen Justizbehörden und Bewährungseinrichtungen auf Länderebene. Ich habe Mitarbeiter renommierter Drogen- und Alkohol-Therapiezentren geschult, darunter Mitarbeiter der Hazelden-, der Betty-Ford- und der Crossroads-Klinik auf Antigua. Ich habe Dienstleister im Gesundheitswesen, Sozialarbeiter, Psychologen, Psychiater und Fallmanager für Obdachlose ebenso in Instant Influence unterrichtet wie Lehrer und Eltern.

Nach über fünfzehn Jahren der Lehre und Forschung sowie der praktischen Beratungsarbeit weiß ich, dass Instant Influence bei so gut wie jedem Menschen – vom hoch motivierten CEO bis hin zum renitentesten Teenager – angewendet werden kann.[4] Die Technik funktioniert ebenso gut bei Kollegen wie bei Freunden und Verwandten und selbst bei Fremden. Sie können Instant Influence auch einsetzen, um selbst ein Ziel zu erreichen, egal, worum es sich dabei auch handeln mag. Ob es um bessere Leistungen in der Arbeit, ein größeres Verhandlungsgeschick oder um höhere Umsätze geht oder darum, Diätpläne und Fitnessprogramme durchzuhalten, mit dem Rauchen aufzuhören oder Probleme in persönlichen Beziehungen zu lösen.

Menschen dazu bringen, sich selbst zu überzeugen

Da Menschen viel besser reagieren, wenn sie aus eigenen statt aus fremden Beweggründen heraus handeln, müssen wir ihnen helfen, diese Gründe möglichst schnell zu erkennen. Haben Sie es allerdings wie ich im Falle der Personalmanager der Firma General Electric mit renitenten Leuten zu tun, wirkt es oft Wunder, wenn Sie auf ihre ablehnende Haltung eingehen, statt dagegen anzukämpfen.

Natürlich ist das leichter gesagt als getan, insbesondere wenn man von fünfzig skeptischen Leuten angestarrt wird. Aber ich vertraute auf meinen Ansatz und nahm die Herausforderung an.

»Guten Tag«, sagte ich so ruhig ich konnte, »ich weiß, dass keiner von Ihnen heute wirklich freiwillig hier ist. Und vielleicht haben Sie keine sonderlich große Lust darauf, sich einen Vortrag über irgendeine neue ›fantastische‹ Methode anzuhören, die sich irgend so ein elitärer Eierkopf ausgedacht hat.« Damit zeigte ich ihnen nicht nur, dass ich ihre Ablehnung ernst nahm, sondern ich tat auch etwas, das in der Motivationsforschung als »den Überbringer anschwärzen« bezeichnet wird. Beides sind wichtige Techniken zur Stärkung des Autonomiegefühls der Zielpersonen.

Wie erhofft, erntete ich mit meiner Selbsterniedrigung ein paar Lacher, und ein paar meiner Zuhörer warfen sich überraschte Blicke zu. Dass ich ihre Sichtweise offen ansprach, statt zu versuchen, sie von meiner zu überzeugen, war das Letzte, was sie erwartet hatten.

»Also«, fuhr ich fort, »warum sind Sie hier?«

Die ansatzweise positive Stimmung war auf einen Schlag wieder dahin.

»Wir sind hier, weil wir hier sein *müssen*«, antwortete eine Frau, wobei sie jedes Wort übertrieben deutlich betonte.

»Wirklich? Das heißt, alle Personalmanager sind hier? Ohne Ausnahme?«

Damit erntete ich erneut ein paar Lacher. »Na ja, Frank ist nicht hier«, sagte ein Mann. »Er findet immer einen Weg, sich zu drücken. Was war es dieses Mal – ein Zahnarzttermin?«

»Nun«, sagte ich, »damit wäre Folgendes klar: Sie hätten sich wie Frank um dieses Meeting herumdrücken können, aber das haben Sie nicht. Also sagen Sie mir: Warum sind Sie hier?«

Ich hatte gerade Schritt 1 angewendet: Warum könnten Sie sich ändern wollen? (Oder, in diesem Fall: Warum haben Sie sich geändert?) Widerwillig fingen die Manager an, mir zu antworten. »Weil uns dieses Unternehmen wichtig ist und wir unsere Arbeit gut machen wollen«, sagten sie zum Beispiel, oder: »Meine Chefin hat mich darum gebeten und ich wollte nicht unkooperativ erscheinen.«

Die Antworten waren nicht schlecht, aber immer noch viel zu vage, um tatsächlich etwas zu bewirken. Wenn ich wollte, dass diese Leute ihre Haltung änderten, mussten sie persönlichere Gründe dafür finden.

»Okay«, sagte ich. Es war an der Zeit für Schritt 2: Wie groß ist Ihre Bereitschaft, sich zu ändern – auf einer Skala von 1 bis 10? Wie immer passte ich meine Ausdrucksweise den Menschen, vor denen ich sprach, und der konkreten Umgebung an und formulierte es weniger akademisch: »Wie sehr sind Sie – auf einer Skala von 1 bis 10 – bereit, sich meine heutige Präsentation anzuhören? Die Zahl 1 bedeutet dabei ›überhaupt nicht bereit‹ und 10 bedeutet ›vollkommen bereit‹.«

Die Manager schauten einander an und verdrehten die Augen. »Ich würde vielleicht eine 3 nehmen«, meinte eine Frau schließlich. Im Raum war zustimmendes Gemurmel zu hören.

»Großartig«, sagte ich und ging weiter zu Schritt 3: Warum haben Sie keine kleinere Zahl genommen? »Sie haben eine 3 gewählt. Warum haben Sie keine kleinere Zahl genommen?« Mit anderen Worten, warum hatte die Frau sich nicht als *noch weniger* motiviert beschrieben? Warum hatte sie 3 und nicht 2 oder gar 1 gesagt?

Diese Frage sorgt jedes Mal für Verblüffung. Die Leute erwarten von mir, dass ich sie frage, warum sie keine höhere Zahl genannt haben. Warum sie also nicht *mehr* motiviert sind. Warum sie keinen stärkeren Wunsch haben, das zu tun, was sie meiner Meinung nach tun sollten.

Aber genau das hatte ich nicht gefragt. Ich hatte sie gefragt, warum ihre Motivation so groß war wie angegeben. Warum waren sie bereit, sich meine Präsentation anzuhören? Warum waren sie hier?

Es dauerte eine Weile, aber schließlich bekam ich eine Antwort. »Der Grund ist folgender«, sagte ein Mann. »Obwohl ich wirklich von der Art und Weise überzeugt bin, wie wir hier arbeiten, und obwohl ich persönlich an der Weiterentwicklung unserer gegenwärtigen Abläufe beteiligt war – und obwohl ich *weiß,* dass sie funktionieren –, gibt es trotz alledem ein paar Mitarbeiter, mit denen wir einfach nicht zurechtkommen. Vielleicht funktioniert Ihr Ansatz ja bei, sagen wir einem davon. Deswegen bin ich hier.«

Hier und da nickten zwar ein paar Leute und es gab einige weitere Zeichen der Zustimmung, aber ich hatte immer noch nicht das Gefühl, die Zuhörer überzeugt zu haben. Man kann den Instant-Influence-Prozess an jedem beliebigen Punkt beenden, wenn man das Gefühl hat, dass der andere bereit für eine Veränderung ist. Wichtig ist nur, dass man nicht aufhört, *bevor* er dazu bereit ist.

Also machte ich weiter mit Schritt 4: Stellen Sie sich vor, Sie hätten sich verändert. Was wären die positiven Resultate? Ich suchte nach einem Weg, die Frage so zu formulieren, dass sie auf die Situation passte. »Ich glaube«, sagte ich schließlich, »wir alle würden davon profitieren, wenn wir einen Moment lang darüber nachdenken würden, warum Sie – nicht ich, nicht Ihre Vorgesetzten, sondern Sie selbst – diesen Ansatz jemals anwenden *wollen* könnten. Ich habe meine Gründe, an diesen Ansatz zu glauben, aber meine Gründe sind unerheblich, weil nicht ich mich mit Ihren Mitarbeitern auseinandersetzen muss. Sie müssen es tun. Nehmen wir an, Sie würden bereits mit meiner Methode arbeiten. Stellen Sie sich einfach einen Moment lang vor, es wäre so. Welchen Nutzen könnten Sie eventuell daraus ziehen?«

Eine lange, nachdenkliche Stille folgte. Schließlich meldete sich aus den hinteren Reihen ein Mann mittleren Alters zu Wort, ein Mann, der schwer zu überzeugen sein würde, wie die Organisatoren der Veranstaltung mich vorgewarnt hatten.

»Wissen Sie«, sagte er, »als Kind war ich nicht gerade ein Einser-Schüler. Um die Wahrheit zu sagen, heute würde man das, was ich damals hatte, wahrscheinlich als ADHS bezeichnen. Ich brachte es einfach nicht fertig, im Unterricht aufzupassen.

Zum Glück gab es eine Lehrerin, die an mich glaubte. Die sich die Mühe machte herauszufinden, was mir wirklich am Herzen lag, und irgendwie erreichte sie mich damit. Nicht mit dem, was ich tun sollte. Sondern mit den Dingen, die *mir* wichtig waren.

Wenn sie nicht gewesen wäre«, fuhr er nach einer Pause fort, »wer weiß, ob ich das Gymnasium geschafft hätte?

Wenn«, schloss er nach einer neuerlichen Pause, »Ihre Methode irgendwie in diese Richtung geht, und danach hört es sich eigentlich an, dann sollten wir sie vielleicht einmal ausprobieren.«

Der Mann war ein erfolgreicher Manager, der ganz offensichtlich den Respekt seiner Vorgesetzten und Kollegen genoss. Vor allem aber beeindruckte seine sehr persönliche Antwort die anderen im Raum. Irgendwie hatten wir den Bereich des »Man erwartet von mir« oder »Mein Chef möchte, dass ich« hinter uns gelassen und eine bedeutungsvollere Ebene erreicht. Eine Ebene, auf der die Anwesenden nach ihren eigenen Gründen dafür suchten, an dem Meeting teilzunehmen. Mit dem Ergebnis, dass dieser Mann in weniger als sieben Minuten seine extrem skeptische Einstellung gegenüber meinem Ansatz aufgegeben und besser und effektiver auf den Punkt gebracht hatte, warum er und seine Kollegen mir zuhören sollten, als ich es in meinem Skript jemals hätte vorformulieren können.

Wie so oft bei der Arbeit mit Instant Influence war einer der Teilnehmer vorangeprescht und hatte einen der Schritte zu Ende geführt, ehe ich ihn auch nur angesprochen hatte. In diesem Fall ging es um Schritt 5: Warum sind Ihnen diese Resultate wichtig? Der Mann, der sich zu Wort gemeldet hatte, hoffte ganz offensichtlich, mit der neuen Methode Mitarbeiter zu erreichen, die Probleme hatten. Das war ihm wichtig, weil er die Bemühungen seiner ehemaligen Lehrerin, zu ihm durchzudringen, so hoch schätzte.

Ich konnte sehen, dass auch die anderen Manager im Raum angestrengt nachdachten, vielleicht über Menschen in ihrem Leben, die ihnen geholfen hatten, oder vielleicht über die vielen scheinbar unzugänglichen Menschen, denen sie möglicherweise doch helfen konnten. Damit war der Prozess auf der persönlichen Ebene angekommen. Jetzt dachten sie über ihre eigenen Gründe für eine Veränderung nach.

Die Zeit war reif für Schritt 6: Was ist, wenn überhaupt, der nächste Schritt? Doch bevor ich den Mund aufmachen konnte, kam mir derselbe Mann ein zweites Mal zuvor. »Okay, Dr. Pantalon«, sagte er, »wie wär's, wenn Sie jetzt einfach mit Ihrer Präsentation anfangen? Wir alle haben heute noch viel zu tun, also sollten wir am besten gleich loslegen.«

Ich ließ meinen Blick durch den Raum schweifen. Dieselben Manager, die kurz zuvor noch mit abweisenden Mienen und einer demonstrativ desinteressierten Köperhaltung auf ihren Stühlen gesessen hatten, saßen jetzt nach vorne gebeugt und aufmerksam da. Auch wenn sie vom Konzept meines Ansatzes vielleicht noch nicht restlos überzeugt waren, so waren sie doch zumindest bereit, mir zuzuhören. In weniger als sieben Minuten waren sie von einer deutlichen Ablehnung zur prinzipiellen Bereitschaft umgeschwenkt, den ersten Schritt in Richtung einer Veränderung zu tun. Aber nicht, weil ich sie davon überzeugt hatte. Sie hatten einen Weg gefunden, sich selbst zu überzeugen.

Die Macht des *Warum*

Instant Influence kann Menschen in weniger als sieben Minuten dazu bringen, eine Bereitschaft zur Veränderung zu entwickeln. Diese Veränderung tatsächlich umzusetzen kann natürlich länger dauern. Doch wenn das Instant-Influence-Gespräch zu Ende ist, hat dieser Prozess bereits eingesetzt. Die Zielperson denkt nämlich schon darüber nach, aus welchen Gründen sie sich ändern möchte, und bereitet sich darauf vor, oft ohne sich dessen selbst bewusst zu sein. Sie stellt eine Verbindung zu ihren eigenen Gründen her und bereitet somit einen fruchtbaren Boden für den Samen der Veränderung. Die ersten Phasen des Wachstums sind nicht sichtbar, denn sie spielen sich unter der Oberfläche ab. Früher oder später aber wird ein erster kleiner Trieb ans Tageslicht stoßen – und das alles nur, weil Sie dieses erste, fruchtbare Gespräch mit diesem Menschen geführt haben.

Natürlich gibt es auch Fälle, in denen Instant Influence nicht funktioniert. Ist jemand fest entschlossen, sich gegen eine Veränderung zu wehren, kann keine Motivationstechnik der Welt etwas dagegen ausrichten. Wenn sich jemand partout nicht ändern möchte, wird er es auch nicht tun.

Viel häufiger jedoch hegen selbst noch die unzufriedensten Mitarbeiter, die schwierigsten Kunden, die renitentesten Teenager und die verbittertsten Ehepartner irgendwo tief in sich einen winzigen Funken Hoffnung, verspüren den Wunsch nach Ausgleich und Gemeinsamkeit. Ist dieser Funke, wie schwach auch immer, vorhanden, kann Instant Influence helfen, ihn zu einer leuchtenden Flamme anzufachen und entweder sofort Veränderungen zu bewirken oder auf lange Sicht neue Möglichkeiten zu eröffnen.

Mein Vater war der Erste, der mir zeigte, welche tief greifenden Veränderungen wir in unserem Leben erreichen können, wenn wir nur wirklich motiviert sind. Obwohl er damals erst 23 Jahre alt war und kein Englisch sprach, beschloss er, seine Heimat Kroatien zu verlassen und sich ein neues Leben in einer Welt aufzubauen, die ihm völlig fremd war: in den USA. Er brach 1962 als blinder Passagier zu seiner langen, mühseligen Reise auf, marschierte zu Fuß durch vier europäische Länder und lebte in Paris wochenlang unter einer Seine-Brücke. Er sollte bis 1965 unterwegs sein, drei ganze Jahre, bis er die Vereinigten Staaten erreichte, ein Land, in dem er niemanden kannte.

Was trieb meinen Vater die ganze Zeit über an? Es war sein unerschütterlicher Glaube an die Richtigkeit seiner Entscheidung. Er wusste, warum er ein Land verlassen wollte, das ihm nur begrenzte Möglichkeiten bot, und er wusste, warum er ein neues Leben beginnen wollte. Und so suchte und fand er ungeachtet der immensen Hindernisse einen Weg, seinen Traum zu erfüllen.

Bemerkenswert daran ist, dass mein Vater auf meine Frage, wie es ihm gelungen sei, sein Ziel zu erreichen, stets dasselbe antwortet: »Ich weiß es nicht.« Obwohl er sein Ziel schon vor so langer Zeit erreicht hat, hinterlässt die Frage nach dem Wie in uns beiden unweigerlich das Gefühl, dass das, was er damals wollte, eigentlich unerreichbar war. Aber wenn ich ihn frage, warum er Kroatien habe verlassen wollen, erwidert er immer: »Um frei zu sein.« Seine Gründe waren so persönlich und so stark, dass sie ihn in die Lage versetzten, jedes Hindernis zu überwinden.

Einmal fragte ich meinen Vater, ob er nicht im Nachhinein der Ansicht sei, damals ein wenig tollkühn gehandelt zu haben. »Weißt du, Michael«, antwortete er, »wenn ich mich einen Moment hingesetzt und darüber nachgedacht hätte, wie vollkommen verrückt mein Vorhaben war, hätte ich es wohl nie gemacht.« Zum Glück für meine Familie hat sich mein Vater nicht allzu sehr mit dem Wie beschäftigt. Stattdessen konzentrierte er sich unbeirrbar auf das Warum. Weil ihm seine Gründe so klar waren, war seine Motivation so groß – und das ermöglichte es ihm, seinen Traum zu verwirklichen.

Ich habe in meinem Leben nie ähnliche Hindernisse wie mein Vater überwinden müssen. Aber ich habe mit Menschen gearbeitet, die das getan haben: gefährdete Teenager, Psychiatriepatienten, drogen- oder alkoholabhängige Menschen, die verzweifelt nach einem Weg aus ihrer Abhängigkeit suchten. Und ich habe viele Leute geschult, die mit Menschen in schwierigen Lebenssituationen arbeiten: Sozialarbeiter, die in betreuten Wohngemeinschaften für Teenager tätig sind, Bewährungshelfer, die sich um vorzeitig aus der Haft entlassene Strafgefangene kümmern, Notaufnahmeärzte, die es mit betrunkenen Autofahrern zu tun haben. Durch meine Arbeit habe ich erfahren, dass die Frage nach dem *Warum* die vielleicht mächtigste Frage der Welt ist. Ob Sie nun bis in die Haarspitzen motiviert oder von Zweifeln zerfressen sind, ob Sie Ihr Ziel jemals erreichen werden: Wenn es Ihnen gelingt, den kleinen

Funken zu finden, den Grund dafür, warum Sie sich ändern wollen, dann kann Ihnen das die Kraft verleihen, Ihr Leben auf den Kopf zu stellen.

Die wenigsten von uns sind so motiviert, wie mein Vater es damals war. Zum Glück müssen wir das auch gar nicht sein. *Instant Influence* kann uns helfen, den ersten entscheidenden Schritt zu machen, um etwas zu verändern. Und dem, was dann möglich ist, sind kaum Grenzen gesetzt.

Teil I
Wie man andere dazu bringt, sich zu ändern – *und zwar schnell*

1 Was bringt Menschen dazu, sich ändern zu wollen?

Sie haben gerade das Fitnessstudio verlassen und machen sich auf den Weg in ein Café, in dem Sie mit einer Freundin, nennen wir sie Kelly, verabredet sind. Sie setzen sich zu ihr an den Tisch, und Kellys Blick fällt auf Ihre Sporttasche. »Ach je«, seufzt sie, »ich wünschte, ich wäre ebenso diszipliniert wie du. Irgendwie schaffe ich es einfach nie ins Fitnessstudio – ich habe seit Monaten nicht mehr trainiert.«

Als gute Freundin möchten Sie Kelly helfen und versuchen, sie zum Fitnesstraining zu motivieren. »Du solltest unbedingt wieder anfangen«, sagen Sie. »Du wirst besser aussehen. Du wirst dich besser fühlen. Du wirst länger leben …«

»Ich weiß, ich weiß«, antwortet Kelly. »Das wäre wirklich toll! Aber offenbar schaffe ich es einfach nicht anzufangen.«

»Der Einstieg kann ganz schön schwierig sein«, sagen Sie voller Verständnis. »Aber wenn du es geschafft hast, wirst du dich einfach großartig fühlen. Du hast jede Menge zusätzliche Energie und bekommst viel mehr auf die Reihe.«

»Mag ja sein. Aber ich fühle mich immer so müde.«

»Die körperliche Anstrengung bringt dich wieder auf Touren«, erwidern Sie. »Ich bin auch oft müde, aber dann fange ich mit dem Trainingsprogramm an und kurz darauf fühle ich mich hellwach.«

»Du hast gut reden. Du bist wirklich diszipliniert. Ich habe diese Disziplin einfach nicht.«

Da fällt Ihnen plötzlich eine Lösung für das Problem ein. »Warum buchst du nicht ein paar Stunden bei einem Fitnesstrainer? So habe ich angefangen. Zuerst hatte ich Angst, dass es viel zu teuer sein würde, aber das ist es gar nicht. Dann *müsstest* du hingehen!«

»Ja, vielleicht sollte ich das einmal probieren«, sagt Kelly, und das Gespräch wendet sich anderen Dingen zu. Es tut Ihnen leid für Kelly, weil Sie wissen, dass sie wirklich etwas für ihre Fitness tun möchte. Und gleichzeitig sind Sie unzufrieden mit sich selbst, weil Sie nicht den richtigen Weg gefunden haben, Ihre Freundin zum Handeln zu motivieren.

Was ist schiefgelaufen?

Tatsächlich war praktisch jeder einzelne Ihrer Motivationsversuche zum Scheitern verurteilt. Warum? Weil Sie sich einer Methode bedienten, die ich gerne als den »Tell and Sell«-Ansatz bezeichne: Man zählt dem anderen die eigenen Gründe dafür auf, etwas Bestimmtes zu tun, und versucht so, ihn zu überzeugen. Unglücklicherweise aber funktioniert der »Tell and Sell«-Ansatz so gut wie nie, egal, wie gut Ihre Argumente sind oder wie leidenschaftlich Ihr Auftritt als Verkäufer auch sein mag.

Was passiert, wenn wir versuchen, anderen unsere Gründe für eine Veränderung zu verkaufen? Üblicherweise führt das, wie in diesem Beispiel, nirgendwohin. Ihr Gegenüber mag Ihnen wie Kelly zustimmen, aber den Wunsch, selbst aktiv zu werden, wird das nicht auslösen. Dieser Wunsch – die Motivation zum Handeln – ist in jedem von uns vorhanden. Aber der einzige Weg, ihn zu wecken, führt über die jeweils eigenen Gründe.

In unserem Beispiel haben Sie Kelly empfohlen, ins Fitnessstudio zu gehen, weil sie sich dann besser fühlen, besser aussehen und länger leben wird. Lauter gute Argumente, aber nicht für Kelly, weil es eben nicht *ihre eigenen* Gründe waren. Obwohl sie Ihnen zugestimmt hat, hat sie sich nicht gefragt, wie viel sie ihr selbst bedeuten.

Sie haben Kelly sogar eine konkrete Maßnahme vorgeschlagen: Buche dir einen Fitnesstrainer. Aber wenn sie sich noch nicht einmal darüber im Klaren ist, warum sie etwas ändern will, wird sie sich ganz bestimmt keine Gedanken darüber machen, wie sie es umsetzen könnte.

Drei Jahrzehnte wissenschaftlicher Untersuchungen belegen eindeutig, dass die sogenannten »Tell and Sell«-Methoden nicht nur nicht motivieren, sondern im Gegenteil das Motivationsniveau sogar verringern können. Sie haben richtig gelesen. Die falsche Form der Ermutigung kann Leute tatsächlich dazu bringen, etwas noch *weniger* tun zu wollen.

Was also funktioniert dann? Hier ist das Geheimnis der Instant Influence: Menschen werden dann aktiv, wenn sie sich selbst sagen hören, *warum* sie es wollen. Die Leute können Ihnen den ganzen Tag lang erzählen, dass sie gerne etwas Bestimmtes tun möchten. Aber passieren wird erst etwas, wenn sie Ihnen sagen, warum sie es tun möchten. Das ist Instant Influence auf eine Kurzformel gebracht. Bringen Sie jemanden dazu, Ihnen zu erzählen, warum er etwas tun möchte, dann haben Sie ihn praktisch schon so weit.

Die Sache hat allerdings einen Haken. Es reicht nicht, wenn der andere einfach Ihren Gründen für eine Veränderung zustimmt oder die Gründe nachplappert, die er haben »sollte«, zum Beispiel Gründe wie »Das ist gut für meine Gesundheit«, »Mein Chef wird mit mir zufrieden sein« oder »Es ist richtig, das zu tun«. Ihr Gegenüber muss schon etwas tiefer schürfen und nach seinen ganz persönlichen Gründen für eine Veränderung suchen, nach Gründen, die oftmals gänzlich unerwartet und mitunter für Sie beide überraschend sein werden.

Was Sie von Instant Influence erwarten können

Instant Influence ist in der Lage, bei Menschen sehr schnell die Bereitschaft für eine Veränderung herzustellen. Sie tatsächlich zum Handeln oder zur Umsetzung eines neuen Verhaltens zu bewegen, kann zwar etwas mehr Zeit in Anspruch nehmen, was aber nichts daran ändert, dass dieser erste Schritt von entscheidender Bedeutung ist.

Wenn Sie ein Instant-Influence-Gespräch mit jemandem führen, sind vier Ergebnisse möglich:

1. *Sie haben Erfolg auf der ganzen Linie.* Ihre Zielperson entschließt sich, etwas zu verändern oder bestimmte Schritte zur Umsetzung ihres Ziels einzuleiten. Im Anschluss daran erstellen Sie einen Aktionsplan (siehe Kapitel 9) und überprüfen die erreichten Fortschritte. Falls nötig, können Sie später ein zweites Instant-Influence-Gespräch führen, zum Beispiel um eine eventuell nachlassende Motivation aufzufrischen oder der Zielperson beim nächsten Schritt unter die Arme zu greifen.
2. *Sie haben teilweise Erfolg.* Die Zielperson öffnet sich für die

Veränderung auf eine Weise, wie sie das bislang noch nicht getan hat, ist aber noch nicht bereit, sich auf einen konkreten Schritt festzulegen. Geben Sie ihr Zeit, das Gespräch auf ihre eigene Weise zu verarbeiten. Vielleicht wird sie später von sich aus aktiv, vielleicht empfiehlt es sich aber auch, ein weiteres Instant-Influence-Gespräch mit ihr zu führen, um sie weiter voranzubringen.

3. *Sie haben ansatzweise Erfolg.* Das Gespräch endet höflich, aber nach außen hin scheint wenig passiert zu sein. Sie haben ein Samenkorn gepflanzt, und es kann sein, dass es Zeit braucht, um auszutreiben. Geben Sie daher die Hoffnung nicht auf. Möglicherweise haben Sie mehr erreicht, als es zunächst scheint. Falls Sie nach rund einer Woche keine Anzeichen eines Fortschritts erkennen, könnte ein zweites Instant-Influence-Gespräch angebracht sein, in dem Sie einige der in Teil II aufgeführten Vorschläge anwenden, um das Gespräch konstruktiver zu gestalten.

4. *Sie scheinen in einer Sackgasse gelandet zu sein.* Die Zielperson weigert sich, an dem Gespräch teilzunehmen oder verhält sich die ganze Zeit über extrem ablehnend. Wie im vorherigen Szenario sollten Sie auch hier die Möglichkeit nicht ausschließen, dass Sie mehr erreicht haben, als Sie vielleicht glauben. Falls Sie nach einer Woche keine Anzeichen für eine Veränderung erkennen, könnten Sie, um dranzubleiben, ein zweites Instant-Influence-Gespräch anbieten. Kapitel 10 bietet Ihnen Tipps, wie Sie die Situation akzeptieren und nach vorne schauen können, falls Sie in eine Sackgasse geraten sind. Aber geben Sie nicht zu früh auf. Menschen verändern sich auf ihre eigene Weise und nach ihrem eigenen Zeitplan. Wenn Sie unaufmerksam sind, können Sie das leicht übersehen.

✎ **Testen Sie Ihre Instant-Influence-Fähigkeiten:
Anderen helfen, ihre eigenen Gründe zu finden**

Ich werde Ihnen in diesem Buch immer wieder die Gelegenheit geben, Ihre Instant-Influence-Fähigkeiten zu testen. Aber bevor Sie lernen, wie man mit dieser Technik arbeitet, möchten

Sie vielleicht herausfinden, wie gut Sie bereits darin sind, sich selbst und andere zu einer Tätigkeit zu motivieren. Vielleicht haben Sie ja schon immer die Instant-Influence-Technik eingesetzt. Möglicherweise stellen Sie auch fest, dass Sie, wie die meisten von uns, viel zu sehr auf das traditionelle »Tell and Sell« gesetzt haben. Hier nun ein kurzer Fragebogen, mit dem Sie Ihre Motivationsfähigkeiten testen können.

Nehmen wir an, eine gute Freundin von Ihnen müsste eigentlich eine Mammografie machen lassen, schiebt es aber immer wieder vor sich her. Da es in ihrer Familie schon einige Fälle von Brustkrebs gab, wissen Sie, dass es dringend nötig wäre, aber Ihre Freundin betont immer wieder, wie viel sie gerade um die Ohren habe, und verspricht, sich »im nächsten Monat« darum zu kümmern. Sie nehmen (völlig zu Recht) an, dass sie Angst hat und gegen jede Vernunft hofft, keinen Krebs zu bekommen, solange sie nichts über ihren Zustand weiß. Sie möchten ihr helfen, das Problem auf eine rationalere und effektivere Weise anzugehen.

Sie möchten Ihre Freundin dazu bringen, einen Termin für eine Mammografie zu vereinbaren. Kreuzen Sie die Aussagen an, die Ihnen Ihrer Meinung nach helfen könnten, dieses Ziel zu erreichen.

○ Ich verstehe dich nicht. Die Untersuchung ist so unkompliziert und tut nicht einmal weh. Warum willst du denn nicht zum Arzt gehen?

○ Was hindert dich deiner Meinung nach daran, dich untersuchen zu lassen?

○ Jedes Mal, wenn ich darauf zu sprechen komme, endet es in einem Streit. Warum hast du mich nie gebeten, das Thema nicht mehr anzuschneiden?

○ Um eines klarzustellen: Niemand kann dich zwingen, eine Mammografie machen zu lassen.

○ Glaubst du nicht, dass du dich viel besser fühlen wirst, wenn du es erst einmal hinter dir hast und das Ergebnis kennst?

○ Darf ich dich mal was ganz Dummes fragen? Warum denkst du eigentlich überhaupt darüber nach, eine Mammografie machen zu lassen?

○ Möchtest du, dass ich mit dir zum Arzt gehe?

○ Hoffst du vielleicht, dass schon alles in Ordnung sein wird, wenn du dich einfach nicht untersuchen lässt?

○ Nur um des Gedankenspiels willen, stell dir einmal vor, du wärst bereits bei der Untersuchung gewesen. Was glaubst du, wie du dich jetzt fühlen würdest?

■ **Analyse**

Ich verstehe dich nicht. Die Untersuchung ist so unkompliziert und tut nicht einmal weh. Warum willst du denn nicht zum Arzt gehen? Nicht hilfreich. Mit der Frage, warum sie nicht zum Arzt gehen möchte, bringen Sie Ihre Freundin nur dazu, ihre Gründe dafür zu wiederholen, sich *nicht* untersuchen zu lassen. Je mehr sie erkennt, warum sie eine Mammografie machen lassen möchte, umso eher wird sie es auch umsetzen. Sie daran zu erinnern, warum sie es nicht möchte, birgt die Gefahr, die Hürden, die ihrer Meinung nach einer Untersuchung entgegenstehen, noch höher erscheinen zu lassen.

Was hindert dich deiner Meinung nach daran, dich untersuchen zu lassen? Nicht hilfreich. Auch hier gilt: Das Augenmerk auf die Hindernisse zu richten führt nur dazu, dass sie größer wirken. Wie die meisten von uns dürfte auch Ihre Freundin in einem inneren Konflikt stehen: Einerseits verspürt sie das starke Bedürfnis, etwas Bestimmtes zu tun, andererseits hat sie genau davor Angst. Wenn Sie sich auf ihren Widerstand konzentrieren, dann wird auch sie das tun. Stellen Sie dagegen ihren Wunsch, aktiv zu werden, in den Mittelpunkt, wird auch Ihre Freundin sich eher darauf konzentrieren.

Jedes Mal, wenn ich darauf zu sprechen komme, endet es in einem Streit. Warum hast du mich nie gebeten, das Thema nicht mehr anzuschneiden? Hilfreich. Die Tatsache, dass Ihre Freundin mit Ihnen über das Thema streitet, bedeutet, dass ein Teil von ihr – wie klein er auch immer sein mag – einen Termin vereinbaren will oder sich das zumindest vorstellen kann. Andernfalls würde sie entweder das Thema wechseln oder Ihnen klar zu verstehen geben, dass sie nichts mehr davon hören möchte. Wenn Ihnen jemand vorschlagen würde, eine Ausbildung zum Rodeoclown zu machen, für ein halbes Jahr in die Antarktis zu ziehen oder Ihre gesamten Ersparnisse irgendeiner Investmentfirma im Internet zu überweisen, von der Sie noch nie etwas gehört haben, würden Sie ernsthaft mit ihm darüber diskutieren? Wohl kaum. Aber wenn Ihnen jemand eine Karriereberatung, einen Urlaub an einem exotischen Ort oder ein Treffen mit seinem Finanzberater vorschlägt, dann würden Sie mit ihm zumindest darüber reden, und sei es nur, um zu erklären, warum Sie kein Interesse daran haben. Ihre Freundin zu fragen, warum sie sich immer wieder mit Ihnen auf ein Streitgespräch über die Mammografie einlässt, könnte nützlich sein: Es könnte ihr helfen, einen Zugang zu dem Teil von sich zu finden, der – zumindest ein bisschen – offen für eine Brustkrebsuntersuchung wäre.

Um eines klarzustellen: Niemand kann dich zwingen, eine Mammografie machen zu lassen. Hilfreich. So, wie ich es bei den Managern von General Electric getan habe, ist es extrem hilfreich, Menschen daran zu erinnern, dass es um *ihre eigene* Entscheidung geht, nicht um Ihre oder die von jemand anderem. Wie wir später in diesem Kapitel noch sehen werden, unterliegen wir alle dem Gesetz der psychologischen Reaktanz, sprich der Abneigung dagegen, uns sagen zu lassen, was wir tun sollen. Tatsächlich besteht die Gefahr, dass jemand, der uns auffordert, etwas Bestimmtes zu tun, damit einen nahezu unüberwindbaren Drang in uns erzeugt, das genaue Gegenteil davon zu tun. Wenn wir aktiv werden wollen, ist es überaus hilfreich, es als unsere eigene Entscheidung und nicht als von außen auferlegten Zwang zu betrachten. Sollten Sie befürchten, dass der Schuss bei diesem Ansatz nach hinten losgehen könnte, keine Sorge: Wenn Ihr Gegenüber etwas wirklich nicht tun möchte, wird er das auch nicht, egal was Sie sagen. Wenn jedoch nur ein kleiner Teil von ihm dazu bereit ist, wird dieser Ansatz ihm helfen, seine eigenen Gründe dafür zu finden.

Glaubst du nicht, dass du dich viel besser fühlen wirst, wenn du es erst einmal hinter dir hast und das Ergebnis kennst? Nicht hilfreich. Sie erzählen Ihrer Freundin, wie sie sich Ihres Erachtens nach der Mammografie fühlen wird. Sie könnten mit Ihrer Vermutung recht haben oder auch nicht. Indem Sie Ihre Version der Situation vorgeben, nehmen Sie Ihrem Gegenüber die Chance, eine eigene Version zu entwickeln. Der Zielperson zu helfen, sich die Zukunft vorzustellen, kann hilfreich sein (und ist die Grundlage für Schritt 4 der Instant-Influence-Technik), aber nur, wenn es sich dabei auch wirklich um die Vorstellung der Zielperson handelt.

Darf ich dich mal was ganz Dummes fragen? Warum denkst du eigentlich überhaupt darüber nach, eine Mammografie machen zu lassen? Hilfreich. Damit fordern Sie Ihre Freundin auf, sich mit ihren eigenen Gründen für eine Untersuchung zu beschäftigen. Wenn sie ihre eigenen Gründe dafür findet, einen Mammografie-Termin zu vereinbaren, dann wird sie das aller Wahrscheinlichkeit nach auch tun. Solange sie nur Ihre Gründe kennt, wird sie höchstwahrscheinlich weiterhin Widerstand leisten, selbst wenn sie Ihnen in allen Punkten recht gibt. Diese Art zu fragen – »Warum denkst du eigentlich überhaupt darüber nach?« oder »Warum *könntest* du das in Betracht ziehen wollen?« – ist eine Abwandlung des ersten Schrittes des Instant-Influence-Prozesses und ein gutes Mittel, um noch aus dem schwächsten Funken einer Möglichkeit (»Mal sehen, vielleicht *irgendwann* einmal«) eine lodernde Flamme (»Weißt du was, ich glaube, ich *werde* es machen!«) zu entfachen.

Möchtest du, dass ich mit dir zum Arzt gehe? Nicht hilfreich. Dieses großzügige Angebot könnte später von Nutzen sein, nicht aber jetzt. Warum? Weil Ihre Freundin sich noch nicht darauf festgelegt hat, einen Termin zu vereinbaren. Hätte sie etwa gesagt: »Ich weiß, dass ich mich tausendmal besser fühlen würde, wenn ich es schon hinter mir hätte, aber die Vorstellung, alleine da hinzugehen, ist unerträglich«, könnte Ihr Angebot eine wunderbare Unterstützung für sie sein. Aber solange Ihre Freundin sich nicht über das Warum im Klaren ist, bringt es nichts, sich auf das Wie zu konzentrieren.

Hoffst du vielleicht, dass schon alles in Ordnung sein wird, wenn du dich einfach nicht untersuchen lässt? Nicht hilfreich. Wie in den ersten beiden Beispielen zielt diese Frage eher auf das *Warum nicht* als auf das *Warum* ab. Selbst wenn Sie in diesem Punkt recht haben sollten, könnte es sein, dass Ihre Freundin nicht bereit ist, dies zuzugeben. Und selbst wenn sie es zugibt, befreit das Wissen, warum sie Angst hat, sie nicht automatisch von dieser Angst. Sie muss nicht noch besser verstehen, warum sie keinen Termin vereinbaren möchte. Sie müsste vielmehr erkennen, warum sie einen Termin vereinbaren *möchte*.

Nur um des Gedankenspiels willen, stell dir einmal vor, du wärst bereits bei der Untersuchung gewesen. Was glaubst du, wie du dich jetzt fühlen würdest? Hilfreich. Ihrer Freundin dabei zu helfen, sich bildlich vorzustellen, was gut daran wäre, sich untersuchen zu lassen, ist sehr nützlich, weil es ihr erlaubt, ihre eigenen Gründe für eine Veränderung zu finden. (Diese Frage ist eine effektive Variante des vierten Schrittes der Instant-Influence-Methode.) Wenn die Vorstellung des glücklichen Tages, an dem sie die Untersuchung bereits hinter sich hat, Ihrer Freundin ein Gefühl der Erleichterung vermittelt, dann könnte der Wunsch, diese Erleichterung tatsächlich zu verspüren, sie dazu bewegen, einen Termin zu vereinbaren. ▪

▪ **Auswertung**
Geben Sie sich für jede »Hilfreich«-Antwort einen Punkt. Für jede »Nicht hilfreich«-Antwort ziehen Sie einen Punkt ab.

4 Punkte Gratulation! In Bezug auf Instant Influence sind Sie ein Naturtalent und wahrscheinlich sind Sie schon recht erfolgreich darin, andere zu beeinflussen. Wenn Sie Ihre Fähigkeiten weiter ausbauen und lernen möchten, sie in weiteren Situationen anzuwenden, zum Beispiel solchen, die Sie bislang für unlösbar hielten, dann lesen Sie weiter.

1–3 Punkte Sie haben ein gutes Gefühl für die Art von Fragen, die in die richtige Richtung führen, übersehen aber noch die eine oder andere Möglichkeit, die den Prozess noch effektiver machen könnte. Instant Influence kann Ihnen helfen, Ihre Intuition zu fördern und Ihren Ansatz noch zu verbessern.

0 Punkte Ihr gutes Gespür und Ihre weniger hilfreichen Aussagen arbeiten gegeneinander. Dieses Buch kann Ihnen helfen, Fragen, die Menschen wirklich effektiv zum Handeln motivieren, von solchen Fragen und Aussagen zu unterscheiden, die das nicht tun.

Negative Punktezahl Sie würden gerne helfen, wissen aber noch nicht, wie Sie es effektiv tun können. Aber keine Sorge. Haben Sie erst einmal die Instant-Influence-Prinzipien verinnerlicht, wird es Ihnen viel leichterfallen, andere zum Handeln zu bewegen – und gleichzeitig werden Sie neue Wege entdecken, sich selbst zu motivieren. ▪

Die drei Grundprinzipien

Instant Influence basiert auf drei Prinzipien:

1. Niemand muss irgendetwas unbedingt tun; die Entscheidung liegt stets bei jedem selbst.
2. Jeder besitzt bereits ausreichend Motivation.
3. Der Fokus auf jedes noch so kleine bisschen Motivation ist effektiver als Fragen, die den Widerstand thematisieren.

Diese drei Grundprinzipien gehen zurück auf die Arbeit von Pionieren der Sozialpsychologie wie Jack und Sharon Brehm, Martin Seligman, Leon Festinger und Daryl Bem – Wissenschaftler, deren Theorien in zahllosen wissenschaftlichen Studien bestätigt worden sind.[1] Werfen wir nun einmal einen genaueren Blick auf die wissenschaftlichen Erkenntnisse, die der Instant Influence zugrunde liegen.

Das Gesetz der psychologischen Reaktanz

Das erste Prinzip – »Niemand muss irgendetwas unbedingt tun; die Entscheidung liegt stets bei jedem selbst« – ist eine Antwort auf das Gesetz der psychologischen Reaktanz: Wenn jemand Sie dazu auffordert, etwas zu tun, werden Sie wahrscheinlich keine große Lust dazu haben, selbst wenn Sie es sonst vielleicht gerne getan hätten.[2] Dieses 1966 von Jack und Sharon Brehm erstmals formulierte und seitdem ausführlich untersuchte Gesetz ist seit Langem der Fluch von Managern, Gesundheitsexperten und Eltern. Je mehr jemand versucht, Sie zu etwas zu bewegen – je mehr er schreit, darauf drängt oder mit unerfreulichen Konsequenzen droht –, umso weniger werden Sie es tun wollen und umso unwahrscheinlicher ist es auch, dass Sie es tatsächlich tun werden.

Seit die Brehms diesen Schlüsselaspekt der menschlichen Persönlichkeit identifiziert haben, wurden Tausende von Experimenten dazu durchgeführt, anfangs um herauszufinden, ob die Erkenntnis auch tatsächlich zutraf, später dann, um die Verhaltensweise und ihre Hintergründe besser zu verstehen.[3]

Es liegt auf der Hand, dass wir uns hier nicht mit der gesamten Forschung zu diesem Thema befassen können, aber lassen Sie mich zumindest einige der interessantesten Feldstudien kurz vorstellen.[4]

In einem inzwischen berühmten Experiment baten Wissenschaftler Studenten, verschiedene Aufgaben nach ihrem Interessantheitsgrad zu bewerten.[5] Anschließend sollten sie sich in zwei von einer kurzen Pause unterbrochenen Sitzungen mit Aufgaben beschäftigen, die sie frei wählen konnten, wobei die Studienleiter ihre Präferenzen notierten. In der Pause vor der zweiten Runde wurden die Versuchsteilnehmer jedoch von Forschungsassistenten, die sich ebenfalls als Teilnehmer ausgaben, massiv dazu gedrängt, bestimmte Aufgaben auszuwählen und andere zu vermeiden.

Wahrscheinlich ahnen Sie schon, was daraufhin passierte. Für ebendie Aufgaben, die die Teilnehmer vermeiden sollten, interessierten sie sich am meisten. Ihr Interesse an diesen »verbotenen« Aufgaben war sogar noch größer als an Aufgaben, die sie zuvor als »hochinteressant« bewertet hatten.

Nun mögen Sie vielleicht denken, *Na klar, verbotene Früchte sind bekanntlich besonders süß. Natürlich wollten die Studenten genau das tun, wovon ihnen massiv abgeraten worden war. Angenommen aber, die Studenten wären an bestimmten Aufgaben interessiert gewesen und dann dazu gedrängt worden, diese Aufgaben auszuwählen? Hätten sie auch diese Aufgaben nur deshalb eher vermieden, weil sie dazu aufgefordert worden waren, sie auszuwählen?*

Nun, genau das war der Fall. Wie diese und zahlreiche spätere Studien belegen, vermieden die Menschen die Aufgaben, die sie auswählen sollten (das war sogar der Fall, wenn sie sich zuvor dafür interessiert hatten), und wählten die Aufgaben aus, die sie vermeiden sollten. Wenn sie aufgefordert wurden, sich für eine bestimmte Aktivität zu entscheiden, war das nahezu eine Garantie, dass sie diese Aktivität vermieden – selbst wenn diese ihnen gefiel. So sehr missfällt es uns, gesagt zu bekommen, was wir tun sollen.

Nachdem das Gesetz der psychologischen Reaktanz in wissenschaftlichen Kreisen allgemein anerkannt war, machte man sich daran, es genauer zu erforschen. So wurde zum Beispiel untersucht, ob es bestimmte Arten von Botschaften gibt, die eine der eigentlichen Absicht entgegengesetzte Wirkung haben. Dazu führten die Sozialwissenschaftler James Price Dillard von der Pennsylvania State University und Lijiang Shen von der University of Wisconsin-Madison im Jahre 2005 ein Experiment mit 202 Studenten durch.[6] Sie teilten die Studenten in zwei Gruppen auf und vermittelten jeder Gruppe unterschiedliche Botschaften über die Vorteile der regelmäßigen Benutzung von Zahnseide. Die Sachinformationen waren zwar identisch, die Wortwahl aber war unterschiedlich.

Die erste Gruppe wurde gebeten, eine »Low Threat«-Botschaft, also eine »wenig bedrohliche« Botschaft, zu lesen, in der die Autonomie der Studenten und ihr Recht, selbst zu entscheiden, betont wurden:

> … die meisten Menschen würden wohl zustimmen, dass die Zahnreinigung mit Zahnseide sinnvoll ist … Parodontose kann zu einer ganzen Reihe schwerwiegender Gesundheitsprobleme führen, etwa zu Herzkrankheiten, Schlaganfällen, Diabetes und Lungenentzündungen. Sie sollten daher vielleicht darüber nachdenken, Ihre Zähne regelmäßig mit Zahnseide zu reinigen.
> Falls Sie das bereits tun, sollten Sie damit fortfahren. Wenn nicht, wäre jetzt vielleicht ein guter Zeitpunkt, damit anzufangen. Vielleicht sogar gleich heute. Es ist einfach, warum es also nicht einfach einmal probieren? Nehmen Sie sich vor, Ihre Zähne ab heute eine Woche lang einmal pro Tag mit Zahnseide zu reinigen.

Die zweite Gruppe bekam eine »High Threat«-Botschaft, also eine »stark bedrohliche« Botschaft zu lesen, in der die Notwendigkeit stärker betont wurde als der Aspekt der Freiwilligkeit:

> … Jeder vernünftige Mensch wird einsehen, dass es keine Alternative für die Zahnreinigung mit Zahnseide gibt. Man muss es nun einmal machen … Angesichts der Tatsache, dass Parodontose andere schwere Gesundheitsprobleme wie Schlaganfälle und Lungenentzündungen auslösen kann,

wäre es äußerst dumm, sich die Zähne nicht täglich mit Zahnseide zu reinigen. Wenn Sie das bereits tun, setzen Sie auch weiterhin keinen einzigen Tag damit aus. Und falls Sie noch keine Zahnseide verwenden, ist jetzt – gleich heute – der richtige Zeitpunkt, um damit zu beginnen.
Sie müssen es tun, also tun Sie es auch. Reinigen Sie Ihre Zähne jeden einzelnen Tag mit Zahnseide. Nehmen Sie sich vor, Ihre Zähne ab heute eine Woche lang einmal pro Tag mit Zahnseide zu reinigen.

Wie Sie vielleicht vermutet haben, griffen die Studenten, die die weniger bedrohliche Botschaft erhalten hatten, deutlich häufiger zur Zahnseide als die Studenten, die die »High Threat«-Botschaft gelesen hatten. Ich finde das erstaunlich. Sollte eine rational denkende Person nicht eher auf den Inhalt als auf das Bedrohungsniveau einer Nachricht reagieren? Schließlich stimmen alle darin überein, dass die Zahnreinigung mit Zahnseide sinnvoll ist, und die Information, dass andernfalls ernsthafte Folgen wie Lungenentzündung und Schlaganfall drohen, sollte selbst dem sorglosesten Zeitgenossen gehörig Angst einjagen. Tatsächlich aber war die Botschaft, in der die Autonomie der Studenten betont wurde, deutlich effektiver als diejenige, die auf die negativen Konsequenzen eines mangelnden Einsatzes von Zahnseide abhob. Offenkundig ist uns das Gefühl, selbst über unser Schicksal entscheiden zu können, wichtiger als der Schutz vor einer Lungenentzündung oder einem Schlaganfall.

Was könnte das nun übertragen auf den Arbeitsplatz bedeuten? Wenn Sie versuchen, einen widerwilligen Mitarbeiter dazu zu bringen, nicht mehr während der Arbeitszeit mit seinem Handy zu telefonieren oder mehr Bereitschaft zur Übernahme von Sonderprojekten zu zeigen, könnten Sie vielleicht auf die Idee kommen, ihm mit Entlassung oder einer anderen Sanktion zu drohen – der Arbeitsplatz-Version von »Sie müssen«. Tatsächlich aber ist es viel effektiver, wenn Sie dem Mitarbeiter helfen zu erkennen, warum es in seinem eigenen Interesse wäre, sich an das Handyverbot zu halten oder sein Arbeitspensum aufzustocken. So überraschend das auch erscheinen mag, wenn wir die Autonomie des Mitarbeiters respektieren und die endgültige Entscheidung ihm selbst überlassen, ist das – in Verbindung mit dem Instant-Influence-Ansatz – aller Voraussicht nach die wirksamste Strategie. Dasselbe gilt auch für die Kindererziehung. So unglaublich sich das auch anhören mag, unsere Kinder reagieren viel besser, wenn sie wissen, dass sie etwas nicht tun müssen.

Häufig versuchen wir andere dadurch zu beeinflussen, dass wir ihnen all die furchtbaren Dinge aufzählen, die eintreten könnten, wenn sie nicht das tun, was wir von ihnen wollen: »Wenn Sie nicht mehr Verantwortung übernehmen, müssen wir uns vielleicht von Ihnen trennen«, »Du musst abnehmen, sonst bekommst du irgendwann Diabetes«, »Wenn du nicht bald bessere Noten nach Hause bringst, wirst du nie auf die Uni gehen können«. Die meisten von uns haben diese Art der Abschreckungstaktik schon mindestens einmal angewendet – meistens mit wenig Erfolg.

Wie das Experiment mit der weniger und der stark bedroh-lichen Botschaft deutlich macht, reagieren die meisten Men-schen ablehnend auf Drohungen. Manchmal konfrontieren sie uns sogar unmittelbar mit einem Gegenargument: »Sie können mich nicht feuern. Joe arbeitet noch weniger – *und* er kommt dauernd zu spät«, »Mein Großvater hat sich noch schlechter als ich ernährt, und er ist 92 geworden!«, »Irgendeine Uni wird mich schon nehmen.« Und manchmal antworten sie, dass es ihnen egal ist: »Was soll's, dann schmeißen Sie mich halt raus!«, »Tja, wenn deine Zeit gekommen ist, dann ist sie eben gekommen« oder »Wer sagt denn, dass ich studieren möchte?«.

Das Gesetz der psychologischen Reaktanz lässt sich nur schwer überwinden. Zum Glück gibt es eine einfache Lösung, egal, ob wir uns selbst oder andere motivieren möchten. Ver-zichten Sie auf Anweisungen und Drohungen und konzen-trieren Sie sich stattdessen auf die Wünsche und Gründe, die zu Instant Influence führen. Natürlich werden Sie gelegentlich nicht umhinkommen, Konsequenzen anzudrohen (und diese auch umzusetzen). Aber benutzen Sie die Androhung von Kon-sequenzen nicht, um jemanden damit zu beeinflussen; dafür sind andere Formen der Motivation besser geeignet.

Zugang zur eigenen Motivation finden

Das zweite Prinzip von Instant Influence lautet: »Jeder besitzt bereits ausreichend Motivation.« Dieses Prinzip basiert zum Teil auf Studien zur Depression, die 2005 von dem klinischen Psychologen Martin Seligman durchgeführt wurden.[7] Zu den fatalsten Aspekten der Depression zählen der Mangel an Energie und das Gefühl der Hoffnungslosigkeit, die jede Verhaltensänderung schon im Ansatz unmöglich erscheinen lassen. Wenn Sie jemandem, der unter Depressionen leidet, sagen, er werde sich besser fühlen, wenn er erst einmal hinausgeht und etwas tut, was ihm Spaß macht, wird er Ihnen wahrscheinlich antworten, dass ihm dazu die Energie fehlt und es ohnehin nichts bringen würde.

Seligman wollte sich damit nicht abfinden. Vielleicht hatten depressive Menschen ja doch ausreichend Motivation, positive Veränderungen in ihrem Leben vorzunehmen, vielleicht fehlte ihnen nur der Zugang zu ihrer Motivation. Um das herauszufinden, ließ er 577 unter einer leichten Form der Depression leidende Menschen einen Online-Fragebogen dazu ausfüllen. Eine der Fragen war, was sie gerne tun würden, beziehungsweise was ihnen gefallen könnte, wenn sie nicht unter Depressionen litten.

Die Teilnehmer der Studie hatten sich selbst ausnahmslos als passiv und sehr von der Außenwelt zurückgezogen beschrieben. Es mangelte ihnen nach eigenem Bekunden an der Kraft oder Motivation, außer Haus zu gehen und Spaß zu haben. Außerdem waren sie traurig und verzweifelt, weil sie sich so schwach fühlten. Seligman bat sie, eine Woche lang ein Tagesprotokoll zu führen – aber nicht über Dinge, die sie taten oder bereits vorhatten. Sie sollten einfach aufschreiben, was sie gerne tun *würden,* wenn sie mehr Energie hätten.

Ist Ihnen aufgefallen, dass Seligman auf diese Weise eine Situation erzeugte, die die Aufmerksamkeit der Teilnehmer gezielt von der Frage nach dem Wie (»Wie kann ich Spaß haben, wenn ich so erschöpft bin?«) weglenkte. Denn die Frage nach dem Wie hätte die Probanden vor allem dazu gebracht, sich auf die Gründe für ihre Unfähigkeit zu konzentrieren. Stattdessen versuchte Seligman den Menschen einen Zugang zu ihrer Motivation zu eröffnen, indem er sie aufforderte, sich darauf zu konzentrieren, was sie gerne tun würden, beziehungsweise was ihnen gefallen könnte. (Wie Sie in Kapitel 3 sehen werden, gehören Möglichkeitsformen wie *könnte* oder *würde* zu den hilfreichsten Vokabeln im Instant-Influence-Wörterbuch.)

Erstaunlicherweise reichte bereits die Aufforderung, das aufzuschreiben, was ihnen gefallen könnte, aus, den depressiven Menschen die Augen für ihre Motivation zu öffnen. Nachdem sie nur eine Woche lang über ihre potenziellen Wünsche Buch geführt hatten, beschrieben sich die Studienteilnehmer als aktiver, glücklicher und weniger depressiv.

Die kognitive Dissonanz auflösen

Das dritte Prinzip von Instant Influence lautet: »Der Fokus auf jedes noch so kleine bisschen Motivation ist effektiver als Fragen, die den Widerstand thematisieren.« Dieses Prinzip basiert auf der Arbeit des Sozialpsychologen Leon Festinger, der 1957 den Begriff der kognitiven Dissonanz prägte. Festinger erkannte, dass wir oft zwei einander widersprechende beziehungsweise dissonante Vorstellungen darüber haben, wer wir sind.[8] Wir glauben zum Beispiel, dass wir depressiv und unmotiviert sind, hören uns dann aber zum Beispiel sagen: »Wenn ich nicht so deprimiert wäre, würde ich ins Kino gehen« oder: »Wenn ich mich nur aufraffen könnte, würde ich mich mit Sarah auf einen Kaffee treffen.« Wie können wir diesen Widerspruch zwischen unseren Aussagen über uns selbst und unserem Verhalten auflösen? Eine Möglichkeit wäre, einfach aus dem Haus zu gehen und etwas zu tun, was uns Spaß macht. Dann würden unsere Handlungen und unsere Aussagen über uns selbst einander entsprechen. Wenn wir uns selbst sagen hören, was wir gerne tun würden, hilft uns das, die Motivation zu finden, es auch tatsächlich zu tun.

Die meisten meiner Seminarteilnehmer und Trainer reagieren skeptisch auf diese Erkenntnis. Sie können nicht so recht glauben, dass alleine dadurch, dass jemand sagt: »Ich würde wirklich gerne X tun«, die Wahrscheinlichkeit steigt, dass er es auch tatsächlich macht. Aber ich versichere Ihnen, dass ebendies, so unglaublich es auch klingen mag, in Dutzenden anerkannter wissenschaftlicher Studien bestätigt worden ist. Der Grund für die Skepsis liegt meiner Meinung nach darin, dass wir andere Menschen so oft sagen hören »Ich *sollte* XYZ tun«, was natürlich häufig den entgegengesetzten Effekt hat. Je mehr wir meinen, dass wir etwas tun sollten, umso *weniger* bereit sind wir vielleicht, es zu tun, insbesondere, wenn das Gesetz der psychologischen Reaktanz zum Tragen kommt. Aus ebendiesem Grund ist Instant Influence so effektiv. Die Technik hilft Menschen, ihre Gründe dafür zu erkennen, warum sie etwas tun wollen. Ist ihnen das erst einmal gelungen, folgt darauf auch so gut wie sicher die entsprechende Handlung.

Seligman und Festinger erkannten also, dass wir ein starkes Bedürfnis verspüren, unsere Aussagen über uns selbst mit unseren Handlungen in Übereinstimmung zu bringen. Wenn wir das Gefühl haben, uns nicht so gut zu kennen, wie wir dachten, bereitet uns das großes Unbehagen. Und wir sind bereit, mitunter auch außergewöhnliche Dinge zu tun, nur um uns zu beweisen, dass wir in Wahrheit doch wissen, wer wir sind.

Unser Bedürfnis nach Konsistenz kann uns helfen, Instant Influence erfolgreich einzusetzen. Sobald sich eine Person zu ihren Wünschen äußert, und sei es auch nur mit einer sehr zurückhaltenden Aussage wie »Es könnte vielleicht sein, dass ich eines Tages pünktlich zur Arbeit kommen will«, erzeugt sie damit eine kognitive Dissonanz, die sie nur dadurch auflösen kann, dass sie tatsächlich pünktlich ist. Solange ihr Verhalten nicht ihren Äußerungen entspricht, kann sie nicht sicher sein, dass sie weiß, wer sie ist.

Für die meisten von uns ist es schmerzhaft und beunruhigend, wenn wir auf leere Stellen in unserem Selbstbild stoßen. Der einzige Weg, dieses Unbehagen zu beseitigen, besteht darin, unserer Vorstellung von uns selbst zu entsprechen. Wenn wir jemanden also dazu bringen, auch nur den leisesten Wunsch für eine Veränderung zu äußern, wird zumindest ein Teil in ihm auch das Bedürfnis verspüren, Verhalten und Aussagen in Übereinstimmung zu bringen.

Doch vergessen Sie nicht: Es funktioniert nur, wenn ein »Ich will« dahintersteht, nicht aber ein »Ich sollte«, »Ich müsste« oder dergleichen. Wenn Sie sagen:»Ich müsste um 9 Uhr im Büro sein, komme aber immer zu spät«, besteht keine kognitive Dissonanz. Sie sehen sich als ungehorsamen Menschen, der zu spät zur Arbeit kommt, und genau so ist es auch: Sie kommen zu spät zur Arbeit. Möglicherweise gefällt es Ihnen nicht, wer Sie sind, aber zumindest wissen Sie, wer Sie sind. Wenn Sie jedoch zu sich selbst sagen:»Ich möchte gerne pünktlich zur Arbeit kommen«, und wenn Sie dann auch noch Gründe dafür nennen (»weil ich dann weniger gestresst wäre«,»weil ich dann kein schlechtes Gewissen meinen Kollegen gegenüber haben müsste, die mich decken« oder »weil ich dann endlich auch einmal eine Tasse frischen Kaffee bekommen würde«), stehen die Chancen weitaus besser, dass Sie Ihr Verhalten Ihrer Aussage anpassen werden. Offenkundig wollen Sie *wirklich* pünktlich zur Arbeit kommen, sonst hätten Sie kaum all die Gründe aufgeführt, warum Sie es gerne möchten. Und deshalb handeln Sie nun auch dementsprechend. Sie atmen erleichtert durch und die kognitive Dissonanz löst sich auf.

Das Verhalten an die erste Stelle setzen
Wahrscheinlich wird es Sie nicht sonderlich überraschen zu hören, dass die Theorie der kognitiven Dissonanz nicht von jedermann akzeptiert wird. Manche Sozialwissenschaftler, darunter Daryl Bem, vertreten sogar die Ansicht, dass es sich genau andersherum verhält.[9] Statt mit der Einstellung zu beginnen (»Ich will pünktlich sein«) und darauf das Verhalten folgen zu lassen (»Na also, gerade *war* ich pünktlich«), liegt für Bem der Schlüssel im Verhalten (»Gestern war ich pünktlich«), dem unsere Einstellungen erst nachfolgen (»Das muss bedeuten, dass ich pünktlich sein möchte. Wenn mir das so sehr gefällt, könnte ich ab jetzt doch einfach immer pünktlich sein.«).

Bems Ansatz fügt sich ebenfalls nahtlos in das Instant-Influence-Konzept ein. Wenn es Ihnen gelingt, eine Person zu einer Verhaltensänderung zu bewegen – und mag diese Verhaltensänderung noch so winzig sein –, können Sie darauf aufbauen. Erkennt jemand, dass er sich verändert hat (pünktlich zur Arbeit gekommen ist, seit Neuestem jeden Morgen vor der Arbeit zum Joggen geht, statt Weißbrot Vollkornbrot kauft), können Sie ihm helfen, die Motivation zu finden, dieses Verhalten beizubehalten.

Instant Influence beginnt häufig mit winzigen Schritten. Wie Sie in der Einführung sehen konnten, habe ich nicht versucht, die Manager von General Electric dazu zu bringen, sich auf meinen Ansatz festzulegen. Ich habe sie nur gebeten, mir zuzuhören. Hatten sie sich erst einmal bereit erklärt, mir zuzuhören, so meine Überlegung, wären sie vielleicht auch bereit, das Programm zu erlernen und möglicherweise sogar anzuwenden. Wenn Ihre Freundin sich dagegen wehrt, einen Termin für eine Mammografie zu vereinbaren, vergessen Sie die Mammografie! Fragen Sie Ihre Freundin stattdessen, aus welchen Gründen sie eventuell den Wunsch verspüren könnte, die Nummer des Arztes nachzuschlagen. Gut möglich, dass sie diese Frage seltsam findet, aber bitten Sie sie trotzdem um eine Antwort. Vielleicht wird sie sagen: »Na ja, sollte ich jemals dort anrufen wollen, wird es mir leichter fallen, wenn ich die Nummer schon habe« oder: »Wenigstens habe ich die Nummer dann schon, wenn ich sie einmal brauchen sollte.« Falls sie sich motiviert fühlt, die Nummer tatsächlich aufzuschreiben, macht sie mit dieser kleinen Handlung eine starke Aussage: »Ich bin jemand, der eine Mammografie für sich in Betracht zieht.« Und wenn jemand eine Mammografie für sich in Betracht zieht, stehen die Chancen nicht schlecht, dass er sich der Untersuchung tatsächlich unterzieht.

Gleichermaßen sollten Sie sich nicht gleich vornehmen, fünf Bewerbungsgespräche zu vereinbaren, falls Sie Probleme haben, sich auf die Suche nach einem neuen Job zu machen. Versuchen Sie es zunächst mit einem kleineren Schritt, beispielsweise einer zehnminütigen Recherche auf einer Online-Jobseite. (Wie man einen angemessenen ersten Schritt gestaltet, erfahren Sie in Kapitel 3.) Schon der kleinste Schritt in die Richtung des Ziels kann uns helfen, immense Motivationsreserven dafür zu entdecken, an dem Ziel festzuhalten und weiter darauf hinzuarbeiten.

Sie können den ersten Schritt der Instant-Influence-Technik

problemlos so abändern, dass er auf ein tatsächliches Verhalten angewendet werden kann. Anstelle von »Warum könnten Sie sich ändern wollen?« könnten Sie beispielsweise fragen: »Warum haben Sie bereits irgendetwas, das einen kleinen Schritt in Richtung Veränderung bedeutet, getan?« Oder, wie ich beim Seminar für die Manager: »Warum waren Sie überhaupt bereit, an diesem Seminar teilzunehmen? Warum haben Sie es nicht wie Frank aus irgendeinem Grund geschwänzt?« Mit anderen Worten: »Da Sie zu diesem Meeting erschienen sind, müssen Sie es aus irgendeinem Grund auch gewollt haben. Also, *warum* wollen Sie hier sein?«

Auf eine ähnliche Weise könnten Sie Ihre Freundin fragen: »Warum streitest du mit mir immer wieder darüber, ob du eine Mammografie machen lassen sollst? Warum hast du mich nie gebeten, das Thema nicht mehr anzusprechen?« Mit anderen Worten: »Da wir deshalb immer wieder aneinandergeraten, denkst du offensichtlich darüber nach, dich untersuchen zu lassen. Also, *warum* denkst du darüber nach?« Wenn Sie sich schwertun, mit der Suche nach einem neuen Job zu beginnen, könnten Sie sich fragen: »Warum denke ich überhaupt darüber nach, mir einen neuen Job zu suchen? Warum habe ich die Sache nicht längst schon abgehakt?« Das Verhalten von Menschen zeigt oft, dass sie weitaus mehr Motivation haben, als ihnen selbst bewusst ist. Wir können die Tatsache, dass sie sich so verhalten, nutzen, um ihnen zu helfen, noch mehr Motivation zu finden.

Über einen auch noch so kleinen Hinweis auf Motivation zu sprechen ist weitaus effektiver, als nach Widerständen zu fragen. Bei allem gebotenen Respekt gegenüber den Wissenschaftlern, die sich an der Diskussion über die kognitive Dissonanz beteiligen – ich persönlich glaube, dass in manchen Fällen die Einstellung an erster Stelle steht, in anderen Fällen dagegen das Verhalten. Instant Influence macht sich beide Ansätze zunutze und hat daher die größten Erfolgschancen.

Ein bewährter Ansatz

Instant Influence basiert nicht nur auf fundierten wissenschaftlichen Erkenntnissen, sondern hat sich auch in unterschiedlichsten Anwendungsbereichen in der Praxis bewährt.

– Psychiatrische Patienten:
Vorher: Den psychiatrischen Patienten im St. Barnabas Krankenhaus und im Union Krankenhaus im New Yorker Stadtteil Bronx wurde in der Regel auf eine sehr strenge Weise mitgeteilt, dass sie sich unbedingt an die Nachsorgeempfehlungen halten müssten, da sich ihr Zustand sonst verschlimmern würde und sie wieder ins Krankenhaus eingewiesen werden müssten. Dieser »High Threat«-Ansatz führte zu einer Erfolgsquote von gerade einmal 13 Prozent, und viele Patienten mussten wiederholt in die Kliniken zurückkehren. *Nachher:* Nach einer einzigen von Studenten durchgeführten einstündigen Instant-Influence-Sitzung für psychiatrische Patienten schnellte die Erfolgsquote um 250 Prozent in die Höhe und nahm in der Folgezeit, als beide Krankenhäuser Instant Influence als Standardinstrument bei der Patientenbetreuung einführten, weiter zu. Eine Zeit lang setzten die Krankenhäuser den Ansatz sogar aus, weil zu wenige Patienten zurückkehrten und sie daher zu große finanzielle Einbußen hatten. Aber seit 1994 wird das Programm durchgängig angewendet.[10]

– Zu Bewährungsstrafen verurteilte Straftäter:
Vorher: Straftäter auf Bewährung sind bekannt dafür, sich nicht an die gerichtlichen Bewährungsauflagen zu halten. Einige sagen sogar, dass sie eher wieder ins Gefängnis gehen würden, als mit Bewährungshelfern zu kooperieren, die mit massiven Drohungen arbeiten wie etwa »Wenn Sie nicht tun, was ich sage, kommen Sie zurück ins Gefängnis«. Die Alternative – Nachsicht – ist auch nicht viel besser; Teilnehmer an Bewährungsprogrammen verstoßen generell häufig gegen die Auflagen und wandern direkt wieder ins Gefängnis. *Nachher:* Seit der US-Bundesstaat Connecticut in der Bewährungshilfe mit Instant Influence arbeitet, ist die Rück-

fallquote deutlich gesunken, die Zahl der Gefängnisinsassen insgesamt zurückgegangen und die Arbeitszufriedenheit der Bewährungshelfer gestiegen. Die Abteilungsleiter von Bewährungshilfestellen setzen Instant Influence inzwischen sogar ein, um ihre eigene Leistung und die ihrer Mitarbeiter zu verbessern: Sowohl die Chefs als auch die anderen Angestellten sind nun pünktlicher, melden sich seltener krank, geben Berichte termingerechter ab, sind besser vorbereitet und melden sich häufiger freiwillig für Zusatzaufgaben.

– Manager und Mitarbeiter von Personalabteilungen:
Vorher: Praktisch jeder Manager, den ich schule, hat ein paar Fälle, an denen er verzweifeln könnte. Wie soll er einen renitenten Mitarbeiter führen, der ihm das Wort abschneidet, auf alles eine Antwort hat oder gerade so viel arbeitet, dass er nicht gefeuert wird?
Nachher: Nach jeder Instant-Influence-Trainingssitzung erhalte ich E-Mails von mehreren Teilnehmern, die mir berichten, wie positiv sich ihre Situation verändert hat. Besonders begeistert sind sie von dem Ausdruck in den Augen von Mitarbeitern, kurz bevor diese ihnen ihre Gründe aufzählen, warum sie jetzt das tun, wozu sie sie zuvor wochenlang vergeblich zu motivieren versucht haben.

– Meine eigenen Coaching- und Consulting-Klienten und Patienten:
Vorher: Selbst ich wusste nicht, wie ich reagieren sollte, wenn manche Leute einfach Nein sagten. Ich wollte ihnen helfen sich zu ändern, aber wenn sie sich widersetzten, wusste ich nicht, wie ich ihnen helfen konnte voranzukommen.
Nachher: Alle meine Instant-Influence-Klienten und -Patienten haben deutliche Fortschritte gemacht, auch wenn einige noch viel Arbeit vor sich haben. Seit ich erkannt habe, dass eine Veränderung von innen heraus kommen muss, bin ich bei meiner Arbeit als Coach, Berater und Therapeut viel effektiver.

Gründe, die Menschen dafür anführen, nicht mit dieser Technik zu arbeiten

Egal, wie viele Statistiken und persönliche Beispiele ich anführe, es gibt immer wieder Trainees, Kollegen oder Klienten, die den Instant-Influence-Ansatz ablehnen, entweder weil sie davon überzeugt sind, dass er nicht funktioniert, oder weil sie irgendwelche inhaltlichen oder praktischen Schwierigkeiten damit haben. Hier einige der häufigsten Einwände und meine Antworten darauf:

– *Konfrontation ist notwendig.* Ja, manchmal ist sie das. In extremen Situationen – ein Betrunkener will mit dem Auto fahren, ein Mitarbeiter trifft eine Entscheidung, die das Unternehmen Geld oder Sie Ihren Job kosten könnte – kann es erforderlich sein, körperlichen, sozialen oder ökonomischen Zwang auszuüben. Sie haben schlicht nicht die Zeit zu warten, bis der andere seine eigenen Gründe erkennt. Auch aus emotionalen Gründen kann eine Konfrontation notwendig werden. Manchmal ist es weniger wichtig, jemanden zu einer Verhaltensänderung zu bewegen, als ihm zu zeigen, wie Sie sich fühlen. Obwohl es schwer ist, jemanden zu motivieren, während Sie Ihren Gefühlen Ausdruck verleihen, kann es sein, dass Sie die emotionale Ehrlichkeit oder Befriedigung benötigen, die sich aus einer direkten Konfrontation ergeben.
So oder so, auf Dauer funktionieren Konfrontationen nicht. Langfristig, wenn keine akute Gefahr mehr besteht, ist Instant Influence das Mittel der Wahl.
– *Dieser Ansatz ist manipulativ.* Stimmt, das kann er sein. Ist die Zielperson sehr unsicher oder verwirrt, können Sie ihr möglicherweise einreden, dass sie wirklich das will, was Sie wollen.
Doch es ist nicht das Ziel von Instant Influence, Menschen zu manipulieren. Vielmehr geht es darum, ihnen zu helfen, ihre eigenen potenziellen Gründe für eine bestimmte Handlungsweise zu erkennen. Solange Sie offen über Ihre Ziele reden, liegen alle Karten auf dem Tisch. Damit verhalten

Sie sich nicht manipulativ, sondern geben dem anderen die Chance, Alternativen zu entdecken, von denen er nicht wusste, dass er sie hatte oder wollte.

- *Ich habe keine Lust, für andere den Therapeuten zu spielen.* Das sollen Sie auch gar nicht. Wenn Sie das Gefühl haben, dass jemand wirklich einen Therapeuten benötigt, sollten Sie nicht versuchen, ihn mithilfe dieses Prozesses zu »therapieren«. Allerdings könnten Sie Instant Influence einsetzen, um ihn zu motivieren, professionelle Hilfe in Anspruch zu nehmen.

- *Ich habe nicht genug Zeit mit der anderen Person, höchstens ein bis zwei Minuten.* Idealerweise nehmen Sie sich für diesen Prozess mindestens sieben Minuten Zeit. Manchmal reichen aber auch ein bis zwei Minuten. Ich kenne Menschen, die eine große Hürde in ihrem Leben genommen haben, nachdem ihnen nur eine Instant-Influence-Frage gestellt worden war. Kurze, aber wirksame Fragen zu stellen, die dem anderen einen kleinen Anstoß geben oder ihn zumindest zum Nachdenken bringen, ist besser, als gar nichts zu tun.

- *Andere Methoden funktionieren besser.* In manchen Fällen ist das sicherlich so. Manche Menschen lassen sich besser durch Anreize, Belohnungen oder Strafen motivieren als durch diese spezielle Technik. Und bei wieder anderen Leuten mag eine Kombination dieser Technik mit Belohnungen oder Strafen am besten anschlagen. Wenn jedoch die anderen Ansätze, mit denen Sie arbeiten, keine zufriedenstellenden Ergebnisse liefern, könnte Instant Influence eine Lösung sein.

- *Ich habe keine Lust, etwas zu lernen, was dann doch nicht funktioniert.* Der Versuch, andere Menschen zu einer Änderung zu bewegen, kann auf Dauer sehr frustrierend sein. Soll man dann auch noch einen komplett neuen Ansatz erlernen, kann das leicht als abschreckend, entmutigend oder überflüssig empfunden werden.

Wenn Sie jemanden eigentlich schon abgeschrieben haben, sollten Sie Instant Influence vergessen und die Beziehung einfach beenden. Falls das aber keine Option für Sie ist,

könnte es sich lohnen, ein wenig mehr Energie zu investieren und diese bewährte, effektive Technik anzuwenden.
Wenn Sie Instant Influence ausprobieren und es nicht funktioniert, wissen Sie wenigstens, dass Sie Ihr Möglichstes
getan haben.

– *Es wird nicht funktionieren, und dann stehe ich schlechter da als
zuvor.* In den meisten Fällen *werden* Sie mit Instant Influence
Erfolg haben. Aber selbst wenn der Ansatz einmal versagen
sollte, stehen Sie höchstens insofern »schlechter da als zuvor«, als Sie nun klarer über die Situation im Bilde sind.
Und das könnte Ihnen dabei helfen, sich damit abzufinden,
dass der schwierige Mitarbeiter, Ihr verbohrter Chef oder
ein dickköpfiger Kunde sich tatsächlich nie so verhalten
werden, wie Sie das gerne hätten. Haben Sie erst einmal Ihre
beste Karte ausgespielt, können Sie anfangen, die Situation
so zu akzeptieren, wie sie ist, und sich überlegen, was Sie
als Nächstes tun möchten. (Mehr zum Thema Akzeptanz in
Kapitel 10.)

Ich hoffe, ich konnte Sie mit dem, was Sie in diesem Kapitel
erfahren haben, davon überzeugen, dass Instant Influence einen Versuch wert ist. Fahren wir nun fort mit Kapitel 2, in dem
es darum geht, wie man die Autonomie fördert und damit die
bestmögliche Grundlage für ein Instant-Influence-Gespräch
schafft.

2 Die Autonomie fördern

Die sechs Schritte von Instant Influence stehen im Zentrum des Prozesses. Aber diese Schritte werden weitaus wirksamer sein, wenn Sie im Vorfeld die Autonomie der Zielperson stärken. Die Autonomie ist die Grundlage der ersten beiden Instant-Influence-Prinzipien:

1. Niemand muss irgendetwas unbedingt tun – die Entscheidung liegt stets bei jedem selbst.
2. Jeder besitzt bereits ausreichend Motivation.

Menschen tun das, was sie tun möchten. Wir müssen sie nicht zwingen. Es reicht, sie ihre eigenen Gründe dafür finden zu lassen, etwas zu tun. Im Gegenteil, wenn wir versuchen, sie zu etwas zu zwingen, wird das Gesetz der psychologischen Reaktanz sie wahrscheinlich nur dazu bringen, sich dagegen zu wehren.

Wenn wir ihnen aber die Möglichkeit geben, ihre eigenen Gründe zu finden, sind sie manchmal überraschend schnell dazu bereit, sich zu verändern. Woran liegt das? Es liegt daran, dass wir alle bereits Motivation in uns haben. Jeder widerwillige Mitarbeiter, der zu einer Evaluation erscheint, jeder Personalmanager, der sich gegen einen neuen Ablauf wehrt, jeder potenzielle Kunde und jeder skeptische potenzielle Klient, der zu einer ersten Sitzung erscheint, ist bereits auf einer bestimmten Ebene motiviert – bereit dazu, das Problem zu lösen, die beste Vorgehensweise auszuloten oder eine konstruktive Beziehung aufzubauen. Wenn Sie die Autonomie Ihres Gegenübers betonen (»Die Entscheidung liegt ganz allein bei Ihnen«, »Ich habe meine eigenen Vorstellungen, aber schlussendlich sind Sie es, der entscheidet«), helfen Sie ihm, seine eigenen Gründe zu finden.

Auf dieselbe Weise können Sie auch Ihre eigene Autonomie fördern. Nehmen wir an, Sie versuchen mit einem neuen Fitnessprogramm zu beginnen. Erinnern Sie sich daran, dass Sie nicht unbedingt am nächsten Montag damit anfangen müssen.

Sie könnten es auch eine Woche, zwei Wochen oder endlos lange aufschieben. Schließlich sind Sie nicht dazu verpflichtet, irgendetwas zu tun. Haben Sie sich erst einmal bewusst gemacht, dass Sie nicht zum Fitnesstraining gehen müssen, können Sie dazu übergehen, sich zu fragen, *warum* Sie es möglicherweise wollen könnten.

Einem Mitarbeiter, Seminarteilnehmer, Kind, Geliebten oder Patienten zu sagen, dass der nächste Schritt allein seine Sache – allein seine Entscheidung – sei, erfordert manchmal ein gehöriges Maß an Vertrauen in den anderen. Häufig würden wir dem anderen am liebsten Dinge an den Kopf werfen wie »Du Idiot! Weißt du denn nicht, was du riskierst, wenn du nicht mit dem Rauchen aufhörst?«, »Wenn du noch einmal so eine Nummer abziehst, siehst du mich nie wieder!« oder »Ist Ihnen nicht klar, dass Sie mit Ihrer Unzuverlässigkeit Ihre ganze Zukunft aufs Spiel setzen?«. Nochmals, ich sage nicht, dass es keine Konsequenzen geben sollte. Aber vergessen Sie nicht, dass es nicht Ihre Gründe sind, die den anderen zum Handeln motivieren, sondern nur seine eigenen. Ihn in seiner Autonomie zu bestärken, ist der beste Weg, ihn auf den Instant-Influence-Prozess vorzubereiten.

Vielleicht fällt es Ihnen schwer, das zu glauben. Die meisten Leute, denen ich die Methode beibringe, sind ebenfalls skeptisch. Sobald Sie Instant Influence praktisch anwenden – dazu werden Sie spätestens am Ende des dritten Kapitels in der Lage sein –, werden Sie selbst erleben, wie effektiv die Methode ist. Zunächst aber wollen wir uns die beiden Grundprinzipien zur Stärkung der Autonomie genauer ansehen.

Niemand muss irgendetwas unbedingt tun – die Entscheidung liegt stets bei jedem selbst

Dieses Prinzip geht zurück auf das Gesetz der psychologischen Reaktanz. Wie Sie sich erinnern werden, wurde dieses Gesetz durch zahlreiche Studien belegt, die zeigen, dass es uns missfällt, vorgeschrieben zu bekommen, was wir tun sollen. Man könnte fast behaupten, dass man andere am schnellsten dazu bringt, etwas zu tun, wenn man ihnen sagt, dass sie es *nicht* tun sollen. (Mir fällt in diesem Zusammenhang immer Mark Twains Held Tom Sawyer ein, der den Nachbarsjungen nicht erlaubte, ihm beim Streichen von Tante Pollys Zaun zu helfen – mit dem Ergebnis, dass sie ihm im Austausch für die Erlaubnis, ihm helfen zu dürfen, ihre wertvollsten Besitztümer anboten.) Dieses Prinzip basiert auf vier Annahmen:

1. Wir alle können frei darüber entscheiden, welche Handlungen wir ausführen möchten.
2. Andere können versuchen, diese Freiheit mit Aussagen wie »Sie müssen das tun« oder »Das dürfen Sie nicht tun« einzuschränken.
3. Wir neigen dazu, überaus negativ zu reagieren, wenn unsere Freiheit verbal bedroht wird: Wir werden wütend, fühlen uns zurückgewiesen, rechtfertigen das kritisierte Verhalten und/oder bekräftigen unsere Absicht, daran festzuhalten.
4. Unsere bedrohte Entscheidungsfreiheit kann durch Aussagen wiederhergestellt werden, die unsere Autonomie fördern wie »Es liegt allein in Ihrer Hand«, »Nur Sie können entscheiden, ob Sie das tun wollen« oder »Das ist allein Ihre Entscheidung«. Wenn es darum geht, uns selbst zu motivieren, sollten wir uns stets daran erinnern, dass wir nichts unbedingt tun müssen. Gleichermaßen sollten wir, wenn wir andere motivieren wollen, auch sie daran erinnern, dass sie zu absolut nichts verpflichtet sind, und ihnen darüber hinaus versichern, dass wir ihre Autonomie akzeptieren und unterstützen.

Natürlich ist es nicht gerade leicht, sich stets darüber bewusst zu sein, dass »niemand irgendetwas unbedingt tun muss«, insbesondere in Situationen, in denen wir uns verantwortlich fühlen – zum Beispiel für das Wohlergehen eines anderen oder für ein großes Projekt, das uns unterstellt ist. Aber selbst wenn es Situationen gibt, in denen es uns nicht passt, die Freiheit anderer zu akzeptieren, etwas zu tun oder nicht zu tun – es ist von entscheidender Bedeutung, dass wir diese Freiheit akzeptieren.

Jeder besitzt bereits ausreichend Motivation

Auch wenn mir das nicht bewusst war, als ich die Instant-Influence-Methode entwickelte, ist die Ansicht, dass jeder ausreichend Motivation besitzt, in der Geschäftswelt bereits ziemlich verbreitet. Bei General Electric zum Beispiel passt diese Annahme perfekt zur Firmenphilosophie des »organischen Wachstums«, sprich der Vorstellung, dass ein Unternehmen organisch und von innen heraus wachsen sollte. Genauso wenig wie ein Unternehmen zum Wachstum gezwungen werden sollte, sollten auch Menschen zu Veränderungen gezwungen werden – schließlich können auch sie sich organisch und von innen heraus verändern. Die Leute bei General Electric reden mittlerweile vom »grünen Prinzip« des Instant Influence, und einige Manager fingen sogar an, von »nachhaltiger Motivation« zu sprechen.

Es gefällt mir, dass diese Bilder uns erlauben, uns kleine Motivationsfunken ebenso vorzustellen wie eine sehr große Motivation. Im Zeitalter von Fürsprechern des positiven Denkens wie Tony Robbins und Napoleon Hill könnten wir zu der Auffassung gelangen, dass nur eine von brennender Leidenschaft, unbedingter Entschlossenheit und ungezügelter Kraft genährte Motivation effektiv ist – ein Grad an Motivation, den die meisten Menschen schlicht niemals erreichen. Natürlich gibt es immer wieder Menschen, die über eine außerordentliche Motivation verfügen – wie Sie aus der Einleitung wissen, gehört mein Vater dazu –, aber selbst diese Menschen fühlen sich nicht immer motiviert. Obwohl mein Vater sich durch halb Europa durchschlug und sich in den USA ein neues Leben aufbaute, hatte er, wie ich in Kapitel 6 zeigen werde, große Probleme, sich zu motivieren, mit dem Rauchen aufzuhören. Und als er dieses Ziel schließlich in Angriff nahm, fing er ganz klein an und reduzierte seinen Zigarettenkonsum um gerade einmal zwei Zigaretten pro Woche. Vielleicht muss man bis in die Haarspitzen motiviert sein, will man von heute auf morgen mit dem Rauchen aufhören. Aber müsste eine Veränderung, die so winzig ist, dass man sie fast übersieht, eigentlich nicht jeder hinbekommen? In den meisten Fällen haben wir es nicht mit einem riesigen Motivationsfeuer zu tun, sondern mit ein paar kleinen Funken.

Und doch könnten diese kleinen Funken genügen, um ein Ziel zu erreichen. Denn selbst die längste Reise beginnt, wie es in einem chinesischen Sprichwort heißt, mit dem ersten Schritt. So schwer es den meisten von uns auch fallen dürfte, sich das Ende der Reise vorzustellen, sind wir doch praktisch ohne Ausnahme in der Lage, die Motivation für einen ersten kleinen Schritt aufzubringen. Und dieser erste Schritt kann zu einem weiteren Schritt führen, dann zu noch einem und noch einem, und bevor wir's uns versehen, sind wir schon am Ziel.

Das ist keineswegs bloßes Wunschdenken. Zahllose Studien haben gezeigt, dass Menschen, die auch nur das kleinste bisschen Motivation verspüren, in der Lage sind, gewaltige Veränderungen zu erreichen. Wenn Menschen ihre Motivation auf einer Skala von 1 bis 10 angeben, könnte man meinen, dass diejenigen, die eine 10 gewählt haben, eher aktiv werden als Leute, die ihre Motivation mit einer 2 bewerten. Doch dem ist nicht so! Tatsächlich finden sich, wie ich in mehreren eigenen Studien feststellen konnte, Leute, die ihr Verhalten entscheidend verändert haben, entlang des gesamten Motivationsspektrums, nicht nur am oberen Ende.[1]

Weitere Studien haben darüber hinaus gezeigt, dass Menschen eher durch ihre eigenen Wünsche und Bedürfnisse motiviert werden als durch irgendetwas von außen Vorgegebenes. Gleichgültig ob es sich dabei um Drohungen, Versprechen, finanzielle Anreize oder Auszeichnungen handelt, nichts davon kommt der Motivation gleich, die von innen heraus mobilisiert wird.[2]

Obwohl Motivationsexperten seit Jahren versuchen, einen Fragenkatalog zu entwerfen, auf dessen Grundlage sich Voraussagen über künftige Leistungen treffen lassen, hat das bislang noch nicht zum Erfolg geführt.[3] Es ist bisher nicht gelungen, weil die Motivation eine absolut individuelle Angelegenheit ist. Ihre Motivation steckt in Ihnen, und nur Sie können sie in vollem Umfang aktivieren. Ich kann meine Fragen noch so schlau formulieren oder noch so ausgefallene Fragebögen erstellen, ich werde dennoch nicht herausfinden, was Sie am

Ende tatsächlich aktiv werden lässt. Es gibt nur einen Menschen, der weiß, wie Ihr innerer Funke entzündet werden kann, und zwar Sie selbst.

Warum es so wichtig ist, die Autonomie wiederherzustellen

Soll der Instant-Influence-Prozess funktionieren, ist es unerlässlich, die Autonomie der Zielperson wiederherzustellen. Dabei ist es gleichgültig, ob diese Autonomie von Ihnen selbst oder von anderen Autoritätspersonen infrage gestellt wurde. Ihre Aufgabe besteht darin, in aller Deutlichkeit darauf hinzuweisen, dass »niemand irgendetwas unbedingt tun muss«. Selbst wenn die Alternativen extrem unangenehm oder dramatisch sind – Verlust des Arbeitsplatzes, Krankheit oder Tod –, haben wir nahezu immer eine Wahl.

Natürlich gibt es Manager, Bewährungshelfer, Lehrer und Eltern, die unmittelbaren Zwang ausüben. Wenn jemand, der ihrer Aufsicht untersteht, nicht das tut, was sie von ihm verlangen, verhängen diese Diktatoren umgehend unbarmherzige Strafen. Sie brüllen und drohen und mitunter greifen sie sogar zu körperlicher Gewalt. Eine Weile mag diese Methode sogar Erfolg haben.

Auf lange Sicht aber verliert ihre Macht an Wirkung. Das Kind rebelliert oder zieht sich in sich selbst zurück. Der Schüler bleibt sitzen oder schmeißt die Schule hin. Der Straftäter auf Bewährung wandert ins Gefängnis. Und der Mitarbeiter kündigt, wechselt die Abteilung oder macht in der Arbeit nur noch das Allernötigste.

Wenn Sie versuchen, jemandem zu helfen, der unter einer solchen Behandlung gelitten hat – oder Ihr eigenes bisheriges autoritäres Verhalten wiedergutmachen möchten –, müssen Sie möglicherweise zusätzlich Zeit aufwenden, um die Autonomie Ihrer Zielperson wiederherzustellen. Ich habe einmal mit einer Abteilungsleiterin gearbeitet, die große Probleme mit einem Mitarbeiter hatte, der neu in ihrer Abteilung war. Er war, in ihren Worten, eine komplette »Niete«, der »bei Weitem am wenigsten motivierte Mitarbeiter«, mit dem sie je zu tun hatte. Er kam regelmäßig zu spät, hielt keine Deadline ein, blieb zwei Stunden in der Mittagspause und leistete sich Dutzende von Leichtsinnsfehlern. Wenn es je ein Musterbeispiel für fehlende Motivation gab, dann war es dieser Mann.

Aber als sie bei seiner bisherigen Abteilung nachfragte, bekam sie zu ihrem großen Erstaunen zu hören, dass er dort ein Vorbild an Zuverlässigkeit gewesen sei und von seinem früheren Vorgesetzten durchweg erstklassige Noten erhalten habe. Wie konnte das sein?

Wie sich zeigte, war sein früherer Abteilungsleiter ein regelrechter Diktator, der seinen Mitarbeitern das Leben so schwer machte, dass seine Abteilung die höchste Fluktuationsrate im gesamten Unternehmen hatte. Unter der Knute dieses Abteilungsleiters hatte der Mitarbeiter in der Tat »perfekte« Leistungen erbracht, aber er hatte sich auch aus der Abteilung versetzen lassen, sobald ihm das möglich gewesen war. Noch immer traumatisiert von der Schreckensherrschaft seines früheren Vorgesetzten, hatte er jegliche Motivation verloren, seine Arbeit gut zu machen.

Mithilfe von Instant Influence gelang es seiner neuen Chefin, seine Autonomie wiederherzustellen und seine Motivation zu fördern. Das ging zwar nicht von heute auf morgen, aber schließlich drang sie zu ihm durch. Mit dem Ergebnis, dass er noch bessere Leistungen als in seiner früheren Abteilung erbrachte und zu einem ihrer loyalsten und eifrigsten Mitarbeiter wurde. »Ich habe eine Weile an Ihnen gezweifelt«, schrieb sie mir in einer E-Mail, »aber jetzt bin ich froh, dass Sie recht hatten: Nichts kommt der Motivation von innen heraus gleich.«

Viele der Manager, Ärzte und Lehrer, die ich schule, reagieren frustriert, wenn ich ihnen erkläre, dass sie die Autonomie der anderen stärken müssen. »Ich habe dem Kerl noch nie befohlen, etwas zu tun«, könnte etwa ein Manager entgegnen. »Und jetzt soll ich meine ganze Zeit darauf verwenden, dass er sich besser fühlt?« Und ein Lehrer könnte zum Beispiel sagen: »Ich lasse meinen Schülern immer Raum für eigene Entscheidungen. Warum soll ich dauernd beweisen, dass ich nicht wie die anderen Lehrer bin?«

Doch das spielt alles keine Rolle. Selbst wenn Sie die Freiheit Ihrer Zielperson noch nie bedroht haben, jemand anderer hat es nahezu sicher schon einmal getan. Ebenso wenig fällt es ins Gewicht, in welchem Bereich die Freiheit des anderen bedroht worden ist. Der Arzt, der ihm gesagt hat, dass er mit dem Rauchen aufhören solle, die Freundin, die ihm gesagt hat, dass er sich besser kleiden solle, und der Lehrer, der ihm gesagt hat, dass er seine Hausaufgaben machen müsse – sie alle haben ihren Tribut von Ihrem renitenten Gegenüber gefordert. Von seiner Warte aus haben ihm sein ganzes Leben hindurch andere Leute gesagt, was er zu tun hat, und nun hat er es absolut satt. Und Sie sind für ihn jetzt nur eine neue Stimme, die seine Autonomie bedroht, daher wird er sich Ihnen gegenüber genauso abgrenzen. Wollen Sie wirklich mit ihm kommunizieren, müssen Sie zunächst seine Autonomie wiederherstellen. Und wenn seine Autonomie gleich von mehreren Autoritätsfiguren untergraben wurde, sollten Sie die kumulierte Wirkung all der Drohungen berücksichtigen und sich bemühen, sie aufzuheben.

Die Autonomie eines anderen wiederherstellen

Wie aber stellt man die Autonomie eines anderen wieder her? Zum Glück ist das relativ einfach.

1. Machen Sie die stärkste autonomiefördernde Aussage, hinter der Sie wirklich stehen können. Wenn Sie es mit einem geliebten Menschen, einem Kunden oder einem Geschäftspartner zu tun haben, können Sie möglicherweise auch seine vollständige Autonomie betonen:

»Sie haben die Wahl, ich halte mich da ganz heraus.«
»Die Entscheidung liegt ganz alleine bei Ihnen.«
»Es steht Ihnen frei zu tun, was immer Sie wünschen.«
»Ich kann das nicht für Sie entscheiden – das bleibt allein Ihnen überlassen.«

Wenn Sie ein Vater oder eine Mutter sind, ein Arbeitgeber, ein Vorgesetzter oder jemand anderer, der manchmal bestimmte

Grenzen setzen muss, sollten Sie Ihre Wortwahl möglicherweise etwas abändern und die Tatsache berücksichtigen, dass
die andere Person gewissen Einschränkungen unterliegt:

>»Wie Sie sich an diesem Punkt entscheiden, bleibt Ihnen
>überlassen.«
>»Im Moment geht es nicht um meine Gründe, sondern ich
>interessiere mich für *Ihre* Gründe.«
>»Obwohl andere auf ihre eigene Weise reagieren werden,
>sind Sie der Einzige, der diese Entscheidung treffen kann.«
>»Sie allein können entscheiden, was Sie tun möchten.
>Natürlich wird Ihre Entscheidung Konsequenzen haben.
>Aber es bleibt Ihre Entscheidung und damit bestimmen Sie
>auch, zu welchen Konsequenzen es kommen wird.«

Für manche Manager, Eltern und andere Autoritätspersonen
stellt dies eine so radikale Abkehr von ihrem bisherigen Ansatz
dar, dass sie zuerst etwas hilflos sind. Wenn Sie diese Methode
ausprobieren möchten, sich aber noch etwas unsicher fühlen,
sollten Sie sich bereits im Vorfeld ein oder zwei autonomiefördernde Statements zurechtlegen. Sie werden schnell feststellen, dass es Ihnen bald sehr leicht fallen wird, andere in
ihrer Autonomie zu bestätigen.

*2. Wenn eine Situation schwierig oder unfair ist, sollten Sie das an-
sprechen. Aber vergessen Sie nicht, die Verantwortung wieder der
Zielperson zu übertragen.* Wenn die Zielperson darauf beharrt,
dass eine Situation nicht leicht oder fair oder ausgewogen ist
und Sie diese Meinung teilen, dann sollten Sie das sagen. Sind
Sie anderer Ansicht, sollten Sie zumindest auf die Sichtweise
der Zielperson eingehen (»Ich verstehe, dass Ihnen das nicht
fair erscheint«). Respektieren Sie stets das Recht des anderen,
die Dinge auf seine Weise zu sehen, aber bestehen Sie dennoch
darauf, dass er die Verantwortung für sein Handeln übernimmt.
Ich habe einmal mit einer Managerin gearbeitet, die eine
Regelung durchsetzen musste, die einer ihrer Mitarbeiter ab-
lehnte. Der Mitarbeiter hatte eine Beschwerde eingereicht, aber
die Sache war damit noch nicht beigelegt. Die Managerin er-

innerte sich daran, was ich ihr über autonomiefördernde Aussagen beigebracht hatte, ging zu dem Mann und sagte: »Ich kann verstehen, warum Sie sich gegen diese Regelung wehren und sie für unfair halten. Das ändert aber nichts daran, dass die Regelung gilt, und Ihre Beschwerde ist auch noch nicht geprüft worden. Was wollen Sie in der Zwischenzeit tun?« Statt ihm vorzuschreiben, wie er sich verhalten sollte, stärkte sie mit ihrer Frage seine Autonomie.

»Nun«, erwiderte der Mitarbeiter, »ich finde nicht, dass ich gezwungen werden sollte, mich an die Regelung zu halten, solange über meine Beschwerde nicht entschieden wurde.«

Ohne Instant Influence hätte sich die Managerin an diesem Punkt wahrscheinlich auf einen Machtkampf eingelassen und darauf bestanden, dass er sich an die Regelung hielt. Stattdessen aber sagte sie: »Ich verstehe Ihre Haltung und möchte nochmals betonen, dass niemand Sie zwingen kann, diese oder irgendeine andere Regel zu befolgen – das heißt, Sie haben immer die Wahl. Aber was könnte es Ihnen Ihrer Meinung nach bringen, sich zumindest so lange an die Vereinbarung zu halten, bis über Ihre Beschwerde entschieden wurde?«

Der Mitarbeiter dachte eine Weile nach. »Es könnte bei der Anhörung glaubwürdiger wirken, wenn die Entscheidungsträger hören, dass ich mich trotzdem an die Regelung gehalten habe«, sagte er dann. Weil die Managerin ihm die Möglichkeit gegeben hatte, selbst zu entscheiden, hielt sich der Mitarbeiter freiwillig an die Vereinbarung, obwohl er weiterhin entschlossen war, dagegen anzukämpfen. Seine Chefin hatte einen Machtkampf vermieden und die gute Beziehung zu ihm bewahrt. »Hätte ich darauf bestanden, dass er sich an die Vereinbarung hält, hätte er mit Sicherheit rebelliert«, erzählte sie mir hinterher. »Aber da ich seine Autonomie respektierte, gab ich ihm die Möglichkeit, eine Entscheidung zu treffen, die für uns alle funktionierte.«

3. Sagen Sie ehrlich, was Sie erreichen möchten. Niemand will gerne manipuliert werden. Eine Möglichkeit sicherzustellen, dass Sie die Leute, die Sie motivieren möchten, nicht manipulieren, besteht darin, Ihre Vorstellungen offen zu bekunden:

Ich möchte, dass Sie pünktlich zur Arbeit kommen. Offen gesagt, dass Sie im letzten Monat mindestens zwei Mal pro Woche zu spät gekommen sind, wirft ein schlechtes Licht auf uns beide. Wir haben ja schon einmal darüber gesprochen, und ich weiß, dass es nicht gut gelaufen ist. Ich habe versucht, Sie dazu zu bringen, sich so zu verhalten, wie ich es mir vorstelle – und natürlich habe auch ich einen Vorgesetzten, dem ich Rede und Antwort stehen muss –, aber am Ende liegt es allein bei Ihnen, ob Sie pünktlich zur Arbeit kommen. Deshalb würde ich jetzt gerne hören, was Sie dazu zu sagen haben. *Warum könnten Sie in den nächsten fünf Tagen pünktlich ins Büro kommen wollen? Was könnten Sie davon haben?*

Die kursiv gesetzten Sätze entsprechen dem ersten Schritt des Instant-Influence-Prozesses (»Warum könnten Sie sich ändern wollen?«), die Sätze davor dienen der Autonomieförderung des anderen. Ist Ihnen aufgefallen, dass Sie sich in keiner Weise zu irgendetwas verpflichtet haben? Weder haben Sie dem Mitarbeiter erlaubt zu kommen, wann immer es ihm gefällt, noch haben Sie ihm versprochen, ihn vor dem Unmut Ihres Vorgesetzten zu schützen. Aber indem Sie deutlich gemacht haben, dass es seine Entscheidung ist, haben Sie das Gesetz der psychologischen Reaktanz miteinbezogen und ihm die Möglichkeit gegeben, eigene Gründe dafür zu finden, in Zukunft pünktlich zu kommen.

4. Sprechen Sie im Anschluss an dieses Gespräch oder in einer separaten Unterredung die Konsequenzen durch. Gleichgültig, ob Sie es mit einem Mitarbeiter zu tun haben, einem Ihnen nahestehenden Menschen, einem Kind oder einer fremden Person, es kann leicht passieren, dass Sie es frustrierend finden, so viel Energie in die Autonomie des anderen zu investieren. »Und was ist damit, was *ich* will?«, fragen Sie sich vielleicht. »Ich kann doch nicht zulassen, dass er zur Arbeit kommt, wann es ihm passt«, »Habe ich hier überhaupt nichts zu sagen? Muss sie in unserer Beziehung immer das letzte Wort haben?« oder »Er ist schließlich noch ein Kind! Soll ich ihn etwa immer seinen Willen durchsetzen lassen?«

Tatsächlich steht es Ihnen frei, jede im Rahmen Ihrer Kompetenzen liegende Konsequenz zu ziehen. Je nachdem, wie das in Ihrem Unternehmen geregelt ist, können Sie einem Mitarbeiter kündigen, ihn abmahnen oder auf sonstige Weise zur Ordnung rufen. In einer persönlichen Beziehung können Sie Ihren Ärger zum Ausdruck bringen, sich emotional zurückziehen oder die Beziehung ganz beenden. Ihr Kind können Sie maßregeln.

Darüber hinaus könnten Sie auch die Pflicht haben, den anderen auf drohende Konsequenzen hinzuweisen. So sollten Sie Ihrem Sohn, der kurz vor dem Schulabschluss steht, vielleicht klarmachen, dass er es wohl kaum auf die Universität schaffen wird, wenn seine Noten sich nicht verbessern.

Der springende Punkt dabei ist aber, dass der andere letztlich trotzdem frei darüber entscheiden kann, wie er sich verhält. Ein volljähriger Mensch kann abgesehen von sehr seltenen Situationen – zum Beispiel wenn er in eine psychiatrische Klinik eingewiesen oder von Rechts wegen entmündigt und unter Vormundschaft gestellt wird – eigentlich immer frei über sein Handeln bestimmen, egal wie selbstzerstörerisch, gefährlich oder schlicht dumm das auch erscheinen mag. Selbst unsere Kinder sind zumindest in gewissem Maße frei zu tun, was ihnen beliebt. Schließlich können wir sie nicht ununterbrochen im Auge behalten. Es ist in unserem eigenen Interesse, uns wann immer möglich herauszuhalten und andere selbst die Konsequenzen ihres Handelns tragen zu lassen. Je mehr sie das tun, umso motivierter sind sie, verantwortungsvolle Entscheidungen zu treffen.

Sie können diesen Prozess unterstützen, wenn Sie Ihre Aufgabe eher darin sehen, dem anderen zu helfen, eine möglichst fundierte Entscheidung zu treffen, statt darin, ihn zu einer bestimmten Entscheidung zu bewegen. Aus diesem Grund empfehle ich auch, mögliche Konsequenzen in einem separaten Gespräch anzusprechen – und selbst dann ist es besser, das Gespräch nicht mit Ihrer Darstellung der Konsequenzen zu eröffnen. Sie sollten den anderen vielmehr dazu bringen, sich der möglichen Konsequenzen selbst bewusst zu werden, beispielsweise mit einer der folgenden Fragen:

»Lassen Sie uns die Situation doch einmal durchdenken. Was wird Ihrer Meinung nach passieren, wenn Sie weiterhin zu spät zur Arbeit kommen?«

»Ich bin gespannt darauf, deine Meinung zu hören. Was könnten diese Noten für deine Pläne bedeuten, auf die Universität zu gehen?«

»Was meinst du, was es für unsere Beziehung bedeutet, wenn du die ganze Zeit Pläne für uns beide machst, ohne mich vorher zu fragen?«

Das Ziel dabei ist, den anderen dazu zu bringen, die Konsequenzen seines Handelns zu erkennen und auf dieser Grundlage eine eigenständige Entscheidung zu treffen, statt einfach dem Gesetz der psychologischen Reaktanz zu folgen. Eigenständige Entscheidungen zu treffen setzt aber echte Autonomie voraus.

Einer der interessantesten psychologischen Forschungsbereiche befasst sich mit der intrinsischen und extrinsischen Motivation, untersucht also die Frage, ob es einen Unterschied macht, etwas aus eigenem Antrieb heraus zu tun oder aufgrund eines äußeren Anreizes, zum Beispiel einer Belohnung. Die Ergebnisse sind eindeutig: Die intrinsische Motivation ist weitaus effektiver. Erstaunlicherweise tun Menschen manchmal sogar *weniger*, wenn ihnen für eine Tätigkeit, die sie bereits ausführen, eine Belohnung angeboten wird.[4]

Der Psychologe Edward L. Deci führte dazu ein Experiment mit 24 Psychologiestudenten durch. Sie sollten an drei aufeinanderfolgenden Tagen jeweils für ein paar Stunden an einem Puzzle arbeiten.[5] Man ging davon aus, dass das Puzzle intrinsisch motivierend wirkte, weil die Einzelteile auf unterschiedliche Weise zusammengesetzt werden konnten und die Studenten so die Möglichkeit hatten, immer neue Lösungen zu finden. In der Tat machte die Arbeit an dem Puzzle allen Studenten Spaß und manche opferten sogar die achtminütige Pause in der Mitte der zweistündigen Sitzung, um daran weiterzuarbeiten.

Am zweiten Tag wurde der einen Hälfte der Studenten mitgeteilt, dass sie eine Belohnung erhalten würden: Für jede von maximal vier unterschiedlichen Puzzlelösungen, die sie innerhalb einer festgesetzten Zeit fanden, wurde ihnen ein Dollar versprochen, wobei es ihnen freistand, nach weiteren, dann allerdings nicht bezahlten Lösungen zu suchen. Die andere Hälfte der Studenten erhielt kein Geld.

Wahrscheinlich ahnen Sie schon, was als Nächstes passierte. Am zweiten Tag verbrachten die Studenten, die bezahlt wurden, weit weniger ihrer freien Zeit damit, an dem Puzzle weiterzuarbeiten, als sie das noch am ersten Tag getan hatten. Selbst als sie am dritten Tag kein Geld mehr erhielten, blieb ihr Aktivitätsniveau unter dem des ersten Tages. Die Studenten dagegen, die zu keinem Zeitpunkt Geld erhalten hatten, widmeten immer mehr ihrer freien Zeit dem Puzzle.

Dieser Zusammenhang wird von zahlreichen Untersuchungen aus der Wirtschaft bestätigt. Sie zeigen, dass Bonuszahlungen Mitarbeiter keineswegs dazu motivieren, sich stärker zu engagieren. Vielmehr scheinen sie unethische Verhaltensweisen wie Tricksereien und andere Methoden zu fördern, mit denen die Boni abkassiert werden sollen, ohne dass dafür tatsächlich eine Mehrleistung erbracht wurde.[6]

Damit will ich nicht sagen, dass externe Anreize prinzipiell nicht hilfreich wären – im Gegenteil, in vielen Situationen sind sie das zweifelsohne. Allerdings sollte der Schwerpunkt eindeutig auf *intrinsischen* Belohnungen liegen, sprich auf der Befriedigung, die man daraus zieht, seine Arbeit gut zu machen, und zwar aus eigenem Antrieb heraus. Wie eine Studie nach der anderen belegt, ist die eigene Motivation der zuverlässigste Garant für gute Leistungen.

✎   **Testen Sie Ihre Instant-Influence-Fähigkeiten:**
     Die Autonomie fördern

Erkennen Sie den Unterschied zwischen Aussagen, die tatsächlich die Autonomie fördern, und solchen, die das nur scheinbar tun? Kreuzen Sie in der folgenden Liste die Aussagen an, die Ihrer Meinung nach autonomiefördernd sind. Die Auflösung finden Sie gleich im Anschluss.

○ Ich halte das für eine gute Idee, aber das ist nur meine persönliche Meinung.

○ Ich dachte, Sie würden sich darum kümmern.

○ Ich dachte, Sie würden das wirklich wollen.

○ Sie werden eine Entscheidung treffen müssen.

○ Es liegt bei Ihnen, ob Sie tun, was Sie tun müssen.

○ Sie haben mir gesagt, wie wichtig Ihnen das ist.

○ Nur ein Idiot würde das tun.

○ Beide Varianten haben Vor- und Nachteile; was für Sie unter dem Strich am besten ist, können nur Sie selbst entscheiden.

○ Wenn dir deine Gesundheit wirklich am Herzen liegen würde, dann würdest du das machen.

○ Die einzige Möglichkeit, das hinzubekommen, ist [setzen Sie hier Ihre Empfehlung ein].

○ Ehrlich gesagt, sehe ich keine Möglichkeit, es anders zu machen.

○ Manchmal muss man eben in den sauren Apfel beißen und etwas einfach machen.

○ Selbst wenn uns diese Vorschrift nicht gefällt, müssen wir uns daran halten.

○ Ich verstehe nicht, warum du zögerst – versuch es doch einfach einmal.

○ Du willst ja noch nicht einmal darüber nachdenken, was passiert, wenn du es nicht machst.

○ Sie wissen, dass Sie das noch besser machen können.

○ Sie müssen es aus ganzem Herzen wollen.

○ Sie sollten es doch eigentlich am besten wissen.

○ Es liegt ganz bei Ihnen zu entscheiden, was Sie wollen und wie Sie es umsetzen.

○ Du musst es wenigstens einmal versuchen.

○ Das entspricht nicht dem, was ich von jemandem wie Ihnen erwarte.

○ Ich bin mir sicher, wenn Sie es nur versuchen würden, dann könnten Sie es besser machen.

○ Ich weiß, dass Sie sich wirklich bemüht haben, aber ich möchte, dass Sie sich noch ein bisschen mehr Mühe geben.

○ Sie wissen, dass Sie noch nicht alles gegeben haben.

○ Ich weiß, was *ich* mir von Ihnen wünschen würde.

○ Sie haben eine Verantwortung dem Team gegenüber.

○ Von allen Leuten sollten Sie am meisten dahinterstehen.

○ Es liegt bei Ihnen, ob Sie tun, was getan werden muss.

○ Du wirst dich wirklich schlecht fühlen, wenn du das nicht hinbekommst.

○ Wenn es allein nach mir ginge, dann hätte ich gerne, dass es folgendermaßen gemacht wird.

○ Denken Sie darüber nach, welche Folgen Ihr Verhalten haben wird.

○ Ich bin ja so glücklich und stolz zu sehen, dass Sie sich geändert haben.

○ Sie treffen die Entscheidungen; Sie haben völlig freie Hand.

○ Ich wusste, dass Sie es früher oder später so sehen würden wie ich.

○ Ich habe langsam schon befürchtet, dass ich kein guter Motivator bin.

○ Ich wusste, dass ich bei unserem letzten Gespräch zu Ihnen durchgedrungen bin.

○ Sie müssen das nicht machen, aber denken Sie bitte einmal darüber nach, was Ihr Verhalten für alle anderen bedeutet.

▣ Hinweis

Nur sechs dieser Aussagen sind wirklich autonomiefördernd. Die meisten anderen hören sich zwar so an, sind es in Wahrheit aber nicht. Wie viele Aussagen haben Sie angekreuzt? Lesen Sie die Liste nochmals durch und versuchen Sie, die sechs autonomiefördernden Aussagen zu identifizieren.

Die Autonomie fördernde Aussagen:
- *Ich halte das für eine gute Idee, aber das ist nur meine persönliche Meinung.* Wenn Sie Ihre Haltung kundtun und betonen, dass es sich dabei nur um Ihre persönliche Meinung handelt, räumen Sie dem anderen die Freiheit ein, eine eigene Meinung zu haben.
- *Beide Varianten haben Vor- und Nachteile; was für Sie unter dem Strich am besten ist, können nur Sie selbst entscheiden.* Diese Aussage betont sowohl das Recht des anderen, eine Entscheidung zu treffen, als auch die Tatsache, dass die Entscheidung ihm überlassen bleibt.
- *Es liegt ganz bei Ihnen zu entscheiden, was Sie wollen und wie Sie es umsetzen.* Mit dieser Aussage konzentrieren Sie sich darauf, was der andere will, und nicht darauf, was er tun sollte oder müsste oder was er bräuchte.
- *Ich weiß, was ich mir von Ihnen wünschen würde.* Damit bringen Sie zum Ausdruck, dass Sie in der Tat eine Meinung haben. Gleichzeitig räumen Sie aber ein, dass es sich dabei um Ihre persönliche Präferenz und nicht notwendigerweise um die Ihres Gegenübers handelt.
- *Wenn es allein nach mir ginge, dann hätte ich gerne, dass es folgendermaßen gemacht wird.* Auch hier gilt: Indem Sie Ihre Haltung kundtun und betonen, dass es sich dabei um Ihre persönliche Meinung handelt, räumen Sie dem anderen die Freiheit ein, selbst zu entscheiden. Sie können die Autonomie des anderen noch weiter fördern, wenn Sie hinzufügen: »Aber es geht nicht darum, was ich will. Es ist *Ihre* Entscheidung.«
- *Sie treffen die Entscheidungen; Sie haben völlig freie Hand.* Natürlich können Sie so etwas nur sagen, wenn Sie auch ganz dahinterstehen. Aber wenn der andere tatsächlich absolut frei entscheiden kann, wie er etwas tut, ist das eine hervorragende Möglichkeit für Sie, sich selbst aus der Situation herauszunehmen und die Verantwortung dem anderen zu übertragen.

Die Autonomie schwächende Aussagen:
Bevor Sie weiterlesen, sollten Sie nochmals die Liste oben durchgehen und versuchen zu erkennen, was der Haken an den die Autonomie untergrabenden Aussagen sein könnte. Lesen Sie dann,

welche Reaktionen diese Aussagen bei einem ablehnenden Zuhörer auslösen könnten:

– *Ich dachte, Sie würden sich darum kümmern.* »Tja, viel Raum zum Entscheiden lassen Sie mir hier nicht. Egal, was *ich* beschließe oder wofür *ich* mich entscheide, ich muss mich so oder so ›darum kümmern‹.«

– *Ich dachte, Sie würden das wirklich wollen.* »Das gibt mir das Gefühl, sehr eingeengt zu sein. Sie sagen mir, was ich will, statt mich meine Wünsche selbst formulieren zu lassen.«

– *Sie werden eine Entscheidung treffen müssen.* »Sie sagen mir, was ich tun ›muss‹. Damit tragen Sie nicht gerade dazu bei, dass ich mich autonom fühle.«

– *Es liegt bei Ihnen, ob Sie tun, was Sie tun müssen.* »Sie sagen mir, was ich tun ›muss‹. Auch damit tragen Sie nicht gerade dazu bei, dass ich mich autonom fühle.«

– *Sie haben mir doch gesagt, wie wichtig Ihnen das ist.* »Sie wenden meine Worte gegen mich, anstatt mich zu fragen, was ich möchte.«

– *Nur ein Idiot würde das tun.* »Das mag ja stimmen, aber es ist eine Aussage, die mir keine andere Wahl lässt, als Ihnen zuzustimmen. Und wenn ich keine Wahl habe, neige ich dazu zu rebellieren, mich zurückzuziehen oder bestenfalls Lippenbekenntnisse abzugeben. Es motiviert mich nicht zu verantwortungsvollem, kooperativem oder produktivem Verhalten.«

– *Wenn dir deine Gesundheit wirklich am Herzen liegen würde, dann würdest du das machen.* »Dito.«

– *Die einzige Möglichkeit, das hinzubekommen, ist [setzen Sie hier Ihre Empfehlung ein].* »Dito.«

– *Ich sehe eigentlich keine Möglichkeit, es anders zu machen.* »Dito.«

– *Manchmal muss man eben in den sauren Apfel beißen und etwas einfach machen.* »Dito.«

– *Selbst wenn uns diese Vorschrift nicht gefällt, müssen wir uns daran halten.* »Sie sagen mir, was ich tun ›muss‹. Damit untergraben Sie meine Autonomie.«

– *Ich verstehe nicht, warum du zögerst – versuch es doch einfach einmal.* »Ich kann mich nicht autonom fühlen, wenn du mir etwas vorschreibst. Viel besser wäre es, wenn du mich zum Beispiel fragen würdest ›Warum könntest du das einmal probieren wollen?‹ oder

›Was könnte es dir bringen, wenn du es doch einmal versuchen würdest?‹«

- *Du willst ja noch nicht einmal darüber nachdenken, was passiert, wenn du es nicht machst.* »Wenn das keine Drohung ist, was dann?«
- *Sie wissen, dass Sie das noch besser machen können.* »Vielleicht weiß ich das und vielleicht auch nicht, aber eine eigene Entscheidung durfte ich immer noch nicht treffen.«
- *Sie müssen es aus ganzem Herzen wollen.* »Wenn Sie mir sagen, dass ich etwas tun ›muss‹, schreckt mich das eher ab; besser wäre es, mir dabei zu helfen, es ›aus ganzem Herzen‹ zu wollen.«
- *Sie sollten es doch eigentlich am besten wissen.* »Das lässt mir keinen Raum zum Widerspruch.«
- *Du musst es wenigstens einmal versuchen.* »Auch hier würde eine Frage wie ›Was würde wohl passieren, wenn du es probieren würdest?‹ meine Autonomie viel mehr unterstützen als der Hinweis darauf, dass ich etwas tun ›muss‹.«
- *Das entspricht nicht dem, was ich von jemandem wie Ihnen erwarte.* »Das bringt mich vielleicht dazu, mich zu schämen, fördert aber bestimmt nicht meine Autonomie. Die Frage ist nicht, was Sie von mir erwarten, sondern was *ich selbst* von mir erwarte.«
- *Ich bin mir sicher, wenn Sie es nur versuchen würden, dann könnten Sie es besser machen.* »Vielleicht könnte ich das ja, aber will ich es auch? Sie fragen mich nicht, was ich möchte, und deshalb fördern Sie auch meine Autonomie nicht.«
- *Ich weiß, dass Sie sich wirklich bemüht haben, aber ich möchte, dass Sie sich noch ein bisschen mehr Mühe geben.* »Also reden wir jetzt darüber, was Sie möchten? Was ist mit dem, was ich möchte?«
- *Sie wissen, dass Sie noch nicht alles gegeben haben.* »Sie fragen nicht, was ich denke oder weiß, Sie sagen es mir. Woher wollen Sie wissen, was ich weiß? Woher wollen Sie wissen, was für mich ›alles‹ ist?«
- *Sie haben eine Verantwortung dem Team gegenüber.* »Das mag stimmen, aber mir das zu sagen fördert meine Autonomie nicht. Besser wäre es, wenn Sie mich fragen würden: ›Wie soll Ihre Beziehung zum Team Ihrer Meinung nach aussehen?‹ Sie könnten auch sagen: ›Meiner Meinung nach haben Sie eine Verantwortung dem Team gegenüber, aber vielleicht sehen Sie das ja anders. Wie betrachten Sie Ihre Position innerhalb des Teams?‹«

– *Von allen Leuten sollten Sie am meisten dahinterstehen.* »Sie fragen nicht, was ich darüber denke, Sie sagen mir, was ich denken sollte. Nun verspüre ich den Drang zu widersprechen, obwohl ich Ihnen eigentlich zustimme.«

– *Es liegt bei Ihnen, ob Sie tun, was getan werden muss.* »Aber Sie sagen mir, ›was getan werden muss‹, und das lässt mir nicht viel Raum für Autonomie.«

– *Du wirst dich wirklich schlecht fühlen, wenn du das nicht hinbekommst.* »Damit sagst du mir, was ich will und wie ich mich fühlen werde. Von Autonomie kann hier nicht die Rede sein.«

– *Denken Sie darüber nach, welche Folgen Ihr Verhalten haben wird.* »Das klingt schon wieder wie eine Drohung. Man könnte denselben Gedanken auch in Form einer Frage formulieren: ›Wie wird sich Ihr Verhalten Ihrer Meinung nach auf die anderen Mitarbeiter auswirken?‹ Oder noch besser: ›Was würden Sie sich wünschen, wie sollte sich Ihr Verhalten auf die anderen Mitarbeiter auswirken? Was möchten Sie damit gerne bewirken?‹«

– *Ich bin ja so glücklich und stolz zu sehen, dass Sie sich geändert haben.* »Ach so, dann hat also alles, was ich gemacht habe, dem Ziel gedient, *Sie* glücklich zu machen? Ich dachte, es ginge hier um mich und meine Autonomie und nicht um Sie und Ihre Gefühle.«

– *Ich wusste, dass Sie es früher oder später so sehen würden wie ich.* »Eigentlich würde ich es lieber auf *meine* Weise sehen. Jetzt bin ich nicht mehr so sicher, ob ich wirklich autonom bin oder ob ich einfach Ihrem Druck nachgegeben und Ihre Sichtweise übernommen habe.«

– *Ich habe langsam schon befürchtet, dass ich kein guter Motivator bin.* »Geht es hier etwa um Sie und Ihre Motivationskünste? Ich dachte, es ginge um *mich* und das, was ich tun möchte.«

– *Ich wusste, dass ich bei unserem letzten Gespräch zu Ihnen durchgedrungen bin.* »Eigentlich möchte ich gerne glauben, dass ich meine eigene Entscheidung getroffen habe. Und nun erzählen Sie mir, dass Sie ›zu mir durchgedrungen sind‹. Habe ich jetzt also autonom gehandelt oder nur Befehlen Folge geleistet?«

– *Sie müssen das nicht machen, aber denken Sie bitte einmal darüber nach, was Ihr Verhalten für alle anderen bedeutet.* »Sie erteilen mir schon wieder einen Befehl. Statt mir zu sagen, worüber ich nachdenken sollte, wäre es besser, wenn Sie mich fragen würden: ›Was würden Sie sich wünschen, wie sollte sich Ihr Verhalten auf die anderen auswirken? Was möchten Sie damit gerne bewirken?‹ Damit würden Sie meine Autonomie wirklich fördern.« ∎

Was tun, wenn jemand nicht das machen will, worum wir ihn bitten?

Diese Frage wird mir immer wieder gestellt, und das ist auch kein Wunder. Wie wir in Kapitel 1 gesehen haben, haben viele von uns über Jahre hinweg versucht, andere dadurch zu motivieren, dass wir sie die Gründe dafür aufzählen lassen, warum sie etwas nicht tun wollen – zum Beispiel mit Fragen wie »Warum wollen Sie das nicht tun?«, »Was hindert Sie daran?« oder »Warum, glauben Sie, fällt Ihnen das so schwer?« Mit anderen Worten, wir sind sehr geübt darin zu denken, dass andere nicht das tun möchten, was unserer Meinung nach gut für sie wäre.

Wie aber zahlreiche Studien nahelegen, bestärkt der Fokus auf den Widerstand die Menschen nur in ihrer Ablehnung, während die Stärkung der Autonomie und die Konzentration auf die Motivation aller Wahrscheinlichkeit nach zu positiven Ergebnissen führen. Wissenschaftlichen Untersuchungen zufolge nehmen Menschen eher gesundheitsfördernde Verhaltensweisen an – sich bewusst ernähren, regelmäßig Sport treiben und Medikamente wie vorgeschrieben einnehmen –, wenn sie über die positiven Auswirkungen informiert werden, als wenn man ihnen die Nachteile des *Nichtstuns* vor Augen führt. In der Fachliteratur wird das als *Gewinn-Framing* beziehungsweise als *Positive-Message-Framing* (Framing durch positive Botschaften) bezeichnet.[7]

Dass Gewinn-Framing so wirksam ist, liegt an einer nur zu menschlichen Eigenschaft, die von der Sozialwissenschaft immer wieder neu bestätigt wird: Wir vermeiden es, Dinge zu tun, die wir für anstrengend halten. Unser Verhalten verändern – um abzunehmen, um einen Termin einzuhalten oder aus irgendeinem anderen Grund –, klingt anstrengend. Und wenn man wissen will, warum jemand etwas nicht tut, klingt es gleich noch mal so schwer.

Mit welchem Ansatz aber *kann* man Einfluss ausüben? Indem man das Gespräch von den Hindernissen wegsteuert und den potenziellen Nutzen in den Vordergrund stellt, zum Beispiel mit Fragen wie »Welche Vorteile könnte dieses Verhalten für Sie haben?«, »Warum könnten Sie das tun wollen?« oder »Angenommen, die ganzen Hindernisse würden wie von Zauberhand plötzlich verschwinden, warum könnten Sie sich dann dafür entscheiden wollen?«

Meiner Erfahrung nach sind die meisten von uns es gewohnt, Dinge negativ zu formulieren, sprich *Verlust-Framing* zu betreiben. Es verlangt also ein bisschen Übung, die Dinge anders darzustellen. Aber denken Sie einmal darüber nach. Warum könnte es sich für Sie lohnen, etwas Zeit und Mühe in das Gewinn-Framing zu investieren? Was könnten Sie davon haben?

Den Prozess beginnen

Haben meine Trainees erst einmal verstanden, dass der Trick darin liegt, die Autonomie der Zielperson zu fördern, brennen sie üblicherweise darauf, sofort mit dem Prozess zu beginnen – wissen aber oft noch nicht genau, wie sie das bewerkstelligen sollen. Falls Sie sich dasselbe fragen, sollten Sie die folgenden Vorschläge durchlesen und diejenigen auswählen, die Ihnen am besten gefallen. Üben Sie die Herangehensweise dann mit jemandem, den sie gut kennen, bis Sie damit vertraut sind.

Die Autonomie direkt stärken

Es gibt viele Möglichkeiten, wie Sie die Autonomie anderer fördern können. Hier nun eine Reihe wirksamer Aussagen, die Sie so übernehmen oder in Ihre eigenen Worte kleiden können.

– Reden wir nicht um den heißen Brei herum: Zwischen uns laufen die Dinge nicht so, wie sie das sollten. Wir haben über Pünktlichkeit gesprochen, über Termine, über was auch immer, aber es hat nichts bewirkt. Ich sage nicht, dass es an Ihnen liegt, und ich sage nicht, dass es an mir liegt. Lassen Sie uns etwas anderes probieren.

– Ich möchte eine Lösung, von der beide Seiten profitieren.

– Auch wenn es schwer vorstellbar sein mag, dass jemand in dieser Situation eine Win-Win-Lösung anstrebt, so ist das mein Ziel.

– Ich weiß, dass meine Vorgänger das anders gehandhabt haben [beziehungsweise dass ich das früher anders gehandhabt habe]. Ich werde nicht versuchen, Sie in diesem Punkt zum Einlenken zu bewegen. Und ich will auch gar nicht so sehr über diese Sache reden als vielmehr darüber, was wir beide davon haben könnten.

– Ich weiß, dass Sie schon mehrfach zu mir gekommen sind und sich über den Arbeitsablauf beschwert haben.

– Ich weiß, dass wir beide in dieser Sache hart aneinandergeraten sind.

– Ich weiß, dass es für Sie nicht einfach gewesen ist, die Dinge auf diese neue Weise anzugehen.

– Ich glaube, dass das allein Ihre Sache ist.

– Ich weiß, dass es zwischen uns in dieser Sache zu Spannungen gekommen ist.

– Ich weiß, dass Sie wahrscheinlich nicht darüber reden möchten, und auch mir fällt es nicht leicht.

– Ich weiß, bisher ist es nicht gerade optimal gelaufen, aber heute will ich die Sache anders angehen und eine andere Art Gespräch führen.

Bitten Sie um Erlaubnis, mit Instant Influence arbeiten zu dürfen

Wer um die Erlaubnis bittet, mit Instant Influence zu arbeiten – oder den anderen zumindest darüber in Kenntnis setzt –, gibt zu verstehen, dass er die Autonomie des anderen anerkennt. Nennen Sie den Prozess beim Namen oder fragen Sie, ob Sie eine Methode anwenden dürfen, die Sie für hilfreich halten. »Was mache ich, wenn ich um die Erlaubnis bitte, und der andere lehnt ab?«, wollen meine Trainees an dieser Stelle immer wieder von mir wissen. Ich verspreche Ihnen, dass die Menschen so gut wie nie Nein sagen werden – insbesondere dann nicht, wenn Sie sie zuvor in ihrer Autonomie bestärkt haben und aufrichtig um die Erlaubnis für ein produktiveres Gespräch bitten. In dem seltenen Fall einer negativen Antwort sollten Sie fragen, ob Sie das Thema zu einem besser geeigneten Zeitpunkt wieder zur Sprache bringen dürfen – und das dann auch tun. Sollte auch das nichts fruchten, erfahren Sie in Kapitel 10, wie Sie diese Situation akzeptieren können.

– Ich hätte gerne Ihre Erlaubnis, einen neuen Ansatz auszuprobieren. Ist es in Ordnung, wenn ich Ihnen ein paar Fragen stelle?
– Was halten Sie davon, einmal auf eine andere Weise über die ganze Sache zu reden?
– Angenommen, es gäbe da ein paar Fragen, mit denen ich Ihnen weiterhelfen könnte, würden Sie sie hören wollen?
– Ich weiß, es klingt seltsam, aber ich verspreche Ihnen, dass ich nicht versuche, Ihnen irgendetwas unterzujubeln.
– Wäre es nicht gut, wenn wir beide schon im Voraus klarstellen könnten, was wir uns von dieser Sache erhoffen?
– Ich möchte etwas probieren, worüber ich in einem Buch gelesen habe. Ich habe nicht vor, Sie zu einem Versuchskaninchen zu machen, aber ich bin wirklich überzeugt, dass es funktioniert. Es mag zunächst etwas eigenartig klingen, bitte lassen Sie sich davon nicht abschrecken.

Die Botschaft möglichst effektiv rüberbringen

– *Wenn Sie im Gespräch mit jemandem nicht fröhlich oder positiv sind, ist das völlig in Ordnung. Sie können neutral sein, frustriert, überdrüssig und sogar sauer – das gilt auch für den anderen.* Ausreichend motiviert zu sein bedeutet nicht, dass jeder auch guten Mutes sein muss. Einige meiner größten Durchbrüche habe ich erreicht, als ich wütend, enttäuscht oder frustriert war – entweder über mich selbst oder über jemanden, den ich motivieren wollte. Die Erkenntnis einer kognitiven Dissonanz – der Unterschied zwischen dem, was wir über uns sagen, und dem, was wir tatsächlich *tun* – löst in Menschen häufig Gefühle der Frustration oder Verwirrung aus. Dabei handelt es sich aber um konstruktive Gefühle, die uns zu einer Veränderung motivieren können.

– *Wenn Sie eine negative Emotion empfinden oder bei einer anderen Person wahrnehmen, könnte es angebracht sein, diese zu benennen.*»Ich weiß, dass es zwischen uns nicht immer rund läuft«, könnten Sie beispielsweise zu einem widerspenstigen Mitarbeiter sagen.»Ich mache Ihnen wegen Ihrer Frustration keinen Vorwurf – mir geht es ganz genauso.« Wenn Sie einen Vorgesetzten mithilfe von Instant Influence von einem Projekt überzeugen wollen und auf Verdruss stoßen, könnten Sie zum Beispiel sagen:»Ich weiß, dass Sie viel um die Ohren haben und zurzeit nicht unbedingt zufrieden sind mit mir, aber wären Sie trotzdem bereit, mir zuzuhören?« Oder:»Wären Sie offen dafür, zu einem günstigeren Zeitpunkt mit mir über diese Sache zu reden?«

– *Wenn es der Situation angemessen ist, können Sie den Einwand oder die Beschwerde der anderen Person spiegeln.*»Ich verstehe, warum Sie keine Lust haben, jeden Freitag diese Berichte einzureichen – mir stinkt der ganze Papierkram ebenfalls«; »An Ihrer Stelle würde ich mich genauso fühlen« oder »Ich mache Ihnen keinen Vorwurf – mir passt das genauso wenig.« Sie können einen Einwand selbst dann spiegeln – sprich wiederholen oder zurückgeben –, wenn Sie anderer Ansicht sind; Sie zeigen dem anderen damit, dass Sie zugehört und verstanden haben. Durch aktives Zuhören (eine andere Bezeichnung für Spiegeln) erhöhen Sie die Chance, dass der andere auch Ihnen zuhören wird.

Luft holen und bis fünf zählen

Sie haben einen Mitarbeiter, Vorgesetzten, Kollegen oder geliebten Menschen dazu gebracht, mit Ihnen ein Gespräch über eine strittige Sache zu führen. Sie haben Ihre autonomiefördernde Aussage getroffen und um Erlaubnis gebeten, mit

Instant Influence zu arbeiten. Nun kommt der schwierige Teil: *Warten Sie.*

Sie haben richtig gelesen, warten Sie fünf Sekunden. Ich möchte, dass Sie im Kopf zählen: »Einundzwanzig, zweiundzwanzig, dreiundzwanzig ...« Das ist gar nicht so einfach; je länger Ihr Gegenüber nichts sagt, umso mehr werden Sie das Schweigen brechen wollen, aber halten Sie durch und zählen Sie weiter: »... vierundzwanzig, fünfundzwanzig.«

Sehr gut. Hat der andere nach Ablauf von fünf Sekunden nichts gesagt, können Sie mit dem Instant-Influence-Prozess beginnen. Es ist extrem hilfreich, Ihrem Gesprächspartner diese paar unangenehmen Sekunden aufzubürden und ihn damit vielleicht dazu zu bringen, etwas über seine Gefühle zu erzählen. Da das eigentliche Ziel von Instant Influence darin besteht, den anderen die Gründe entdecken zu lassen, weshalb er möglicherweise das tun möchte, was Sie von ihm erwarten, ist es wichtig, dass er sich möglichst gleich von Anfang an aktiv an dem Gespräch beteiligt.

Falls Sie in diesen fünf Sekunden den Eindruck gewinnen, der andere würde gerne etwas sagen, traut sich aber nicht, können Sie ihn mit einer neutralen Äußerung wie beispielsweise »Ich habe mir viele Gedanken darüber gemacht« oder »Ich bin sicher, wir beide finden eine Lösung« dazu ermutigen.

Was aber, wenn Ihr Gegenüber selbstgerecht reagiert? Wenn Ihnen zum Beispiel eine Mitarbeiterin entgegnet: »Ja, in der Tat liegt hier einiges im Argen – und zwar, weil Sie Carla immer die guten Aufträge zuschanzen und mich mit den Krümeln abspeisen. Und wenn ich mich dann beschwere, hören Sie mir nie zu!« In einer solchen Situation ist es wichtig, die Meinung der Mitarbeiterin zu wiederholen, nicht notwendigerweise aber, sie für die Kritik zu loben oder ihr zuzustimmen – wie gesagt, Sie müssen nicht erfreut sein. Sollten Sie verärgert oder entmutigt sein, ist es in Ordnung, das zu artikulieren. Ihr vorrangiges Ziel ist es, eine offene Atmosphäre herzustellen, in der Sie die Erlaubnis haben, die sechs Schritte anzuwenden. Hier nun ein paar mögliche Antworten, die allesamt direkt in den ersten Schritt von Instant Influence münden: Warum könnten Sie sich ändern wollen? Natürlich können Sie Schritt 1 in

Ihre eigenen Worte fassen (wie in den kursiv gesetzten Sätzen angedeutet).

- Ja, ich habe das gehört. Das ist mit ein Grund, warum es so weit gekommen ist. Ich würde, wenn möglich, gerne einmal etwas Neues ausprobieren. *Welche Vorteile könnte es für Sie haben, sich an den Arbeitsablauf zu halten, über den wir hier reden?*
- Die Sache hat zwei Seiten. Bislang habe nur ich über den anderen Aspekt gesprochen. Ich würde aber gerne herausfinden, wie Sie davon profitieren könnten. *Was – wenn überhaupt – könnten Sie davon haben, die Dinge auf diese andere Weise zu tun?*
- Wir haben uns hauptsächlich mit den Nachteilen dessen beschäftigt, wie die Dinge zurzeit geregelt sind. Ich erkenne Ihre Meinung an, und ich will auch gar nicht versuchen, Sie davon abzubringen. Aber ich finde, dass wir der anderen Seite bislang noch nicht ausreichend Raum gegeben haben. *Was könnte hilfreich daran sein – nicht für mich, sondern für Sie –, wenn wir es einmal auf die andere Weise angehen würden?*

Falls Sie weitere Einwände zu hören bekommen, fahren Sie fort, mit Ihren Entgegnungen die Autonomie des anderen zu stärken. Angenommen, ein Mitarbeiter sagt: »Ich weiß genau, was Sie vorhaben. Sie wollen mich dazu bringen, mich selbst zu überreden«, könnten Sie darauf zum Beispiel entgegnen:

- Nein, nur, wenn Sie selbst auch davon profitieren. Aber wie wollen wir das herausfinden, wenn wir gar nicht darüber sprechen?
- Das ist nicht so gut gelaufen, ich weiß es und ich habe Ihre Kritik vernommen. Fakt ist, dass Sie das absolut nicht tun müssen und ich Sie auch nicht zwingen kann – oder auch nur will. Aber wenn Sie es doch täten, was könnte Ihnen das möglicherweise bringen?
- In gewisser Hinsicht haben Sie recht: Ich möchte, dass Sie dabei mitmachen – aber nur, wenn Sie überzeugt sind, das auch wirklich zu wollen.

Die Verantwortung dort ansiedeln, wo sie hingehört

Ihr hauptsächliches Ziel ist es, bessere Resultate zu erreichen: bei der Arbeit, zu Hause, für sich selbst. Auf andere Menschen – insbesondere bei der Arbeit – angewendet, geht der Instant-Influence-Prozess jedoch mit einem willkommenen Nebeneffekt einher: dem Gefühl, dass die anderen mehr Verantwortung für ihr Handeln übernehmen. Wenn wir es mit Menschen zu tun haben, die uns unterstehen oder mit denen wir emotional verbunden sind, glauben wir allzu oft, das Gewicht der ganzen Welt laste auf unseren Schultern und wir allein seien dafür verantwortlich, wie sie sich verhalten. Was für eine Erleichterung ist es da, wenn wir sagen können: »Nein, wie Sie sich verhalten, ist wirklich Ihre Sache.«

Oder, wie einer meiner Trainees einmal meinte: »Die Erkenntnis, dass ich nicht auf alles eine Antwort haben muss, war für mich eine große Erleichterung. In gewisser Weise ist es mir inzwischen wirklich egal, ob andere sich ändern oder nicht. Sie sind verantwortlich für ihre Jobs und ich für meinen. Und genau so sollte es auch sein!«

Eine abschließende Einschränkung: Auch wenn es vollkommen in Ordnung ist, solche Gespräche in jeder Stimmungs- oder Gefühlslage zu führen, die Sie als unbefangen und angemessen empfinden, werden Sie scheitern, wenn es Ihnen mehr darauf ankommt zu gewinnen, als darauf, die bestmögliche Lösung zu finden. Der Wunsch, in einem Machtkampf die Oberhand zu behalten, dürfte jedem in einer Machtposition vertraut sein. Ob Sie es als Vorgesetzter mit einem aufgebrachten Mitarbeiter zu tun haben, als Therapeut mit einem unzugänglichen Patienten oder als Elternteil mit einem aufsässigen Teenager, manchmal werden Sie sich einfach wünschen, dass der andere klein beigibt und sagt: »Sie haben/du hast recht. Ich habe mich geirrt und werde es so machen, wie Sie sagen/du sagst.« Und manchmal passiert auch genau das.

Im Falle von Instant Influence jedoch wird der andere üblicherweise mit einer neuen Motivation aus dem Prozess herausgehen, etwas Produktives zu tun, ohne dabei aber notwendigerweise Ihre Sichtweise oder Ihren Beitrag anzuerkennen. Tatsächlich ist der Prozess sogar umso erfolgreicher, je mehr der andere überzeugt ist, dass die Entscheidung – wie auch immer sie aussehen mag – allein seine Idee war und nicht Ihre. *Er* will plötzlich früher ins Büro kommen, *er* will plötzlich seine Berichte pünktlich abliefern, *er* will plötzlich mit den Hausaufgaben fertig sein, bevor im Fernsehen seine Lieblingssendung kommt – *er* will das, und zwar allein aus seinen eigenen Gründen. Gut möglich, dass *er* Sie sogar dafür kritisiert, ihm nicht eher zugehört oder die fantastische Lösung vorenthalten zu haben, auf die er gerade gekommen ist: »Mensch, mir ist gerade etwas klar geworden. Wenn ich meine Hausaufgaben gleich nach der Schule mache, habe ich später mehr Zeit zum Fernsehen. Wenn du so schlau bist, warum hast du mir das dann nie gesagt?«

Manchmal tun die Leute sogar mehr als vereinbart, nur um zu demonstrieren, dass sie in der Sache das Sagen haben. Ich kann schon gar nicht mehr zählen, wie oft ich von Mitarbeitern gehört habe, die Berichte vor dem Termin abgeben, die früher als erwartet zur Arbeit kommen oder ihr Verhalten auf andere Weise so verändert haben, dass sie die Norm sogar übererfüllen. Ich habe in meiner Praxis Patienten erlebt, die sich verpflichteten, eine Woche lang einen Diätplan einzuhalten, nur um mir dann fast schon hämisch zu verkünden, dass sie schon seit einem ganzen Monat Diät hielten. Auch meine Kinder haben des Öfteren ihre Hausaufgaben vor der Zeit erledigt oder ihr Zimmer aufgeräumt, bevor sie daran erinnert werden mussten, um mir das unter die Nase zu reiben und zu betonen, dass sie ja *viel* verantwortungsbewusster seien, als ich ihnen das je zugestehen würde.

Wenn das passiert, lächle ich nur und sage nichts. In Gedanken aber bedanke ich mich für die Kraft der Autonomie.

3 Die sechs Schritte zu Instant Influence

Als Roger die Stelle als Direktor der Personalabteilung eines mittelgroßen Industriebetriebs antrat, übernahm er eine Abteilung voller unzufriedener und demoralisierter Mitarbeiter. Der Führungsstil seines Vorgängers war der eines Diktators gewesen, was zunächst effektiv gewirkt hatte; mit der Zeit aber hatten der Anstieg der Fehlzeiten, eine hohe Personalfluktuation und schlechte Mitarbeiterbewertungen quer durch die ganze Abteilung das Topmanagement alarmiert. Roger brannte darauf, sich der neuen Herausforderung zu stellen, war zugleich aber verständlicherweise besorgt. Roger hatte schon früher mal, während er noch für einen anderen Arbeitgeber tätig war, an einer meiner Trainingssitzungen teilgenommen und aus erster Hand miterlebt, wie wirksam Instant Influence sein kann. Er rief seine neue Abteilung zu einem kurzen Meeting zusammen, bei dem er mehrere autonomiefördernde Aussagen traf:

– »Wie die Dinge hier laufen, liegt letztendlich bei Ihnen.«
– »Ich werde ein paar neue Methoden einführen, von denen ich ziemlich begeistert bin, aber da Sie damit arbeiten werden, freue ich mich auf Ihr Feedback dazu.«
– »Ich weiß, dass die Dinge hier in der Vergangenheit nicht immer so gut gelaufen sind, aber ich hoffe, dass sich das jetzt ändern wird. Können Sie sich vorstellen, diesen neuen Ansatz zwei Wochen lang zu testen und sich dann wieder mit mir zusammenzusetzen und mit mir über Ihre Erfahrungen zu reden?«

Nachdem so der Weg bereitet war, lud Roger seine Mitarbeiter nach und nach zu Einzelgesprächen in sein Büro. Er führte mit jedem ein Instant-Influence-Gespräch, wobei er sich darauf konzentrierte, was er als sein oder ihr vorrangiges Problemfeld identifiziert hatte. Von manchen wollte er wissen, was es ihnen bringen könnte, ihre wöchentlichen Berichte pünktlich abzugeben, andere fragte er, wie sie von der Teilnahme an den vierzehntägigen Meetings profitieren könnten, in denen es darum ging, wie die Abteilung funktionierte. Manche Mitarbeiter fragte er sogar, welche Vorteile es für sie haben könnte, wenn sie pünktlich zur Arbeit kommen oder sich weniger häufig krankmelden würden.

»Mit einigen hatte ich zunächst ziemliche Probleme«, schrieb Roger mir in einer E-Mail am Ende seines ersten Monats als Chef der Abteilung. »Inzwischen aber glaube ich, dass wir alle mit an Bord geholt haben. Die Fehlzeiten sind gesunken, die Büroarbeit wird erledigt, die zweiwöchentlichen Meetings sind wirklich produktiv und die Atmosphäre ist eine ganz andere geworden. Das wirklich Großartige an dem Prozess ist, wie ansteckend er ist. Ich habe versucht, mich bei jedem Mitarbeiter auf ein Thema zu konzentrieren, dann aber festgestellt, dass bei fast allen die Leistungen besser geworden sind. Mitarbeiter, mit denen ich über den Papierkram gesprochen habe, kommen jetzt auch pünktlich zur Arbeit, und einer, der sich früher laufend krankgemeldet hat, hat angefangen, seine Wochenberichte pünktlich abzugeben. Ich glaube, die Leute begreifen langsam, dass es an ihnen liegt, was sie hier tun. Vor allem aber habe ich das Gefühl, dass sie wiederentdeckt haben, warum sie überhaupt in den Personalbereich gegangen sind. Es mag idealistisch klingen, aber ich glaube, dass sie sich gut fühlen, wenn sie anderen helfen können.«

Ich freute mich sehr über Rogers E-Mail, auch weil sie mich daran erinnerte, warum ich mir diesen Tätigkeitsbereich ausgesucht habe. Die Arbeit mit den sechs Schritten von Instant Influence inspiriert Menschen tatsächlich dazu, ihr Bestes zu geben.

Instant Influence auf einen Blick

Schritt 1   Warum könnten Sie sich ändern wollen? (Oder um sich selbst zu beeinflussen: Warum könnte ich mich ändern wollen?)

Schritt 2 Wie groß ist Ihre Bereitschaft zur Veränderung – auf einer Skala von 1 bis 10, wobei 1 »überhaupt nicht bereit« und 10 »vollkommen bereit« bedeutet?

Schritt 3 Warum haben Sie keine kleinere Zahl genommen? (Falls die Zielperson die 1 gewählt hat, stellen Sie Frage 2 erneut, und zwar auf einen kleineren Veränderungsschritt bezogen, oder fragen Sie, was nötig wäre, um aus dieser 1 eine 2 werden zu lassen.)

Schritt 4 Stellen Sie sich vor, Sie hätten sich verändert. Was wären die positiven Resultate?

Schritt 5 Warum sind Ihnen diese Resultate wichtig?

Schritt 6 Was ist, wenn überhaupt, der nächste Schritt?

Erfolgsgeschichte: Ein Camping-Kompromiss

Wann immer ich einen Instant-Influence-Workshop in einem Unternehmen gebe, können die meisten Teilnehmer es kaum erwarten, den Ansatz in der Praxis anzuwenden – und zwar nicht nur im Beruf, sondern auch in ihrem Privatleben.

Tracey und Keith, beide Anfang 30, waren seit ungefähr einem Jahr ein Paar und vor Kurzem zusammengezogen. Ich lernte Keith auf einem Workshop kennen, den ich bei Bristol-Myers Squibb gab, wo er im mittleren Management tätig war. Keith war so begeistert von meiner Methode, dass er beschloss, sie bei seiner Freundin auszuprobieren.

Keith war ein Camping-Enthusiast, wie er im Buche steht, und liebte es, draußen in der Natur unterwegs zu sein. Tracey dagegen hasste die Vorstellung, irgendwo zu sein, wo es kein fließendes Wasser und kein weiches Bett gab. Wenn sie es nur einmal probieren würde, davon war Keith überzeugt, würde ihr das Zelten schon gefallen, doch er hatte sie nie dazu überreden können, ihn auf einer seiner Touren zu begleiten.

Wie es aussah, waren die beiden in eine Sackgasse geraten. Doch dann setzte Keith Instant Influence ein. Sehen Sie selbst, was passierte:

Keith: Es gibt da etwas, worüber ich gerne mit dir reden würde. Ich weiß, dass dir die Vorstellung, zelten zu gehen, noch nie gefallen hat. Natürlich kann ich dich nicht dazu zwingen. Ich weiß, das habe ich ein paar Mal probiert, und das tut mir leid. Ich habe eingesehen, dass das allein deine Entscheidung ist. *[Keith beginnt den Prozess, indem er Traceys Abneigung anerkennt, ihre Autonomie bekräftigt und betont, dass es allein um ihre und nicht um seine Entscheidung geht – wie auch immer diese ausfällt. Das ist von größter Wichtigkeit. Tracey wird niemals eigene Gründe dafür finden, zelten zu gehen, wenn sie das Gefühl hat, sich doch nur Keiths Wünschen zu beugen.]*

Tracey: Gut … *[Verständlicherweise reagiert sie skeptisch. Die beiden haben diesen Streit Dutzende Male geführt, und es fällt ihr schwer zu glauben, dass Keith tatsächlich nachgibt und ihr die Entscheidung überlässt.]*

Keith: Wenn ich verspreche, dir nicht zu sagen, was du tun sollst, dürfte ich dir dann ein paar Fragen stellen? Wir können jederzeit aufhören, wenn du das möchtest, aber ich wäre dir sehr dankbar, wenn du mitmachen würdest. *[Um Tracey in ihrer Autonomie noch weiter zu bestärken, bittet Keith sie um die Erlaubnis, Instant Influence anwenden zu dürfen.]*

Tracey: In Ordnung, stell deine Fragen. *[Hätte Tracey ihm die Erlaubnis nicht gegeben, hätte Keith noch ein paar andere Möglichkeiten gehabt, auf die ich später noch eingehen werde. Aber Tracey hat ihm ihr Okay gegeben, also konnte er weitermachen.]*

Keith: Falls du jemals mit mir zelten würdest – ich sage nicht, dass du es tun wirst, ich sage nur, *falls* –, aus welchen Gründen könntest du das dann tun wollen? *[Schritt 1: Warum könnten Sie sich ändern wollen?]*

Tracey: Ich weiß nicht. Vielleicht, um dich glücklich zu machen? *[Für Tracey ist Camping immer noch etwas, was Keith möchte, und nicht sie. Aber sie spricht nicht davon, warum sie sich nicht ändern will. Sie hat zumindest begonnen, darüber zu reden, warum das infrage kommen könnte. Das Wörtchen* könnte *ist entscheidend, weil es ihr einen Ausweg offen lässt, was wiederum bewirkt, dass sie weniger defensiv ist. Weil sie weniger defensiv ist, bleibt Keith mehr Raum, sie zu beeinflussen.]*

Keith: Okay, also, auf einer Skala von 1 bis 10, wobei 1 »auf gar keinen Fall« und 10 »mit dem größten Vergnügen« bedeutet, wie groß schätzt du deine Bereitschaft ein, mit mir nächsten Monat zelten zu gehen? *[Schritt 2: Wie groß ist Ihre Bereitschaft zur Veränderung – auf einer Skala von 1 bis 10?]*

Tracey: Auf einer Skala von 1 bis 10? Keine Ahnung, vielleicht eine 2? *[Tracey lässt keinen Zweifel daran, wie wenig sie das tun möchte, worum Keith sie bittet. Wichtig dabei ist, dass Keith Tracey nicht gefragt hat: »Kommst du mit zum Zelten?« Hätte er das getan, hätte Tracey einfach Nein gesagt. Stattdessen formulierte Keith die Frage auf eine Weise, die es ihr erlaubte, eine wenn auch noch so geringe Bereitschaft für das in sich zu entdecken, was er von ihr will.]*

Keith: Also gut, eine 2. Aber darf ich dich noch etwas fragen? Warum hast du eigentlich keine kleinere Zahl genommen? *[Schritt 3. Tracey erwartet von Keith, dass er sie fragt, warum sie keine größere Bereitschaft hat, stattdessen will er wissen, warum sie nicht noch weniger bereit ist.]*

Tracey: Warum ich keine kleinere Zahl genommen habe? Ich habe die 2 gewählt – das ist schon ziemlich wenig!

Keith: Ja, aber du hast nicht 1 geantwortet. Du hättest sagen können, dass du *niemals* bereit sein wirst, mit mir mitzukommen. Ich finde es klasse, dass du wenigstens ein kleines bisschen dazu bereit bist. Also frage ich mich, warum du keine kleinere Zahl genommen hast. *[Manchmal muss man bei diesen Schritten hartnäckig bleiben, sich neue Formulierungen überlegen oder sie einfach wiederholen. Versuchen Sie so ruhig und neutral wie nur möglich zu bleiben. Denken Sie daran, Sie möchten den anderen weder dazu bringen, etwas zu tun, noch ihn darauf hinweisen, wo er sich irrt. Ihr Ziel ist es, ihm zu helfen, eigene Gründe zu finden.]*

Tracey: Ich weiß nicht. Vielleicht, weil mir der Gedanke nicht völlig zuwider ist, etwas mit dir zu unternehmen, das dir Spaß macht? Es muss ja nicht immer nach mir gehen. Ich mag einfach die Vorstellung nicht, mir die Hände nicht waschen zu können. *[Ist Ihnen aufgefallen, dass Tracey jetzt die Möglichkeit in Betracht zieht zu zelten? Allerdings bezieht sie sich immer noch auf das, was Keith möchte. Sein Ziel ist es, dass sie anfängt, von dem zu reden, was sie möchte.]*

Keith: Ich weiß, dass dir mein Glück am Herzen liegt, und das schätze ich sehr. Aber versuch doch einmal, dir Folgendes vorzustellen. Wenn du tatsächlich mit mir zelten würdest – weil du das so beschlossen hast –, was könnte daran gut sein ... ich meine gut *für dich*? *[Schritt 4: Stellen Sie sich vor, Sie hätten sich verändert. Was wären die positiven Resultate?]*

Tracey: Du erzählst immer davon, wie sehr es dir gefällt rauszufahren, morgens am See aufzuwachen und dir auf dem Feuer einen Kaffee zu kochen. Es wäre nett, wenn du zur Abwechslung mal für mich einen Kaffee kochst! Und klar, nichts weiter vorzuhaben, als mit dir zusammen zu sein, könnte mir auch gefallen.

Keith: Versprochen: Solltest du je mitkommen – nicht, weil ich dich nötige, sondern weil du es wirklich willst –, dann werde ich dir Kaffee machen. Ich werde sogar das ganze Wochenende für dich kochen. Warum wäre *dir* das wichtig – nichts zu tun zu haben, außer auszuschlafen und dich von mir an einem Ort, den ich wirklich mag, mit Kaffee und fantastischem Essen verwöhnen zu lassen? *[Schritt 5: Warum sind Ihnen diese Resultate wichtig? Dieser Schritt nimmt häufig mehr Zeit in Anspruch als die anderen. Nicht selten müssen Sie länger bohren, bis der andere etwas findet, das ihn wirklich betrifft.]*

Tracey: Also gut, wenn du wirklich so unbedingt mit mir zelten willst, dann können wir es von mir aus ja mal probieren.

Keith: Es ist wirklich nett, Schatz, dass du dich bereit erklärst, etwas zu machen, weil es mir wichtig ist. Aber ich will wissen, was du willst. Stell dir vor, wie wir beim Camping herumfläzen, die Sterne angucken und uns das Essen schmecken lassen, das ich für dich kochen werde. Warum könntest du das wollen?

Tracey: Warum ich das wollen könnte?

Keith: Genau. Angenommen, du würdest mit mir zelten gehen wollen, warum wären die Dinge, die du erwähnt hast – dass ich Kaffee für dich koche und wir den ganzen Tag miteinander verbringen können –, warum wäre das eine *gute* Sache?

Tracey: Ich glaube, das wäre mir wichtig, weil es endlich eine Möglichkeit wäre, etwas Zeit zusammen zu verbringen. Wir haben so viel um die Ohren, dass wir kaum mehr dazu kommen, einfach einmal nichts zu machen, ganz zu schweigen davon, gemeinsam die Sterne anzuschauen. Wenn der einzige Weg, eine Auszeit mit dir zu bekommen, darin besteht zu zelten, dann machen wir das eben. Aber nicht *zu* lange! Es gibt ja inzwischen richtig tolles Campingzubehör, damit könntest du sicher ein wunderbares Essen zubereiten. *[Jetzt endlich spricht Tracey darüber, was ihr wichtig ist.]*

Keith: Ganz bestimmt. Also … was willst du jetzt tun – falls du überhaupt etwas tun willst? *[Keith hätte noch eine Weile mit Schritt 5 weitermachen können, spürt aber, dass Tracey gern zu einem Ende kommen möchte. Also geht er weiter zu Schritt 6: Was ist, wenn überhaupt, der nächste Schritt? Haben Sie bemerkt, dass er die Entscheidung ganz allein Tracey überlässt?]*

Tracey: Also gut. Mir war wirklich nicht klar, wie viel dir das bedeutet. Mich schreckt die Vorstellung zwar immer noch irgendwie ab, aber vielleicht könnten wir das ja mal eine Nacht ausprobieren. Du machst so viel für mich, da kann ich ja auch einmal etwas für dich tun. *Wenn* du für mich kochst. Und *wenn* du mich am Abend danach in ein richtig gutes Restaurant ausführst – und zwar nachdem ich geduscht habe. *[Bevor Keith es mit Instant Influence versuchte, hatte er sich so darauf eingeschossen, Tracey durch eine Aufzählung der Freuden des Campings zu überzeugen, dass er gar nicht auf die Idee gekommen war, etwas anderes auszuprobieren – wie das Angebot, für sie zu kochen, nur eine Nacht statt gleich mehrere Tage zu zelten und sie als Ausgleich an einen Ort ihrer Wahl auszuführen. Hätte er von sich aus versucht, sie mit diesen Angeboten locken, hätte sie sich womöglich unter Druck gesetzt gefühlt und ihm vorgehalten, sie gehe in ihrer Beziehung auch so schon genug Kompromisse ein. Aber weil sie selbst diesen Kompromiss vorgeschlagen hat, können beide sich darauf einlassen.]*

Keith: Wunderbar! Hast du Lust, mit mir zusammen einen Campingplatz auszusuchen oder soll ich das alleine machen?

Tracey: Wie wäre es, wenn du mir die Prospekte oder Karten oder was auch immer du hast, zeigst? *[Jetzt geht es nicht mehr darum, Tracey zum Mitkommen zu bewegen, jetzt ist sie schon aktiv an der Planung des Ausflugs beteiligt.]*

Natürlich verläuft der Prozess nicht immer so reibungslos. Dennoch, es ist bemerkenswert, wie viel Sie damit erreichen können, wenn Sie versuchen, eine andere Person zu beeinflussen. Das Geheimnis besteht darin, in einer Antwort, die nach Nein klingt, das Ja zu finden, und mag es noch so winzig sein.

Wenn es so aussieht, als würde der andere Nein sagen

»Was, wenn der andere zu dem, wovon ich spreche, einfach keine Lust hat?«, fragen mich meine Trainees immer wieder. »Was, wenn er 1 antwortet – ›überhaupt nicht bereit‹? Was, wenn er sich einfach weigert?«

Am Anfang ist das kein Problem. Solange Sie die Autonomie der Zielperson fördern, können Sie, wie wir in Kapitel 2 gesehen haben, mit dem Instant-Influence-Prozess beginnen.

Zielperson: Um das ein für alle Mal klarzustellen: Ich werde mit dir niemals zelten gehen. Du brauchst also gar nicht weiterzufragen.

Sie: Okay, ich habe verstanden, wie sehr dir die Vorstellung zuwider ist. Darf ich dich trotzdem fragen, ob es möglicherweise einen Grund geben könnte, irgendwann doch einmal mit mir zu zelten? Rein theoretisch? Und wenn ja, welcher das wäre?

Zielperson: Ich sehe nicht ein, warum ich meine Hausaufgaben vor dem Basketballtraining machen sollte.

Sie: Ich weiß, es fällt dir nicht leicht, die Hausaufgaben vorher zu erledigen. Wie wäre es, wenn du jetzt einfach eine Minute mitspielst und mir sagst, warum es gut für dich sein könnte, deine Hausaufgaben vorher zu machen?

Zielperson: Es bringt nichts, darüber zu reden. Dieser ganze Papierkram ist reine Zeitverschwendung und hängt mir einfach zum Hals raus.

Sie: Das kann ich absolut verstehen. Aber würde es Ihnen

etwas ausmachen, nur einen Moment lang darüber nachzudenken, warum Sie Ihre Wochenberichte ausfüllen wollen *könnten?* Was könnten Sie davon haben, wenn Sie einmal einen Bericht abgeben, sagen wir nächste Woche?

In jeder dieser Situationen wäre es auch möglich, den ersten Schritt des Prozesses auszusetzen und zu fragen, ob es nicht möglich wäre, das Gespräch zu einem anderen Zeitpunkt fortzusetzen – und dabei dem anderen so viel Entscheidungsmacht wie nur möglich zu übertragen: »Warum könnten Sie zu einem anderen Zeitpunkt mit mir über diese Sache reden wollen?«

Haben Sie die Erlaubnis erhalten weiterzumachen und mit Schritt 1 begonnen, ist es gewöhnlich am besten, keine Fragen zu stellen, die Ja/Nein-Antworten provozieren: »Wären Sie bereit … «, »Könnten Sie sich vorstellen …«, »Wäre es möglich, dass Sie jemals …« oder »Gibt es nicht wenigstens einen Grund, warum Sie …« Um Nein zu sagen, muss man nicht groß nachdenken. Und ohne Nachdenken gibt es auch keinen Durchbruch.

Beginnen Sie Schritt 1 stattdessen mit Fragen wie »Warum könnten Sie das wollen?«, »Was könnte Sie dazu veranlassen?«, »Welche Vorteile könnte es für Sie haben, wenn Sie …?« Eine Sprache, die stark auf konditionale Begriffe setzt (*würde, könnte, vielleicht, falls, versuchen, etwas eine Chance geben …*), lockt den anderen aus der Defensive und erhöht die Möglichkeit einer Einflussnahme.

Schritt 1 ist nichts anderes als eine Spielart der unter dem Kürzel WIFM – »What's in it for me?«, oder auf Deutsch: »Was habe ich davon?« – bekannten populären Business-Strategie. Versuchen Sie, immer wieder Fragen wie »Was könnten Sie davon haben, das zu machen?« zu stellen.

Der einzige Grund, den Prozess zeitweilig zu unterbrechen, ist, wenn der andere explizit sagt, dass er jetzt nicht darüber reden möchte (und abgesehen davon natürlich, wenn er schon angefangen hat, sich zu ändern). Sie können einen Zeitpunkt vereinbaren, an dem Sie das Gespräch fortsetzen oder die Sache irgendwann einfach selbst wieder ansprechen, aber lassen Sie das Thema eine Weile auf sich beruhen. Wieder und wieder habe ich erlebt, dass sich gerade in solchen Zwischenphasen sehr tiefgreifende Veränderungen ereignen. Und wenn Sie den anderen frei und versöhnlich gestimmt gehen lassen, steigt die Wahrscheinlichkeit, dass das Gespräch in ihm nachwirkt und ihn weiter beeinflusst. Drängen Sie dagegen weiter, besteht die Gefahr, Widerstand zu erzeugen.

Aus den über fünfzehn Jahren, die ich nun schon mit dieser Methode arbeite und in denen ich Feedback von Trainees und Klienten erhalte, sind mir nur wenige Fälle bekannt, in denen Leute sich wirklich vehement gewehrt haben. Normalerweise haben Leute selbst dann, wenn sie sich sträuben, eine gewisse Bereitschaft, sich auf den Instant-Influence-Prozess einzulassen.

Wenn jemand sich absolut nicht ändern will

Obwohl es nur selten vorkommt, dass Leute die Teilnahme am Instant-Influence-Prozess verweigern, bringt das manchmal eine grundlegende Diskrepanz zu Tage: Das, von dem die Person behauptet, es zu wollen, ist nicht das, was sie wirklich will. Vielleicht will der Mitarbeiter die Ziele des Unternehmens gar nicht wirklich unterstützen. Vielleicht hat die Verhandlung keine Aussicht auf Erfolg, kann die Freundschaft nicht weiter bestehen, ist ein Paar an einem Punkt angekommen, an dem es sich trennen muss. Wenn dem so ist, dann legt dieses Verfahren den Riss deutlicher und klarer offen als jeder andere mir bekannte Ansatz. Selbst wenn sich in der Sache an sich nichts ändern sollte, erhöht der Prozess die Wahrscheinlichkeit, dass ein unzufriedener Mitarbeiter das selbst erkennt und aus eigenen Stücken geht, ohne dass Sie ihn maßregeln oder ihm kündigen müssen. Ein Geschäft lohnt sich vielleicht nicht für beide Parteien, eine Beziehung könnte an ihr Ende gekommen sein – aber wenigstens können beide Seiten in gutem Einvernehmen und verantwortungsvoll zu diesem Ergebnis gelangen. Wenn Sie in einer solchen Sackgasse feststecken, sollten Sie dem anderen so viel Raum wie möglich geben, das Problem selbst zu identifizieren.

Instant Influence Schritt für Schritt

Der Instant-Influence-Prozess ist ein gutes Mittel, Menschen bei der Suche nach ihren eigenen Handlungsgründen zu unterstützen – den wirksamsten Motivatoren überhaupt. Sobald Sie die sechs Schritte beherrschen, sind Sie in der Lage, praktisch jeden für praktisch alles zu motivieren. Also, los geht's!

Schritt 1

Warum könnten Sie sich ändern wollen? (Oder um sich selbst zu beeinflussen: Warum könnte ich mich ändern wollen?) Ich muss Ihnen etwas gestehen. Idealerweise üben Sie diesen Prozess natürlich, bis er Ihnen in Fleisch und Blut übergegangen ist. Aber Sie müssen das nicht. Sie können die sechs Schritte auf Karteikarten schreiben und laut vorlesen oder auch dieses Buch auf den Tisch legen und daraus vorlesen. Wir haben sogar einmal eine Studie in einer Notaufnahme durchgeführt, bei der Patienten das Instant-Influence-»Gespräch« mit einem Laptop führten; die Ergebnisse waren fast ebenso gut, wie wenn eine Fachperson das Gespräch geführt hätte.[1]

Aber weil sich viele Menschen unwohl damit fühlen, etwas strikt nach Schema F zu machen, und weil Sie es aller Wahrscheinlichkeit nach mit einer Vielzahl unterschiedlicher Situationen und Reaktionen zu tun bekommen werden, habe ich hier einige Vorschläge dafür, wie Sie Schritt 1 variieren und anpassen können:

– *Richten Sie den Fokus auf die Gegenwart: »Warum tun Sie zurzeit XYZ?«* Manchmal kann die Frage nach einer möglichen künftigen Veränderung (»Warum könntest du auf Zucker verzichten und mehr Gemüse essen wollen?«) wie ein allzu hochgestecktes Ziel erscheinen. Dann können Sie stattdessen etwas thematisieren, was die Person bereits tut, und fragen, warum sie das tut (»Warum hast du heute einen Salat zum Mittagessen genommen?«). Die Manager von General Electric, von denen ich in der Einführung sprach, hatten verständlicherweise Vorbehalte gegen meine Methode. Deshalb fing ich auch nicht mit der Frage an, warum sie Instant

Influence lernen wollen könnten – das wäre ein allzu großer Schritt von dem Punkt aus gewesen, an dem sie sich befanden. Stattdessen wollte ich von ihnen wissen, warum sie da waren, warum sie sich dafür entschieden hatten, an dem Seminar teilzunehmen.

Hin und wieder stoße ich mit diesem »gegenwartsorientierten« Ansatz auf Widerstand. Einmal schlug ich einer frustrierten Managerin vor, sie solle einen chronisch zu spät kommenden Mitarbeiter fragen, warum er an diesem Tag pünktlich gekommen sei.

»Was? Obwohl er in dieser Woche sonst nie pünktlich gekommen ist?«, protestierte die Managerin. »Er kommt einfach *immer* zu spät! Wenn ich ihn jetzt frage, warum er heute pünktlich war, sieht das doch so aus, als würde ich ihn loben. Ab und zu pünktlich zu sein reicht nicht – ich möchte, dass er *jeden* Tag pünktlich kommt!«

Ich erinnerte die Managerin daran, dass es nicht darum geht, einen Streit oder einen Machtkampf zu gewinnen, sondern darum, den Mitarbeiter zu mehr Pünktlichkeit zu motivieren. Der Weg zu seiner Motivation, also, ihn dazu zu bringen, sich für das zu entscheiden, was *sie* von ihm wollte, führte über seine Entscheidungen. Selbst wenn er nur an *einem* Tag entschieden hatte, pünktlich zu kommen, lohnte es sich dann nicht, ihn zu fragen, warum? Vielleicht würde er ja, wenn er die Gründe dafür identifizierte, beschließen, von nun an öfter oder gar immer pünktlich zu kommen.

Natürlich streiten die Leute häufig ab, dass sie eine Entscheidung getroffen haben. Sie konzentrieren sich auf das Wie (»Ich habe heute ausnahmsweise den richtigen Zug erwischt«), verweisen darauf, dass sie gezwungen wurden (»Ich bin hier, weil ich hier sein *muss*«) oder streiten schlicht jegliche Verantwortung ab (»Ich weiß auch nicht, warum – es hat sich einfach so ergeben«). Aber das ist unerheblich. Sie reagieren darauf, indem Sie dem anderen zu der Einsicht verhelfen, sehr wohl eine Entscheidung getroffen zu haben (»Sie sagen, Sie müssen hier sein. Aber nicht alle aus Ihrer Abteilung haben entschieden, dem Memo Folge zu leisten. Also, warum haben *Sie* beschlossen, sich daran zu halten?«).

Sie können auch fragen, was der andere davon haben könnte, sich einmal »zufällig« richtig verhalten zu haben (»Gut,
Sie sind heute also zufällig pünktlich im Büro. Was könnte
Ihnen das bringen, nun, da Sie schon da sind?«). Oder Sie
springen direkt zu Schritt 2: »Also, auf einer Skala von 1
bis 10, wie sehr waren Sie heute motiviert, pünktlich zu
kommen?« Für welche Herangehensweise auch immer Sie
sich entscheiden, der Prozess wird gleichermaßen gut funktionieren.

– *Richten Sie den Fokus auf die Vergangenheit:* »*Warum haben
Sie jemals XYZ gemacht?*« Wenn es aktuell kein wünschens-
wertes Verhalten gibt, auf das Sie sich beziehen können, und
die Zukunft allzu düster erscheint, findet sich ja vielleicht
etwas in der Vergangenheit. Mein Kollege Andy war einmal extrem frustriert, weil er es einfach nicht fertigbrachte,
an einem Fitnessprogramm teilzunehmen. »Es geht nicht«,
klagte er mir gegenüber. »Mit drei Abenden pro Woche für
das Baseballtraining der Kinder, den Renovierungsarbeiten
am Haus, dem neuen Seminar, das ich gebe, und dem Aus-
schuss, dem ich angehöre, habe ich einfach keine Zeit dafür,
und ich kann mir auch nicht vorstellen, sie je zu haben.«
Andy hatte natürlich nur das Wie im Blick: »Wie soll ich mit
all den Dingen, die ich um die Ohren habe, jemals die Zeit
für ein Fitnessprogramm finden?« Da ich keine Lust auf die
Sackgasse hatte, in der wir mit Vorschlägen, wie er es doch
schaffen könnte, landen würden, fragte ich ihn, ob es jemals
eine Zeit in seinem Leben gegeben habe, in der er regelmäßig Sport trieb.
»Ja, klar«, kam die prompte Antwort, »als ich auf dem Col-
lege war. Das Leben war viel einfacher damals – ohne all die
Verpflichtungen, die ich heute habe.«
»Gut«, sagte ich, immer noch bemüht, das Wie zu vermeiden. »Warum wolltest du damals Sport treiben?«
Er warf mir einen leicht genervten Blick zu. »Das habe ich
dir doch gerade gesagt. Ich hatte damals viel mehr Zeit.«
»Nein, deswegen hattest du das Gefühl, Sport treiben zu
können. Mich interessiert, warum du es *wolltest*.«
Andy brauchte ein bisschen, aber schließlich kam er auf

eine Antwort: »Ich ging jeden Morgen schwimmen und hatte hinterher jedes Mal ein richtiges ›Swimmer's High‹, das den ganzen Morgen über anhielt.« Nachdem Andy Zugang gefunden hatte zu seiner ursprünglichen Motivation – den Gründen, warum er früher regelmäßig Sport getrieben hatte –, konnte er auch in der Gegenwart Zugang dazu finden, warum er Sport treiben wollte, und war bereit für Schritt 2.

Nicht jedes Warum ist ein gutes Warum

Achtung: Manche Warum-Fragen können demotivierend wirken. Statt allein auf das Wort *Warum* zu schielen, sollten Sie auf die Bedeutung des gesamten Satzes achten.

Schlechte *Warum*-Fragen	Gute *Warum*-Fragen
Warum machen Sie nicht …?	Warum könnten Sie …?
Warum haben Sie nicht …?	Warum wäre es gut für Sie, wenn Sie …?
Warum wollen Sie nicht …?	Warum könnte es für Sie funktionieren, wenn Sie …?
Warum können Sie nicht …?	Warum könnten Sie davon profitieren, wenn Sie …?
Warum sollten Sie nicht …?	Warum könnten Sie XYZ wollen …?
Warum könnten Sie nicht …?	Warum könnten Sie beschließen wollen …?
Warum tun Sie nicht …?	Warum könnten Sie zumindest darüber nachdenken wollen, ob Sie …?

Die Motivation spiegeln

Nachdem Sie der Zielperson Fragen zu Schritt 1 gestellt haben, ist es an der Zeit, eine Technik einzusetzen, die Psychologen und Berater als *Spiegelung* bezeichnen (weiter vorne war schon kurz davon die Rede). Wie das Wort schon sagt, besteht der Prozess darin, dem anderen das zurückzuspiegeln beziehungsweise zu echoen, was er gerade gesagt hat.

Psychologen nutzen die Technik in vielerlei Situationen, uns geht es hier aber vor allem um die Motivation. Wir müssen noch den kleinsten Funken Motivation spiegeln, um dem anderen dabei zu helfen, klarer zu erkennen, was er sich wünscht.

Um das zu erreichen, müssen wir möglicherweise auch Widerstand oder Frustrationen spiegeln. Sobald Menschen das Gefühl haben, ihre Einwände werden gehört und anerkannt, verringern sie paradoxerweise ihren Widerstand oder geben ihn ganz auf und verhalten sich kooperativer.

Hier ein Beispiel dafür, wie eine solche Spiegelung im Gespräch ablaufen könnte:

Danny: Ich sollte wirklich mit dem Rauchen aufhören.

Sie: Hm, das klingt, als würdest du mit dem Rauchen aufhören wollen. *[Statt wie Danny von* sollte *zu reden, haben Sie* wollen *gesagt. Sie vermeiden Worte wie* sollte, *weil Sie getreu dem Gesetz der psychologischen Reaktanz damit nur Dannys inneren Widerstand stärken würden. Sie wandeln seinen Satz zwar leicht ab, spiegeln aber dennoch das Gesagte und bringen ihn damit in Kontakt mit dem, was er will.]*

Danny: Ja, aber mir fehlt einfach die Willenskraft. Ich habe es schon ein paar Mal versucht, aber nie durchgehalten. Ausdauer und Selbstdisziplin sind halt nicht meine Stärken.

Sie: Du bist frustriert, aber zugleich wärst du gerne in der Lage, damit aufzuhören. *[Sie spiegeln seinen Widerstand. Danny ist eindeutig frustriert wegen seiner, wie er es sieht, fehlenden Willenskraft und Ausdauer. Sie aber schließen Ihre Antwort mit einer Spiegelung seiner Motivation: Wenn Danny die Willensstärke hätte, würde er aufhören; also möchte er aufhören. Es empfiehlt sich stets, mit der Motivation aufzuhören, denn wir neigen dazu, uns vor allem an das zu erinnern, was wir als Letztes gehört haben.]*

Danny: Ich bin echt frustriert. Diese Zigaretten kosten mich ein Vermögen.

Sie: Also könntest du aufhören wollen, um etwas Geld zu sparen? *[Ihre Spiegelung hebt erneut darauf ab, was Danny (möglicherweise) will. Bei einer reinen Spiegelung würde man Dannys Feststellung einfach wiederholen und sein Gefühl anerkennen: »Du bist frustriert darüber, wie viel du für Zigaretten ausgibst.« Ihr Fokus liegt aber weniger darauf, wie Danny sich fühlt, als vielmehr darauf, was er möchte, und das spiegeln Sie ihm auch zurück.]*

Wie Sie sehen, haben wir Danny keine Worte in den Mund gelegt. Er sagte, er »sollte« mit dem Rauchen aufhören und dass es ihn ein Vermögen koste. Sie haben seine Gedanken lediglich im Hinblick darauf umformuliert, was er will und warum er das will: »Also *könntest* du aufhören wollen, weil du dann Geld sparen könntest.« Wenn möglich, ist es am besten, im Konjunktiv zu sprechen und so die Autonomie des anderen zu stärken und ihm Raum für eine eigene Entscheidung zu lassen.

Manchmal kommt man bei der Spiegelung nicht umhin, Gefühle, Gedanken oder Erklärungen anzuerkennen, die einen nerven oder die man zutiefst ablehnt. Angenommen, Ihr Unternehmen hat gerade die Auskunftszeiten der Kundendienst-Hotline verlängert und nun muss jeder aus Ihrer Abteilung einmal im Monat samstags arbeiten. Ein Mitarbeiter kommt zu Ihnen und sagt: »Ich hasse die neue Regelung, meiner Meinung nach versuchen die Verantwortlichen nur deshalb, uns so viel Arbeit aufzuhalsen, damit wir nicht mitbekommen, wie sie das Unternehmen an die Wand fahren. Die Sache ist absolut unfair, und ich sehe es nicht ein, für den Murks mit meiner Freizeit bezahlen zu müssen.«

Vielleicht unterstützen Sie die neue Politik, vielleicht haben Sie sie sogar vorgeschlagen. Trotzdem könnten Sie zu diesem Mitarbeiter beispielsweise sagen: »Sie sind von der neuen Regelung also wirklich frustriert. Sie halten sie für unfair und sind der Ansicht, Sie sollten sich nicht daran halten müssen.«

Beachten Sie, dass Sie dem Mitarbeiter weder zugestimmt noch seinen Einwand als gerechtfertigt bezeichnet haben. Sie haben lediglich wiederholt, was er gesagt hat, und ihm gezeigt, dass Sie ihm zugehört und ihn verstanden haben. Sollten Sie ehrlich der Meinung sein, dass sein Einwand etwas für sich hat oder er etwas anspricht, das Sie nicht in Betracht gezogen haben, sollten Sie das aufgreifen und damit einen neuen, kooperativen Dialog ermöglichen.

Idealerweise konzentrieren Sie sich beim Spiegeln möglichst stark auf die positiven Aspekte. Ist die andere Person sehr wütend, entweder auf Sie oder wegen etwas anderem, könnte es notwendig sein, diese Gefühle für den Moment anzuerkennen. Gleichzeitig aber sollten Sie selbst in solchen Situationen versuchen, noch die kleinsten Hinweise auf Motivation zu spiegeln, die sich in dem finden, was der andere sagt.

Zum Vielleicht gelangen

Im Idealfall nutzen wir Instant Influence, um uns selbst oder andere von einem Nein zu einem Ja zu bringen. Aber manchmal gilt es auch, den Wert zu erkennen, der darin liegt, ein *Nein* in ein *Vielleicht* zu verwandeln.

Angenommen, Ihre Assistentin regt sich über eine neue Anordnung auf, der zufolge Mitarbeiter Urlaubsanträge drei Monate im Voraus einreichen müssen. Bislang war ein Monat vorgeschrieben. Ihre Assistentin ist kaum noch zu beruhigen.

»Also«, sagen Sie getreu Schritt 1 des Instant-Influence-Prozesses, »warum könnten Sie sich an diese Anordnung halten wollen?«

»Ich will mich gar nicht daran halten. Und ich finde, dass sich auch sonst niemand im Unternehmen daran halten sollte!«, braust Ihre Assistentin auf. »Wie um alles in der Welt können Sie darin eine faire Maßnahme sehen?«

Erkennen Sie die winzige Öffnung in dieser scheinbar ausschließlich negativen Antwort? Die Öffnung – der potenzielle Ausweg – liegt in der Frage, die Ihre Assistentin Ihnen stellt. Sie sagt nicht einfach »Nein, einen Teufel werde ich tun«, sie streitet mit Ihnen. Natürlich möchten Sie Ihre Assistentin am Ende des Gesprächs davon überzeugt haben, dass die Anordnung fair ist, oder sie zumindest dazu gebracht haben, sie zu befolgen. Aber es könnte auch bereits ein Erfolg sein, wenn Sie sie wenigstens zu einer Aussage wie »Ich kann mich damit nach wie vor nicht anfreunden, aber vielleicht ist sie ja gar nicht so schlimm, wie ich dachte. Vielleicht halte ich mich daran – ich muss noch mal darüber nachdenken« bewegen können.

Hierzu eine überraschende Erkenntnis aus einer wichtigen Motivationsstudie: Krankenhauspatienten, die angaben, nach ihrer Behandlung auf jeden Fall Folgetermine bei einer ambulanten Klinik wahrzunehmen, verpassten diese Termine im Durchschnitt ebenso häufig wie Patienten, die dies ursprünglich abgelehnt hatten. Und welche Patienten verpassten am wenigsten Termine? Diejenigen, die gesagt hatten, sie würden *vielleicht* gehen.[2] In diesem Fall also war das *Vielleicht* – Ambivalenz – wirksamer als das *Ja*.

Schritt 1 abschließen

Die Leute fragen mich oft, wann es an der Zeit ist, Schritt 2 einzuleiten. Sie fragen sich, wie sie feststellen können, ob sie mit der ersten Frage weit genug gekommen sind, und sie haben Angst, die Überleitung zur zweiten Frage könnte allzu abrupt wirken.

Wechseln Sie einfach dann zum zweiten Schritt, wenn Sie den Moment für gekommen halten, sprich, wenn Sie das Gefühl haben, alles aus diesem Teil des Prozesses herausgeholt zu haben. Scheint etwas nicht mehr zu funktionieren oder hat es das noch nie wirklich getan, keine Sorge – auf zum nächsten Schritt! Konzentrieren Sie sich auf die Fragen, die funktionieren oder funktionieren *könnten*.

Ebenso wenig brauchen Sie sich wegen des Übergangs Sorgen zu machen. Stellen Sie einfach die nächste Frage. Weil Sie wissen, dass Sie nach einem sechsstufigen Prozess vorgehen, mag Ihnen das vielleicht abrupt vorkommen. Ihr Gegenüber wird das aber nicht so sehen, selbst wenn Sie ihm genau gesagt haben, was Sie tun werden. Er wird einfach versuchen, Ihnen eine Antwort zu geben.

Bevor wir uns aber im Detail mit Schritt 2 befassen, ist es

an der Zeit für einen kleinen Test. Hier ist Ihre Chance herauszufinden, wie viel Sie bisher gelernt haben.

> ✎ **Testen Sie Ihre Instant-Influence-Fähigkeiten: Schritt 1**
>
> Eine Mitarbeiterin Ihrer Verkaufsmannschaft hat gerade einen Anruf in den Sand gesetzt und Sie möchten sie zu einem erneuten Telefonat mit dem Kunden motivieren. Drei der unten stehenden Aussagen sind dabei hilfreich, drei erzeugen eher Widerstand. Kreuzen Sie die wirksamen Aussagen an und versuchen Sie zu erklären, warum sie funktionieren könnten. Überlegen Sie sich, was an den anderen problematisch sein könnte. Die Antworten und Erklärungen finden Sie im Anschluss.
>
> ○ Ich glaube, dieses Verkaufsgespräch haben Sie verpatzt. Wie wollen Sie diesen Kunden jetzt wieder an Bord holen?
> ○ Warum könnte es nützlich sein, diesen Kunden zurückzurufen und es ein zweites Mal zu probieren?
> ○ Warum rufen Sie den Kunden nicht nochmals an?
> ○ Was könnten Sie davon haben, wenn Sie den Kunden ein weiteres Mal anrufen?
> ○ Was könnte es Ihnen bringen, darüber nachzudenken, ob Sie bei dem Kunden nochmals anrufen?
> ○ Warum nehmen Sie sich nicht vor, morgen nochmals anzurufen?

– *Ich glaube, dieses Verkaufsgespräch haben Sie verpatzt. Wie wollen Sie diesen Kunden jetzt wieder an Bord holen?* Nicht hilfreich. Diese Aussage konzentriert sich auf das Wie, nicht auf das Warum. Angenommen, Sie haben recht und die Mitarbeiterin hat es tatsächlich verpatzt. Die Frage, wie sie die Sache wieder in Ordnung zu bringen gedenkt, könnte sie noch mehr demoralisieren. Viel besser wäre es, ihr zu helfen, Gründe dafür zu finden, warum sie wieder anrufen wollen könnte, statt sie, wenn auch unabsichtlich, zu der Frage zu verleiten, ob sie überhaupt das Zeug dazu hat, das Verkaufsgespräch erfolgreich abzuschließen.

- *Warum könnte es nützlich sein, diesen Kunden zurückzurufen und es ein zweites Mal zu probieren?* Hilfreich. Sie ermutigen Ihre Mitarbeiterin dazu, nach eigenen Gründen für einen neuerlichen Anruf zu suchen. Wenn sie weiß, warum sie anrufen möchte, wird sie viel eher den Mut und die Entschlossenheit aufbringen, die sie benötigt, um es dann auch tatsächlich zu tun.
- *Warum rufen Sie den Kunden nicht nochmals an?* Nicht hilfreich. Es ist zwar eine Warum-Frage, aber sie ist negativ formuliert. Damit bringen Sie Ihre Mitarbeiterin nur dazu, die Gründe zu wiederholen, warum sie *nicht* anrufen will (oder kann), statt ihr zu helfen, den Blick darauf zu richten, warum sie anrufen will. Außerdem klingt es nach einer anderen Formulierung für »Sie sollten den Kunden nochmals anrufen«, also nach einer Anweisung, die Widerstand auslösen könnte.
- *Was könnten Sie davon haben, wenn Sie den Kunden ein weiteres Mal anrufen?* Hilfreich. So formuliert, motiviert Ihre Frage die Mitarbeiterin dazu, darüber nachzudenken, was sie selbst davon haben könnte, und das ist die effektivste Methode, Angst und Selbstzweifel zu zerstreuen.
- *Was könnte es Ihnen bringen, darüber nachzudenken, ob Sie bei dem Kunden nochmals anrufen?* Hilfreich. Auch diese Frage inspiriert die Mitarbeiterin dazu, sich Gedanken darüber zu machen, welchen Nutzen *sie selbst* daraus ziehen könnte, und das sollte ausreichen, ihr über die Schmach und die Angst vor einem neuerlichen Versagen so weit hinwegzuhelfen, dass sie sich traut, den Kunden wieder anzurufen.
- *Warum nehmen Sie sich nicht vor, morgen nochmals anzurufen?* Nicht hilfreich. Ebenso wie die dritte Frage ist dies eine *Warum-nicht*-Frage, die die Mitarbeiterin eher dazu bringt, sich zu überlegen, warum sie nicht nochmals anrufen kann oder will. Und zudem ist es eine indirekte und in gewisser Hinsicht manipulative Methode, ihr eine Anweisung zu geben.

Schritt 2

Wie groß ist Ihre Bereitschaft, sich zu ändern – auf einer Skala von 1 bis 10, wobei 1 »überhaupt nicht bereit« und 10 »vollkommen bereit« bedeutet? Das Ziel des zweiten Schrittes ist es, Ihnen und der Zielperson eine Vorstellung vom Grad der Motivation zu vermitteln. Häufig werden Sie beide oder zumindest einer von Ihnen überrascht feststellen, dass die Motivation sehr viel höher als erwartet ist. Ein Beispiel: Nachdem Ihr Sohn sich beharrlich geweigert hat, während des Familienkinoabends keine SMS mehr zu verschicken, erwidert er auf die Frage nach seiner Bereitschaft zur Änderung mit »um die 4«, während Sie höchstens eine 2 oder auch nur eine 1 erwartet hätten.

Wenn Sie den Prozess auf sich selbst anwenden – beispielsweise weil Sie sich motivieren möchten, endlich Ihre Steuererklärung in Angriff zu nehmen –, könnten Sie zu Ihrer Überraschung feststellen, dass Ihr Motivationsniveau bei bis zu 6 von 10 liegt. Ähnlich wie im Falle der Teilnehmer an Martin Seligmans Umfrage aus Kapitel 1 – die erschöpften, unter Depressionen leidenden Menschen, die sich mit einem Mal glücklicher und tatkräftiger fühlten –, kann uns schon der Gedanke daran, warum wir etwas tun wollen *könnten,* dazu bringen, es lieber tun zu wollen.

Aber weisen Sie den Zahlenangaben der Leute nicht allzu viel Bedeutung zu. Eine niedrige Zahl heißt nicht, dass sie wahrscheinlich nichts tun werden, und eine hohe Zahl ist keine Garantie dafür, dass sie tatsächlich etwas tun werden.[3] Nicht die Zahlen sind wichtig, sondern der Prozess des Nachdenkens.

Bislang – das sollte an dieser Stelle gesagt werden – ist es uns Psychologen noch nicht gelungen, einen Fragebogen zu entwickeln, aus dessen Antworten man zuverlässig die Handlungswahrscheinlichkeit einer Person ablesen könnte.[4] Das liegt, so kontraintuitiv das auch erscheinen mag, daran, dass sich das angegebene Motivationsniveau einer Person praktisch so gut wie gar nicht auf ihr tatsächliches Handeln auswirkt. – Leute, die sich selbst eine 2 geben, werden häufig aktiv, während viele Menschen, die sich eine 10 geben, passiv bleiben. Wenn Ihr Gegenüber sich also mit 4 einschätzt, machen Sie sich nicht zu viele Gedanken darüber, ob das nun wenig oder viel ist. Einzig interessant sind die Gründe, warum er keine kleinere Zahl genommen hat. Nochmals: Nicht die Höhe der Zahl erzeugt Veränderung, sondern der Prozess des Nachdenkens über die Frage.

»Glauben Sie, dass Sie es jemals schaffen werden, Ihre Wochenberichte auszufüllen?«, ist eine Frage, die in die Sackgasse führt und möglicherweise Antworten wie »Ich weiß nicht, aber ich werde es versuchen«, »Ich hoffe« oder (wenn der andere aufrichtig ist) »Wahrscheinlich nicht« auslöst. Die Frage »Auf einer Skala von 1 bis 10, wie motiviert sind Sie, Ihren nächsten Wochenbericht einzureichen?« dagegen führt den anderen aus dem Alles-oder-nichts-Denken heraus und erlaubt ihm, sich ein Spektrum an Möglichkeiten vorzustellen. Sie könnte beispielsweise in einem »Nun, ehrlich gesagt, ein wenig motiviert bin ich schon« münden.

Angenommen, Sie wollen Ihre Frau fragen, ob es ihr etwas ausmachen würde, wenn Sie das sonntägliche Essen mit der Verwandtschaft ausfallen ließen, um zu Hause eine Sportübertragung im Fernsehen anzuschauen. Wenn Sie sie das rundheraus fragen würden, könnte ihre Antwort sehr wohl lauten: »Natürlich. Ich hätte es viel lieber, wenn du mitkommst.«

Eine Antwort wie »Ich weiß nicht« oder »Ich glaube, unter bestimmten Umständen könnte das in Ordnung sein« wäre eher unwahrscheinlich, weil eine Ja/Nein-Frage sie in eine andere Richtung denken lässt. Ihr Gehirn hört nur »Ja oder Nein?«, und in dem Fall lautet die Antwort wahrscheinlich Nein.

Was aber, wenn Sie stattdessen sagen würden: »Ich möchte kurz etwas mit dir besprechen. Es gibt da etwas, was ich gerne tun würde, und mich würde interessieren, wie du dazu stehst. Auf einer Skala von 1 bis 10, wie groß wäre deine Bereitschaft, mich diesen Sonntag außen vor zu lassen, damit ich mir zu Hause das Spiel anschauen kann?« Nun muss Ihre Frau darüber nachdenken. Wie wichtig ist ihr das Familienessen? Wie bereit ist sie, Ihnen zuzugestehen, zu Hause zu bleiben? Vielleicht ja mehr, als sie dachte. Wie wäre es für sie, ohne Sie zu dem Essen zu gehen? »Nun, es wäre mir wahrscheinlich etwas peinlich, ohne ihn zu kommen … Aber wenn ich es mir recht überlege, wäre es doch nett, ein bisschen Zeit mit Mama alleine zu haben. Und ich könnte mit Susans Baby spielen, was kaum möglich ist, wenn ich mich darum kümmern muss, dass mein Mann sich wohlfühlt.« Zumindest denkt sie jetzt über die Möglichkeit nach, dass Sie nicht mitkommen, statt den Gedanken sofort zu verwerfen. Und selbst wenn sie sagen würde: »Die Antwort ist 1 – ich bin auf keinen Fall dazu bereit«, könnten Sie immer noch antworten: »Okay, ich habe verstanden. Was bräuchte es, um aus dieser 1 eine 2 zu machen?« Statt Ihnen eine Ja/Nein-Antwort zu geben, die sie irgendwie rechtfertigen muss, sucht sie aktiv nach Gründen, warum sie Sie das Essen schwänzen lassen sollte. Und sagt Ihnen, was nötig wäre, damit sie es sich anders überlegt.

Falls sie absolut dagegen ist, wird dieser Prozess ihre Einstellung nicht ändern. Im Gegenteil, vielleicht wird ihr erst so richtig klar, warum ihr Ihre Anwesenheit so wichtig ist, und das könnte den Beginn einer völlig anderen Unterhaltung über Ihre Rolle bei Familienereignissen markieren – einer herzlicheren und weniger konfrontativen Unterhaltung, als Sie sie womöglich je miteinander geführt haben. Vielleicht stellen Sie sogar fest, dass es Ihnen gar nichts ausmacht mitzukommen, nun, da Ihre Frau von ihren Gefühlen spricht, statt auf ihrer Ansicht zu bestehen. Falls ihr die Sache aber irgendwie nicht so wichtig ist, gibt diese Art des Fragens ihr den Raum, dies zu entdecken. Damit haben Sie einen Machtkampf vermieden und das Gespräch kann beginnen.

Beachten Sie die Dead Man's Rule

In der Therapie gibt es eine alte Faustregel: Versuchen Sie niemals, jemanden zu etwas zu motivieren, das auch ein Toter tun könnte.

Zum Beispiel versuchen wir niemals, einen Widerstand zu durchbrechen, um jemanden dazu zu bringen, nicht zu trinken, keine dickmachenden Nahrungsmittel zu essen oder sich nicht dauernd selbst im Weg zu stehen. Ein Toter trinkt nicht, ein Toter isst keine Dickmacher und ein Toter steht sich schon gar nicht selbst im Weg.

Viel effektiver ist es, wenn wir versuchen, jemanden dazu zu motivieren, den nächsten Drink auszuschlagen, sich gesund zu ernähren oder endlich bei diesem einen Unternehmen weg eines Bewerbungsgesprächs anzurufen. Nun muss der andere eine aktive Rolle spielen – und dazu muss er am Leben sein.

Wenn Sie Leute fragen, warum sie womöglich etwas tun wollen oder wie sehr sie motiviert sind, dann geht es um Verhalten, nicht um Resultate. Resultate können wir in den meisten Fällen nicht kontrollieren, unser Verhalten schon. Wir können uns nicht verpflichten, sagen wir fünf Kilogramm abzunehmen, aber wir können uns verpflichten, einen Diätplan einzuhalten. Wir können nicht versprechen, dass wir einen Job bekommen, aber wir können versprechen, dass wir bis Ende der Woche zehn Bewerbungen schreiben.

Außerdem ist es hilfreich, sich auf den *nächsten* und nicht gleich auf den *letzten* Schritt zu konzentrieren, sprich auf »Ich werde beim nächsten Familienkinoabend nicht simsen« statt auf »Generell keine Handys oder Computer bei besonderen Familienanlässen«. Manche meiner Trainees haben mir vorgeworfen, ich würde mit diesem »Trippelschritt«-Ansatz für eine allzu große Weichheit plädieren. Aber wir erreichen ein Ziel nur, wenn wir einen Schritt nach dem anderen darauf zugehen, und nachdem wir den ersten Schritt, wie klein der auch sein mag, einmal getan haben, finden wir fast immer auch die Motivation, den nächsten zu tun. Vertrauen Sie dem Prozess, versuchen Sie offen zu bleiben für die Vorstellung, dass jedes Problem gelöst werden kann, und lassen Sie den Prozess für sich arbeiten – Schritt für Schritt.

Schritt 3

Warum haben Sie keine kleinere Zahl genommen? (Falls die Zielperson die 1 gewählt hat, stellen Sie Frage 2 erneut, und zwar auf einen kleineren Veränderungsschritt bezogen. Sie können auch fragen, was nötig wäre, um aus dieser 1 eine 2 zu machen.) Weil die Leute daran gewöhnt sind, mit Druck und Zwang zum Handeln gebracht zu werden, reagieren sie zumeist überrascht, wenn sie gefragt werden, was sie wollen. Mit dieser Frage sagen wir: »Okay, ein Teil von Ihnen möchte das tun. Was ist das für ein Teil?«

Ob sie mit dieser Frage nicht die schwache Motivation der

Zielperson gutheißen, werde ich gelegentlich von Trainees gefragt. »Was, wenn die Antwort darauf eine noch niedrigere Zahl ist?«, wollte einmal ein Verkaufsleiter von mir wissen. »Was, wenn jemand sagt: ›Hey, Sie haben recht. Die Zahl sollte niedriger sein!‹?«

Dieser Einwand ist zwar verständlich, geht aber an der Sache vorbei. Die Zahl ist nicht wichtig. Wie bereits erwähnt, sagt die Zahl nichts darüber aus, wie wahrscheinlich es ist, dass jemand tatsächlich etwas unternimmt.[5] Was dagegen wichtig ist, sind seine Gründe: Warum ist der andere auch nur ein bisschen bereit, das zu tun, worum Sie ihn bitten? Ihn – unabhängig von der genannten Zahl – zu diesem Gedankengang einzuladen, ist die wirksamste Methode, ihn entdecken zu lassen, wie sehr er selbst etwas tun will.

✎ **Testen Sie Ihre Instant-Influence-Fähigkeiten: Schritt 3**

Sie arbeiten immer noch mit der Vertriebsmitarbeiterin, die das Verkaufsgespräch in den Sand gesetzt hat. Obwohl sie ihre Motivation, den Kunden ein zweites Mal anzurufen, gerade eben auf einer Skala von 1 bis 10 lediglich auf 3 geschätzt hat, haben Sie den Eindruck, einen gewissen Fortschritt zu erzielen. Dennoch stellen Sie viele Fragen, die, wie Sie erkennen müssen, nicht sehr effektiv sind. Eine allerdings ist hilfreich.
Lesen Sie die folgenden Fragen durch und kreuzen Sie diejenige an, die Sie für effektiv halten. Warum ist diese Frage Ihrer Meinung nach geeignet, die Mitarbeiterin zu motivieren? Warum werden die anderen drei Fragen eher noch mehr Widerstand erzeugen?

○ Warum haben Sie nicht schon längst zurückgerufen?
○ Nur eine 3? Warum ist Ihre Bereitschaft nicht größer, den Kunden nochmals anzurufen?
○ Warum haben Sie noch nicht ganz aufgegeben?
○ Wie werden Sie sich auf den nächsten Anruf vorbereiten?

- *Warum haben Sie nicht schon längst zurückgerufen?* Nicht hilfreich. Mit dieser Frage fordern Sie die Mitarbeiterin auf, die Gründe aufzuzählen, warum sie nicht anrufen möchte. Außerdem wird sie sofort in eine Verteidigungshaltung gedrängt, da Ihre Wortwahl nahelegt, sie hätte inzwischen anrufen sollen. Das mag ja so sein, aber wenn sie sich aufgrund ihres Fehlers verzagt oder ängstlich fühlt, wird diese Frage ihr nicht helfen, in sich die Entschlossenheit zu finden, ein zweites Mal anzurufen.
- *Nur eine 3? Warum ist Ihre Bereitschaft nicht größer, den Kunden nochmals anzurufen?* Nicht hilfreich. Auch hier drängen Sie die Verkaufsberaterin in eine Abwehrhaltung. Die Frage ist nicht, warum sie nicht bereit ist zu tun, was *Sie* von ihr wollen. Die Frage ist, wie Sie ihr helfen können zu erkennen, was *sie selbst* will.
- *Warum haben Sie noch nicht ganz aufgegeben?* Hilfreich. Auf diese Weise reden Sie und die Mitarbeiterin über die Möglichkeit, doch noch anzurufen. Das bedeutet, dass sie das möchte, und sei es nur ein bisschen. Wenn Sie sich darauf konzentrieren, warum sie das möchte, hilft das ihr – und Ihnen – den kleinen Funken Motivation in ihr anzufachen.
- *Wie werden Sie sich auf den nächsten Anruf vorbereiten?* Nicht hilfreich. Das könnte eine sehr gute Frage sein, nachdem die Verkaufsberaterin sich zu einem weiteren Telefonat bereit erklärt hat. Hat sie erst einmal die Kraftquelle des *Warum* erschlossen, könnte sie in der Tat davon profitieren, über das *Wie* zu reden. Aber solange sie nicht wirklich zu dem Anruf bereit ist, wird die Frage, wie sie sich darauf vorbereitet, sie nur daran erinnern, wie schlecht vorbereitet sie im Moment ist.

Schritt 4

Stellen Sie sich vor, Sie hätten sich verändert. Was wären die positiven Resultate? Die ersten drei Schritte von Instant Influence zielen vor allem darauf ab, ein paar anfängliche Gründe für eine Änderung zu identifizieren. Manchmal sind diese Gründe sehr stark und motivierend. Manchmal sind die Gründe, die die Leute nennen, aber auch relativ trivial oder oberflächlich, doch in der ersten Hälfte des Prozesses ist das nicht wichtig. Die

Hauptsache ist, den Punkt zu erreichen, an dem klar wird, dass jemand eine Veränderung wollen könnte.

Die Schritte 4 und 5 zielen darauf ab, die Bereitschaft zu einer Veränderung zu festigen. Davon ausgehend, dass die stärksten Gründe für eine Änderung persönliche sind, sind die Schritte darauf ausgerichtet, jene tief verankerten Gründe aufzuspüren, die möglicherweise noch niemals bewusst artikuliert wurden. Hauptsächliches Anliegen von Schritt 4 ist es, der Zielperson dabei zu helfen, eine Veränderung zu visualisieren, die sie bereits vollzogen hat, nicht eine, die sie erst noch vornehmen will.[6] Sich eine abgeschlossene Veränderung vorzustellen kann Gefühle der Befriedigung oder Begeisterung auslösen, während eine noch bevorstehende Veränderung nach viel Arbeit klingen und Ihre Zielperson entmutigen kann, noch ehe sie damit angefangen hat. Achten Sie im vierten Schritt also darauf, das starke Gefühl zu vermitteln, dass die Veränderung bereits erfolgt ist. Hier ein paar Vorschläge, wie Sie Schritt 4 anders formulieren können:

> »Stellen Sie sich vor, Sie hätten die Veränderung, um die ich Sie bitte, bereits vollzogen. Erzählen Sie mir jetzt, was Sie davon haben werden.«
> »Sagen wir, es ist heute in drei Wochen, und die Beraterin, die ich gerne beauftragen würde, ist bereits im Haus. Sie hat ihre Arbeit gemacht, ihren Bericht abgeliefert und Sie gehen ihn durch. Wie könnten Sie davon profitieren?«
> »Angenommen, wir hätten einen Zauberstab und diese Veränderung wäre bereits vollzogen – ohne Kosten, ohne jeden Aufwand, wie durch Magie geschehen. Welchen Nutzen hätten Sie davon?«

Sie können so tun, als ob die Veränderung bereits eingetreten sei, Sie können die Veränderung aus Ihrer Sicht beschreiben, die Zielperson auffordern, sich die Veränderung im Detail vorzustellen, Sie können einen Termin festlegen, zu dem die Veränderung abgeschlossen sein wird, oder auf das Bild von einem Zauberstab oder einer mühelosen Transformation zurückgreifen (das hilft den Blick von der Frage nach dem Wie und dem

Gefühl »Das schaffe ich sowieso nicht« abzuwenden). Das Ziel lautet einfach, dem anderen die Veränderung real erscheinen zu lassen, damit er erkennen kann, wie sehr er sie sich wünscht.

Ebenfalls wichtig ist, so weit wie möglich positiv zu bleiben. Fragen Sie nach den möglichen Resultaten eines positiven Verhaltens. Wie wissenschaftliche Studien belegen, sind wir weitaus eher bereit, uns zu ändern, wenn wir an die daraus resultierenden Vorteile denken, als an mögliche Nachteile, die aus einem Beharren entstehen können. Einer meiner früheren Praktikanten beispielsweise hat mit Kollegen eine aufschlussreiche Studie mit 170 Rauchern durchgeführt: Von denjenigen, die gebeten worden waren, sich mit positiven Aussagen über das Nichtrauchen zu beschäftigen (»Wenn ich mit dem Rauchen aufhöre, werden meine Kleider besser riechen. Außerdem wird meine Familie mehr Zeit mit mir verbringen und deswegen werde ich mich gut fühlen«), schafften es nahezu drei Mal mehr, sechs Wochen lang nicht zu rauchen, als von denjenigen, die sich mit negativen Aussagen über das Weiterrauchen auseinandergesetzt hatten (»Wenn ich nicht mit dem Rauchen aufhöre, bekomme ich vielleicht Krebs. Außerdem werden meine Kleider weiter nach Rauch stinken und meine Familie wird wegen des Passivrauchens immer weniger Zeit mit mir verbringen«).[7]

Sollte Ihr Gegenüber auf kein positives Resultat kommen, können Sie den Spieß natürlich auch umdrehen. Bitten Sie ihn, sich vorzustellen, dass die Dinge die nächsten, sagen wir drei Wochen genauso weiterlaufen, wie sie das gerade tun, und fordern Sie ihn dann auf, die möglichen Folgen zu beschreiben. Dabei sollten Sie seine Reaktionen stets auf positive Weise präsentieren – selbst wenn sein Fokus auf negativen Aspekten liegt:

Zielperson: Wenn ich so weitermache, werde ich noch mehr zunehmen und womöglich eines Tages wie mein Vater einen Herzinfarkt bekommen.

Sie: Das heißt, Sie sind der Ansicht, dass eine andere Ernährung Ihnen helfen könnte, abzunehmen und gesünder zu leben und auf diese Weise die schrecklichen Folgen der Krankheit Ihres Vaters zu vermeiden. Mit anderen Worten, durch eine

Umstellung Ihrer Ernährung würden sich für Sie viele Dinge zum Besseren wenden?

Schritt 5

Warum sind Ihnen diese Resultate wichtig? Jetzt geht es darum, den anderen zu ermutigen, möglichst tief in sich nach seinen eigenen Gründen für eine Veränderung zu graben. Erinnern Sie sich daran, wie Keith zu Beginn dieses Kapitels Tracey ein ums andere Mal fragte, warum sie mit ihm zelten wollen könnte. Die Gründe, die sie anfangs anführte – um Keith eine Freude zu machen oder sich zur Abwechslung einmal von ihm bekochen zu lassen –, waren nicht annähernd so persönlich wie ihr später geäußerter Wunsch, mehr Freizeit mit ihm zu verbringen und sich einmal wieder ganz aufeinander konzentrieren zu können. Es dauerte eine Weile, bis Tracey diese Gründe in sich entdeckte, danach aber war sie nicht nur dazu bereit, sie freute sich sogar auf das Zelten.

Es ist gar nicht nötig, dass unsere Zielperson dieselbe Begeisterung wie Tracey an den Tag legt. Aber es geht darum, einen Grund zu finden, der bei ihr wirklich hängen bleibt. »Ich würde während der Arbeit gerne weniger Zeit auf Facebook verbringen, weil ich wirklich viel zu tun habe«, ist nicht annähernd so persönlich wie »Wenn ich weniger Zeit auf Facebook verbringen würde, wäre ich schon um fünf und nicht erst um sechs mit der Arbeit fertig und würde es noch vor dem Feierabendverkehr nach Hause schaffen«, »… käme ich früher nach Hause und könnte noch mit meiner Tochter spielen« oder »… könnte ich stattdessen meinen Bruder anrufen – ich habe schon lange nicht mehr mit ihm gesprochen, und vielleicht könnte ich dann hin und wieder eine Viertelstunde mit ihm telefonieren«. Je persönlicher unsere Gründe sind, umso wichtiger sind sie uns in aller Regel und umso wirksamer werden sie uns zum Handeln motivieren.

Es kann Ihnen ein gutes Stück Arbeit abverlangen, zu den wirklich persönlichen Gründen vorzustoßen – dafür sind die dann aber häufig sehr überraschend. Üblicherweise bekommen Sie von den Leuten zu Beginn von Schritt 5 eher konventionelle

Gründe zu hören wie »Weil ich meinen Job nicht verlieren möchte«, »Weil es gut für meine Gesundheit ist«, »Damit ich studieren kann«, »Das bin ich mir schuldig«, »Das gehört sich so« und so weiter. Es kann etwas Zeit, Vertrauen und ein bisschen Kreativität verlangen, um zum Kern der Sache zu gelangen, aber genau dort finden wirkliche Veränderungen statt. Bleiben Sie am Ball.

Eine Technik, die ich und viele meiner Trainees in dieser Phase mit Erfolg einsetzen, ist die Arbeit mit den »fünf Warums«, wie ich sie nenne. Sie beginnen mit der Frage »Warum sind Ihnen diese Resultate wichtig?« Nach jeder Antwort wiederholen Sie die Frage, bis Sie sie fünf Mal gestellt haben. Unweigerlich und auf fast schon magische Weise bewegen sich die Antworten aus dem Praktischen und Unpersönlichen in den Bereich des Persönlichen und tief Empfundenen. Ihre Rolle als Fragesteller ist es, dem anderen immer persönlichere Antworten zu entlocken; erscheint eine Antwort »außenbestimmt«, sollten Sie diese zwar anerkennen, dann aber sofort nachhaken und fragen, wie es sich für Ihren Gesprächspartner selbst verhält.

Hier ein Auszug aus einem Dialog zwischen Nathan, der als mittlere Führungskraft im Verkauf eines großen Unternehmens arbeitet, und einem externen Berater. Es ging darum, aus welchen Gründen Nathan eine neue Abteilungspolitik mittragen könnte, die von ihm verlangt, sich mit den Mitgliedern seines Teams häufiger zu treffen. Wie die meisten seiner Kollegen war Nathan zunächst strikt dagegen gewesen. Jetzt aber, zu Beginn von Schritt 5, fängt er langsam an, sich mit dem neuen Ansatz anzufreunden.

Berater: Okay, stellen Sie sich also vor, Sie würden dem neuen Ansatz folgen und es wären drei Wochen vergangen.

Nathan: Ich denke, die Abteilung würde reibungsloser funktionieren.

Berater: Das ist toll, betrifft aber vor allem die Abteilung. Was ist mit *Ihnen?* Warum wäre das *Ihnen* wichtig? *[Schritt 5, erstes Warum]*

Nathan: Nun, wenn die Abläufe in der Abteilung reibungsloser wären, würde es mir wahrscheinlich besser gehen.

Berater: Warum wäre eine reibungsloser funktionierende Abteilung für Sie wichtig? Warum würde es Ihnen dann besser gehen? *[Zweites Warum]*

Nathan: In letzter Zeit ging es hier ziemlich angespannt zu, also wäre das eine willkommene Abwechslung.

Berater: Warum wäre es eine willkommene Abwechslung, wenn es nicht so angespannt zuginge? *[Drittes Warum]*

Nathan: Nun, weil sich dann alle besser fühlen würden. Und das würde mir guttun.

Berater: Warum würde es Ihnen guttun, wenn die anderen Leute in Ihrer Abteilung sich besser fühlten? *[Viertes Warum]*

Nathan: Weil wir dann alle besser miteinander auskommen würden.

Berater: Warum wäre es gut für Sie, wenn Sie den anderen in der Abteilung helfen würden, besser miteinander auszukommen? *[Fünftes Warum]*

Nathan: Wissen Sie, ich wollte schon mein ganzes Leben ein Anführer sein – ich meine eine echte Führungspersönlichkeit. Jemand, der den Ton angibt und Dinge bewegt. Ich war immer überzeugt, das Zeug dazu zu haben. Aber dann habe ich doch immer einen Rückzieher gemacht. Ich sage das nicht gern, aber ich glaube, der Grund dafür ist, dass ich so sauer auf meinen Vater war. Weil er immer so passiv war, verstehen Sie? Er hat nie die Führung übernommen, zumindest nicht so, wie ich das von ihm erwartet hätte. Vielleicht habe ich das ja auch nicht gemacht. Aber vielleicht könnte ich es jetzt, mit diesem neuen Ansatz, schaffen.

Nathans Antwort klingt fast zu gut, um wahr zu sein, oder? Warum sollte ein Manager bei einem Training und vor seinen Kollegen plötzlich auf so persönliche Weise über seinen Vater reden? Tatsächlich aber bekomme ich auf die fünfte Frage nach dem Warum immer wieder genau solche emotionalen und zutiefst persönlichen Antworten zu hören. Ich habe sie von abgebrühten, desillusionierten Bewährungshelfern ebenso zu hören bekommen wie von skeptischen CEOs und ausgebrannten Ärzten und Pflegern in der Notaufnahme, und alle sind sie immer wieder überrascht von den zum Teil sehr persönlichen

Einsichten, die sie und ihre Kollegen anderen gewährt haben. Nachdem ich das schon so oft erlebt habe, bin ich zwar nicht mehr überrascht, aber doch jedes Mal wieder aufs Neue bewegt. Eben deshalb bin ich so fest von der Macht des *Warum* überzeugt. Und ich bin mir ziemlich sicher, dass auch Sie bald an sie glauben werden, wenn Sie die »fünf Warums« erst einmal ausprobiert haben.

Selektive Spiegelung

Wenn Sie an dieser Stelle die Aussagen von Leuten spiegeln, sollten Sie sich dabei noch stärker als bisher auf die positive Motivation konzentrieren und möglichst ganz auf die Erwähnung von Problemen und negativen Faktoren verzichten. Haben die Leute erst einmal Schritt 5 erreicht, ist es nicht mehr so wichtig, ihnen ihre negativen Gefühle – ob nun Unsicherheit, Ärger, Aufregung oder was auch immer es sein mag – zu spiegeln. Jetzt hilft es ihnen viel mehr, wenn man ihnen sagt, wie zuversichtlich sie doch seien, sie daran erinnert, was sie wollen, und sie in ihrer Überzeugung bestärkt, dass die Dinge wirklich besser werden können – das gilt insbesondere dann, wenn ihr Glaube, ihre Hoffnungen und ihre Wünsche so tief in ihnen verborgen liegen, dass sie sich ihrer noch nicht einmal bewusst sind.

Manchmal ist es nützlich, mithilfe der Spiegelung die bisher erreichten Fortschritte zusammenzufassen, allerdings vorsichtig, um nicht das Gesetz der psychologischen Reaktanz zu aktivieren. Gebrauchen Sie wie immer viele einschränkende Formulierungen und gestehen Sie der anderen Person zu, dass sie die Dinge möglicherweise anders sieht. Ein Beispiel:

> Wenn ich Sie richtig verstanden habe, dann sind Sie jetzt, obwohl Sie anfangs nicht so überzeugt von dieser neuen Abteilungspolitik waren, der Meinung, dass Sie wirklich etwas davon haben könnten. *[Zählen Sie im Kopf langsam bis fünf, bevor Sie weiterreden. Kommt keine Erwiderung, fragen Sie:]* Ist das eine zutreffende Zusammenfassung dessen, was bisher passiert ist?

Versuchen Sie abschließend, die überzeugendsten und persönlichsten Motive für eine Veränderung – üblicherweise die Antwort auf die Frage nach dem fünften *Warum* – zu spiegeln. Zum Beispiel:

> Wie es aussieht, könnten Sie sich an diese neue Abteilungspolitik halten wollen, um zu beweisen, dass Sie anders als Ihr Vater eine echte Führungspersönlichkeit – ein starkes, positives Vorbild für Ihr Team – geworden sind.

Schritt 6

Was ist, wenn überhaupt, der nächste Schritt? Jetzt endlich fragen wir nicht länger nach den Gründen, nach dem Warum der Veränderung, sondern nach dem *Wie.* »Was ist, wenn überhaupt, der nächste Schritt?« Der Einschub der beiden Worte »wenn überhaupt« ist eine weitere Methode, die Autonomie der Zielperson zu stärken; es ist immer noch an ihr zu entscheiden, ob es einen nächsten Schritt geben wird. An diesem Punkt könnten Sie versucht sein, die Zielperson auf eine Zusage zur Veränderung festzulegen, aber das wäre möglicherweise verfrüht. (In Teil III geht es um die Auswertung Ihrer Resultate, die Erstellung eines Aktionsplans und darum, Situationen zu identifizieren, in denen eine Veränderung ausgeschlossen ist und Sie die Sache beenden sollten.)

Glücklicherweise ist irgendeine Veränderung fast immer möglich, selbst wenn mehr als ein Instant-Influence-Gespräch nötig ist, um sie zu bewirken. Also keine Sorge, wenn es seine Zeit braucht, bis Schritt 6 Früchte trägt. Wie in Kapitel 1 ausgeführt, kann ein Instant-Influence-Gespräch zu einer vollständigen oder teilweisen Verpflichtung zur Veränderung führen oder auch nur einfach zur Bereitschaft, die Sache nochmals zu überdenken. Und selbst wenn sich jemand zu einer Veränderung bereit erklärt, kann es dauern, bis klar ist, wie genau sie in die Tat umzusetzen ist.

In vielen Fällen jedoch brennen Leute, die Schritt 6 erreichen, darauf, große, umfassende Veränderungen vorzunehmen, und neigen entsprechend zu üppigen Versprechen: »Alles klar, Dad!

Ich habe mich bisher zu wenig um Lucky gekümmert, aber ab heute werde ich jeden Tag mit ihm Gassi gehen«, »Jetzt, wo mir klar ist, wie viel Zeit ich auf Facebook verschwendet habe, werde ich höchstens eine Viertelstunde täglich dort verbringen«, »Die Schränke werden bis Sonntag aufgeräumt sein und das von nun an auch bleiben – Punkt.«

Ob Sie sich selbst beeinflussen oder jemand anderen, lassen Sie sich Zeit. Unterstützen Sie den Enthusiasmus, aber suchen Sie nach einem nächsten Schritt, der kleiner ist und leichter zu erfüllen: »Wie wäre es, wenn du erst einmal eine Woche lang jeden Tag mit Lucky Gassi gehst und wir schauen, wie das läuft?«, »Ich versuche es erst einmal mit maximal einer halben Stunde auf Facebook während der Arbeit und ohne Zeitlimit am Wochenende. In einem Monat werde ich nochmals darüber nachdenken«, »Ich werde den Flurschrank bis Sonntag aufräumen und den im Schlafzimmer nächste Woche. Dann werde ich mir überlegen, was ich mit dem Schrank im Keller mache.«

Scheint der nächste Schritt auf der Hand zu liegen, könnte man versucht sein, Schritt 6 zu überspringen. Aber auch wenn Sie den Eindruck haben, der andere sei bereit, den nächsten Schritt zu identifizieren, sollten Sie weitermachen. Dass Sie glauben, Sie hätten bereits gehört, wie der andere seinen nächsten Schritt formuliert, heißt nicht, dass *er selbst* sich das hat sagen hören. Außerdem könnten Sie sich auch verhört oder Ihr Gegenüber falsch verstanden haben. Und sollte er den nächsten Schritt tatsächlich schon benannt haben, würde er sich schlimmstenfalls nochmals und mit mehr Nachdruck dazu äußern (»Ich habe dir doch schon *gesagt*, dass ich von jetzt an jeden Tag mit Lucky Gassi gehen werde!«).

Das gilt übrigens auch, wenn Sie versuchen, sich selbst zu motivieren. Achten Sie darauf, genau aufzuschreiben oder laut auszusprechen, was Ihr nächster Schritt sein wird. Selbst wenn Sie bereits wissen, was es sein wird, werden Sie sich viel motivierter fühlen, wenn Sie den Schritt mündlich oder schriftlich artikulieren.

Nun, da Sie wissen, wie man mit Instant Influence arbeitet, können Sie die Methode in vielen unterschiedlichen Situationen erproben: bei sich selbst, bei Personen, die eine Veränderung anstreben, bei Personen, die sich gegen eine Veränderung sträuben, und selbst bei Menschen, die Sie nicht kennen, z.B. bei Verkäufern, Bedienungen oder Kundendienstmitarbeitern. In Teil II werden Sie lernen, wie Sie den Instant-Influence-Prozess am effektivsten anwenden.

TEIL II
Den Einfluss ausweiten

4 Sich selbst beeinflussen

Könnten wir uns doch selbst ebenso beeinflussen wie andere! So leicht wir erkennen, was ein anderer anders machen könnte, so schwer scheint es uns zu fallen, dieselben Einsichten auf uns selbst anzuwenden. Vielleicht haben Sie ja sogar, während Sie darüber nachgedacht haben, wie Sie mit Instant Influence Kollegen, Mitarbeitern, Familienangehörigen oder Freunden helfen könnten, den Wunsch verspürt, jemand anders würde die Methode einmal bei Ihnen anwenden.

Falls ja, wird es Sie freuen zu hören, dass Sie die Instant-Influence-Technik ebenso problemlos auf sich selbst wie auf andere Menschen anwenden können. Weil die Methode auf einer Reihe konkreter Schritte aufbaut, die auf die Aktivierung unseres inneren Wunsches nach Veränderung ausgerichtet sind, benötigen Sie weder einen erfahrenen Therapeuten noch einen verständnisvollen Freund, um in die Gänge zu kommen. Sie können sich selbst beeinflussen.

Oftmals werden Sie dabei entdecken, dass Ihre eigentliche Motivation eine ganz andere ist, als Sie dachten. So erging es zum Beispiel Yvonne, einer befreundeten Autorin, als sie beschloss, mithilfe von Instant Influence gegen ihre Schreibhemmung anzukämpfen.

Yvonne arbeitet seit vielen Jahren als freiberufliche Autorin und ist sehr stolz darauf, ihre Abgabetermine stets einzuhalten. Bei Kunden, die sie mag, macht sie sich umgehend an die Arbeit und liefert den Text oft schon vor dem vereinbarten Termin ab. Damit bleibt ihr Zeit für die Dinge, die sie liebt – Freunde treffen, ins Kino gehen und Sport treiben.

Bei Kunden aber, die sie nicht mag, schiebt sie die Arbeit so lange wie möglich hinaus und erledigt sie dann auf den letzten Drücker, was zu viel unnötigem Stress führt. Gleichzeitig kann sie das, was sie in ihrer Freizeit macht, nicht genießen, weil die näher rückende Deadline wie eine dunkle Wolke über ihr schwebt.

Als Yvonne mit Instant Influence anfing, um ihre Aufschieberitis zu überwinden, glaubte sie ihre Beweggründe zu kennen: um diesen ganzen Stress zu vermeiden, damit sie stolz auf ihre Arbeit sein konnte und um mehr Zeit für sich selbst zu haben. Was dann tatsächlich herauskam, war der Wunsch nach Rache.

> Bette *[eine Kundin, die sie nicht mochte]* hat bereits genug von mir bekommen – sie bekommt NICHT EINE MINUTE MEHR von mir. Sie hat mich schon genug Nerven ge-kostet – damit ist es jetzt vorbei! Ich werde diesen blöden Auftrag fertig machen und dann ins Kino gehen, verdammt noch mal!

Zu Yvonnes Überraschung funktionierte das Rachemotiv bes-tens, und ehe sie sich's versah, saß sie an dem Auftrag und schrieb sich die Finger wund. Es gelang ihr tatsächlich, ihn vor dem Termin fertigzustellen, was sie mit Stolz auf ihre Arbeit erfüllte und ihr zugleich eine gewisse Schadenfreude bereitete.

»Ich habe keine Ahnung, warum mir das nicht früher klar geworden ist«, erzählte sie mir. »Vielleicht habe ich mich schul-dig gefühlt, weil ich sie so unsympathisch finde, keine Ahnung. Aber dass ich herausgefunden habe, warum ich den Auftrag *in Wahrheit* so schnell wie möglich hinter mich bringen – und deshalb so früh wie möglich damit anfangen – wollte, half mir, meine Schreibblockade zu überwinden. Ich hätte das nie im Leben vermutet, aber so war es.«

Der Prozess auf einen Blick

1. Bestimmen Sie eine Veränderung, die Sie vornehmen oder eine Sache, die Sie tun möchten.
2. Formulieren Sie das Ziel verhaltens- und nicht ergebnisbe-zogen. Also »Ich will acht Wochen lang meinen Diätplan ein-halten« statt »Ich will abnehmen«.
3. Schreiben Sie die erste Instant-Influence-Frage (Warum könn-te ich mich ändern wollen?) auf und notieren Sie anschlie-

ßend Ihre Antworten darunter. Versuchen Sie, die Antworten so schnell wie möglich niederzuschreiben, ohne innezuhalten und Ihre Antworten zu zensieren oder in Frage zu stellen. (Sie können diese Übung auch am Computer machen, aber manchmal werden beim handschriftlichen Notieren tiefere Gedanken und Gefühle wachgerufen.) Schreiben Sie so viel Sie möchten. Machen Sie sich keine Gedanken, ob Sie vom Thema abschweifen. Wenn Sie das Gefühl haben, mit der ersten Frage durch zu sein, nehmen Sie sich die nächste Frage vor und so weiter, bis Sie bei Schritt 5 angelangt sind.

4. Wenn Sie bei Schritt 5 angekommen sind, schreiben Sie »Warum?« und anschließend Ihre Antwort darauf. Wiederholen Sie das vier Mal, bis Sie die »fünf Warums« beantwortet haben.

5. Sollten Sie an irgendeinem Punkt Probleme haben, eine Frage ausreichend zu beantworten, versuchen Sie, die Frage leicht umzuformulieren. (In Kapitel 3 finden Sie Tipps, wie man das macht.)

6. Wenn Sie Schritt 6 erreicht haben, setzen Sie sich eine kleine, machbare Aufgabe und legen Sie einen Zeitpunkt fest, zu dem Sie Ihre Fortschritte überprüfen und einen nächsten Schritt bestimmen.

Hinweis: Wenn es Ihnen nichts ausmacht, mit sich selbst zu reden, können Sie diese Übung auch mündlich durchgehen (und sich vielleicht dabei aufnehmen). Allerdings empfehle ich Ihnen, Ihre Antworten entweder aufzuschreiben oder laut auszusprechen – und sie nicht nur zu denken. Sie können sich besser selbst beeinflussen, wenn Sie Ihre eigenen Gründe aufschreiben und lesen oder laut hören.

Wenn Sie Probleme haben, in die Gänge zu kommen

Manchmal wenden wir Instant Influence auf uns selbst an, und der Prozess schreitet rasch und reibungslos voran. Dann wiederum kann es passieren, dass wir nur schwer einen Anfang finden. Und wieder ein anderes Mal ertappen wir uns dabei, die Sache hinauszuzögern. Wenn Sie das Gefühl haben, sich in irgendeinem Bereich festgefahren zu haben, und sich schwertun, mit dem Instant-Influence-Prozess zu beginnen, finden Sie hier ein paar Vorschläge, wie vielleicht der Funke überspringt.

- *Fangen Sie klein an.* Sich den kleinstmöglichen Schritt für den Beginn einer Aufgabe zu überlegen kann die Aufgabe sehr viel machbarer erscheinen lassen. Das Vorhaben, einen kompletten Quartalsbericht zu schreiben, kann höchst abschreckend wirken, einen ersten Satz zu schreiben schon sehr viel weniger. Die Rechnungen aus dem letzten Monat zu bezahlen klingt womöglich nach sehr viel Aufwand, sie erst einmal nur zu sortieren dagegen nach einem Kinderspiel.

Mein Kollege Marcus konnte sich lange nicht dazu motivieren, seinen Techniker beim IT-Support anzurufen, um den langen, komplizierten Vorgang der Aufrüstung seines Computers in Angriff zu nehmen. Jedes Mal, wenn er daran dachte, den Mann anzurufen – eine auf den ersten Blick kleine Sache –, sah er vor seinem geistigen Auge die vielen Stunden und Tage und Wochen, die es ihn kosten würde, einen neuen Laptop auszusuchen, die Software zu bestellen, mit dem Techniker an der Einrichtung des Systems zu arbeiten, sich mit der neuen Technologie und mit neuen Betriebssystemen vertraut zu machen. Eingeschüchtert von der Aussicht auf so viel Arbeit sowie aus Unsicherheit und Frustration brachte Marcus es nicht fertig, mit dem Techniker zu telefonieren. Mehr noch, er konnte sich noch nicht einmal dazu durchringen, den Instant-Influence-Prozess zu starten, den er zuvor schon erfolgreich genutzt hatte.

Schließlich kam er mit dem Problem zu mir. Ich schlug ihm vor, die Sache etwas langsamer anzugehen. »Nimm dir nicht gleich vor, den Techniker anzurufen«, riet ich ihm. »Versuch es erst einmal damit, seine Nummer herauszusuchen, aufzuschreiben und vielleicht neben das Telefon zu legen.«

Marcus hielt es für ausgeschlossen, dass ein so einfacher Trick etwas bewirken würde, war aber bereit, es zu versuchen. Anstelle von »Warum könnte ich meinen Techniker anrufen wollen?« (Schritt 1) und »Auf einer Skala von 1 bis 10, wie groß ist meine Bereitschaft, ihn anzurufen?«, fragte er sich nun: »Warum könnte ich die Nummer meines Technikers heraussuchen und sie neben das Telefon legen wollen?«

Kaum hatte Marcus sich kleinere Schritte vorgenommen, kam auch schon Bewegung in die Sache und entwickelte eine Eigendynamik. Am ersten Tag suchte er die Telefonnummer heraus, schrieb sie auf einen Zettel und legte sie neben das Telefon. Als er am nächsten Tag zum Hörer griff, um einen Arzttermin zu vereinbaren, sah er die Nummer und »ehe ich's mich versah, hatte ich auch schon dort angerufen«, wie er mir später erzählte. Auf gewisse Weise hatte Marcus, indem er sich einredete, er *müsse* seinen Techniker anrufen, selbst seine psychologische Reaktanz erzeugt. Um die Blockade zu überwinden, musste er sich nun selbst in seiner Autonomie bestärken: »Ich muss den Techniker gar nicht anrufen. Ich könnte einfach nur seine Nummer nachschlagen.«

Durch diesen Erfolg ermutigt, beschloss Marcus, sich den ganzen Prozess hindurch auf kleine Anfangsschritte zu konzentrieren. Nicht darauf, die neue Software zu installieren, sondern sie lediglich erst einmal aus der Packung zu nehmen; nicht darauf, das Handbuch zu lesen, sondern es nur neben den Computer zu legen. Ein ums andere Mal funktionierte der Trick mit den Minischritten. Hatte er erst einmal einen – wenn auch nur winzigen – Schritt nach vorn getan, setzte seine natürliche Motivation ein und brachte ihn ans Ziel.

- *Stellen Sie sich unterschiedliche Möglichkeiten vor, Ihr Problem in Angriff zu nehmen.* Wie in Kapitel 3 gesehen, neigen wir manchmal dazu, an der Frage nach dem Wie hängenzubleiben. Wir gelangen zu der Überzeugung, es gäbe nur einen Weg, unser Ziel zu erreichen, und sehen nur noch die ganzen Hindernisse, die uns davon abhalten.

Häufig aber gibt es, wie auch Keith und Tracey herausgefunden haben, viele unterschiedliche Wege, ein Problem zu lösen, und manche davon erscheinen ansprechender, gangbarer oder schlicht leichter als derjenige, auf den wir uns versteift hatten. Tracey konnte sich nicht vorstellen, Keith auf einem seiner normalen Campingtrips zu begleiten, aber zu einem »Luxus-Outdoorwochenende«, bei dem Keith sie zuerst bekocht und sie hinterher in ein schickes Restaurant ausführt, war sie mehr als bereit. Nicht viel anders erging es einem Kollegen von mir. Der Gedanke, ein paar Wirtschaftsbücher zu lesen, die ich ihm empfohlen hatte, war ihm zuwider. Als ihm aber aufging, dass er sie sich als Hörbücher auf einer langen Autofahrt zu Gemüte führen könnte, begeisterte er sich für die Idee.

Wenn wir Instant Influence auf andere anwenden, stoßen wir dabei ihre Autonomie ebenso an wie ihre Kreativität, indem wir sie ermutigen, nach eigenen Lösungen für das Problem zu suchen. Denselben Kniff können wir auf uns selbst anwenden. Erkennen Sie die Möglichkeit an, dass es für jedes Problem mehrere unterschiedliche Lösungswege geben kann. Sie können sich auch vornehmen, nach alternativen Lösungen zu suchen, ohne zunächst nach deren Praktikabilität zu fragen. Manchmal kann uns die Beschäftigung mit verrückten, lustigen oder offenkundig undurchführbaren Lösungen einen Weg aufzeigen, der tatsächlich gangbar ist.

– *Anerkennen Sie die Möglichkeit, dass jedes Problem gelöst werden kann.* Eine negative Einstellung hält uns manchmal nicht nur vom Handeln, sondern auch vom Denken ab. Selbst wenn wir versuchen, uns verschiedene Möglichkeiten zur Lösung eines Problems vorzustellen, kann es passieren, dass wir verzweifeln, wenn wir nach zehn oder fünfzehn Minuten angestrengten Nachdenkens noch keine Antwort gefunden haben. »Es gibt keine Lösung«, sagen wir uns, und unsere Motivation löst sich in Luft auf.

Aber das muss nicht so sein. Wir können uns darauf verständigen, dass es für jedes Problem eine Lösung geben kann. Vielleicht müssen wir die Grundregeln ändern, das Problem anders definieren, unser Engagement verdoppeln oder unsere Suche nach Ressourcen ausweiten, aber zumindest besteht die Möglichkeit, dass es für das Problem irgendeine Lösung gibt.

Wollen wir diese finden, müssen wir geloben, unseren Geist offen zu halten. Es kann verlockend sein, die Motivation dahinschwinden zu lassen, aber versuchen Sie, dem zu widerstehen. Solange die Möglichkeit einer Lösung für Sie real ist, werden Sie sich motiviert fühlen, an dem Prozess festzuhalten, was Sie wiederum dazu motivieren wird, weiter nach einer Lösung zu suchen.

– *Seien Sie offen für Überraschungen!* Einer der größten Vorzüge von Instant Influence besteht darin, dass uns der Prozess so häufig mit neuen Einsichten über uns selbst überrascht (siehe Yvonne). Mehr noch, oftmals entfaltet die Motivation, die wir in uns neu entdecken, eine eigene Dynamik, und ehe wir's uns versehen, vollbringen wir – häufig auf gänzlich unerwartete Weise – höchst erstaunliche Leistungen. »Oha«, sagen Sie dann vielleicht zu sich selbst, »ich hatte keine Ahnung, dass ich das dachte oder dies wollte. Ich hätte nie geglaubt, dass ich eines Tages das tun würde.«
Unzählige Male schon habe ich den Instant-Influence-Prozess gestartet und dann erlebt, wie die Zielperson vor Erstaunen auflachte, fassungslos den Kopf schüttelte oder in stiller Verwunderung eine neue Erkenntnis in sich aufnahm. Legen Sie also los. Nehmen Sie sich etwas vor, mit dem Sie sich schon länger herumschlagen, überlegen Sie sich einen machbaren ersten Schritt und nutzen Sie Instant Influence. Fast unter Garantie werden Sie sich so zum Handeln motivieren. Vielleicht erfahren Sie auch etwas Neues darüber, wer Sie sind und was zu erreichen Sie imstande sind.

Konzentrieren Sie sich auf Handlungen, nicht auf Entscheidungen

Wenn wir versuchen, uns zu ändern, können wir uns von der Aussicht auf eine große, das Leben verändernde (oder eine kleine, dafür aber schmerzhafte) Entscheidung überwältigt fühlen. Entscheidend ist, uns mithilfe von Instant Influence zu einer Handlung zu motivieren, und nicht, eine Entscheidung zu treffen. Wenn Sie mehr Zeit für Ihre Familie haben möchten, sollten Sie die lebensverändernde Entscheidung (»Ich werde mein Leben neu organisieren und mich weniger auf die Arbeit und mehr auf die Familie konzentrieren«) umgehen und sich stattdessen darauf konzentrieren, sich einmal die Woche mit jedem Familienangehörigen fünf Minuten zu unterhalten. Wenn Sie vorhaben, Ihre Essgewohnheiten zu ändern, stellen Sie die grundsätzliche Frage (»Bin ich bereit, mich auf eine gesunde Ernährung festzulegen?«) hintan und fragen Sie sich einfach, warum Sie Ihren Speisezettel um frische Früchte oder Gemüse erweitern wollen könnten. Wählen Sie etwas aus, bei dem Sie sich im wörtlichen Sinne zusehen oder zuhören können (eine Handlung), nicht etwas, das nur in Ihrem Kopf stattfindet (eine Entscheidung oder eine neue Einstellung).

Was mir an großen, das Leben verändernden Entscheidungen gefällt, ist, dass wir durch unsere Handlungen zu ihnen hingeführt werden – schrittweise und manchmal auch ohne unser Wissen. Konzentrieren Sie sich auf Handlungen, und die Entscheidungen werden automatisch folgen.

✎ Testen Sie Ihre Instant-Influence-Fähigkeiten: Einen machbaren ersten Schritt auswählen

Sie bereiten sich auf den Instant-Influence-Prozess vor, haben aber Probleme mit dem Anfang. Formulieren Sie jede der folgenden Schritt-1-Fragen (Warum könnte ich mich ändern wollen?) in einen leichter machbaren ersten Schritt um:

- Warum könnte ich mich für den Rest meines Lebens an einen Diätplan halten wollen?
- Warum könnte ich jeden Tag eine halbe Stunde Sport treiben wollen?
- Warum könnte ich nächstes Wochenende meine Steuererklärung machen wollen?
- Warum könnte ich mehr Zeit mit meiner Familie verbringen wollen?

– Warum könnte ich mir mehr Zeit zur Entspannung gönnen wollen?
– Warum könnte ich unser Ablagesystem zu Hause neu ordnen wollen?
– Warum könnte ich alle Rechnungen rechtzeitig bezahlen wollen?
– Warum könnte ich mich für ein Master-Studium bewerben wollen?
– Warum könnte ich alle E-Mails innerhalb eines Tages nach Eingang beantworten wollen?
– Warum könnte ich meine Schränke ausräumen und die Sachen, die ich nicht mehr trage, einem Wohltätigkeitsverein spenden wollen?

■ **Mögliche Antworten:**

– *Warum könnte ich mich für den Rest meines Lebens an einen Diätplan halten wollen?* »Warum könnte ich eine Einkaufsliste für den Fall erstellen wollen, dass ich irgendwann einmal nach meinem Diätplan einkaufe?«
– *Warum könnte ich jeden Tag eine halbe Stunde Sport treiben wollen?* »Warum könnte ich meine Sportklamotten neben das Bett legen wollen?«
– *Warum könnte ich nächstes Wochenende meine Steuererklärung machen wollen?* »Warum könnte ich mir die Steuererklärungsformulare auf den Schreibtisch legen wollen?«
– *Warum könnte ich mehr Zeit mit meiner Familie verbringen wollen?* »Warum könnte ich nächste Woche meiner Tochter eine halbe Stunde lang etwas vorlesen wollen?«
– *Warum könnte ich mir mehr Zeit zur Entspannung gönnen wollen?* »Warum könnte ich mich nach der Arbeit fünf Minuten hinlegen und einfach nur durchatmen wollen?«
– *Warum könnte ich unser Ablagesystem zu Hause neu ordnen wollen?* »Warum könnte ich das nächste Mal, wenn ich in der Stadt bin, ein paar farbige Ordnerrücken kaufen wollen?«
– *Warum könnte ich alle Rechnungen rechtzeitig bezahlen wollen?* »Warum könnte ich, wenn ich vor dem Fernseher sitze, alle Rechnungen heraussuchen und auf einen Stapel legen wollen?«

- *Warum könnte ich mich für ein Master-Studium bewerben wollen?* »Warum könnte ich mir die Homepage einer Universität anschauen wollen?«
- *Warum könnte ich alle E-Mails innerhalb eines Tages nach Eingang beantworten wollen?* »Warum könnte ich heute zwei E-Mails beantworten wollen?«
- *Warum könnte ich meine Schränke ausräumen und die Sachen, die ich nicht mehr trage, einem Wohltätigkeitsverein spenden wollen?* »Warum könnte ich die Telefonnummer eines Wohltätigkeitsvereins heraussuchen wollen?« ■

Erfolgsgeschichte:
Endlich eine persönliche Assistentin

Im Rahmen eines Workshops für Mitarbeiter des Familienministeriums des US-Bundesstaates Connecticut ließ ich alle Teilnehmer eine schriftliche Version von Instant Influence durchexerzieren, damit sie aus erster Hand miterlebten, wie wirksam die Methode ist. Normalerweise nehme ich mir selbst ein aktuelles Anliegen vor und arbeite mich wie alle anderen auch durch den Prozess, dieses Mal aber wollte ich stattdessen ein paar Schreibarbeiten erledigen.

Doch ich hatte die Rechnung ohne den Wirt, sprich die Teilnehmer des Workshops, gemacht. Sie dachten nicht im Traum daran, mir eine Aufgabe zu ersparen, die sie machen mussten. Abgesehen davon standen viele von ihnen dem Ansatz nach wie vor offen skeptisch gegenüber. Mit anderen Worten: Wollte ich nicht alle Glaubwürdigkeit verlieren, musste ich die Aufgabe zusammen mit ihnen angehen.

Also beschloss ich, mir eine Sache vorzunehmen, die ich zu der Zeit schon eine ganze Weile vor mir herschob. Obwohl Yale mir für meine Arbeit an der Universität einen Assistenten zur Verfügung stellt, trug ich mich seit Längerem mit dem Gedanken, zusätzlich jemanden privat zu beschäftigen als Unterstützung bei meinen zahlreichen Beratungsaufträgen.

Irgendwie aber hatte ich es nie geschafft, die Sache tatsächlich in Angriff zu nehmen. Ich redete mir ein, ein guter Assistent sei schwer zu finden, noch schwerer einzulernen und überhaupt viel zu teuer. Auf diese Weise hatte ich mich im Laufe der Monate praktisch schon davon überzeugt, die Idee wieder zu verwerfen. Jetzt aber beschloss ich, mich nochmals damit zu beschäftigen, und zum ersten Mal nahm ich dabei den Instant-Influence-Prozess zu Hilfe.

Natürlich unterliege ich wie alle anderen auch dem Gesetz der psychologischen Reaktanz. Also musste ich mir einige Aussagen zur Stärkung meiner Autonomie überlegen. »Niemand zwingt dich, irgendetwas zu tun«, sagte ich zu mir. »Was du hier machst, zählt nicht wirklich. Du gehst die einzelnen Schritte nur zu Übungszwecken durch.« (Dieses »Hintertürchen« – der Hinweis an mich selbst, dass der Prozess nicht wirklich zähle – hat sich als überaus wirksam erwiesen, innere Widerstände zu umgehen, und ich empfehle Ihnen diesen Trick auf das Wärmste.)

Also auf zu Schritt 1. Wie sollte ich meine erste Frage formulieren?

Zunächst rief ich mir in Erinnerung, mich auf Handlungen statt auf Ergebnisse zu konzentrieren. Ich konnte mich nicht darauf festlegen, einen persönlichen Assistenten einzustellen oder auch nur einen zu finden, da das Ergebnis nicht meiner Kontrolle unterlag. Stattdessen musste mein Ziel lauten, mich auf die Suche nach einem Assistenten zu machen.

Als Handlung erschien mir die Suche nach einem Assistenten jedoch von einer abschreckenden Schwammigkeit, insbesondere da ich so fest überzeugt war, sowieso nie einen zu finden. Also dachte ich über eine einfachere Aktion nach, zum Beispiel eine Stellenanzeige aufzugeben. Aber selbst dieser Schritt erschien mir noch zu groß.

Bemüht, die Devise zu beherzigen, dass es potenziell für jedes Problem eine Lösung gibt, beschloss ich, möglichst klein zu beginnen. Wenn ich einen persönlichen Assistenten einstellen wollte, welchen kleinen, nicht bedrohlich wirkenden Schritt konnte ich da unternehmen?

Ich ließ meinen Gedanken freien Lauf und erstellte eine kurze Liste:

- Die Stelle irgendwo online ausschreiben.
- Überlegen, wo ich die Stelle inserieren könnte.
- Eine Stellenanzeige verfassen.
- Das Gehalt festlegen, das ich zu zahlen bereit wäre.
- Überlegen, wie viele Stunden pro Woche der Assistent für mich arbeiten müsste.
- Über Google Stellenanzeigen für persönliche Assistenten heraussuchen, damit ich meine eigene leichter formulieren kann.

Die letzte Option sagte mir sofort zu. »Warum könnte ich ein paar Stellenanzeigen für persönliche Assistenten googeln wollen?« Ja, das klang nach einem kleinen, netten und sicheren Schritt. Er verpflichtete mich zu nicht allzu viel, und ich konnte mir irgendwie auch vorstellen, das zu machen.

Falls Sie sich fragen, wie Sie feststellen, ob der Babyschritt, auf den Sie sich festgelegt haben, der richtige ist, hier zwei Hinweise: Er fühlt sich sicher an, und Sie können vor Ihrem inneren Auge sehen, wie Sie ihn tun. Wenn wir etwas noch nie getan haben, verspüren wir häufig einen gewissen Widerstand. Die Auswahl eines sicheren Schrittes ist ein guter Trick, den Prozess als leicht erscheinen zu lassen.

Kaum hatte ich angefangen, über meinen neu formulierten ersten Schritt nachzudenken (»Warum könnte ich ein paar Stellenanzeigen für persönliche Assistenten googeln wollen?«), als mir auch schon eine Antwort einfiel, auf die ich bis dahin aus irgendeinem Grund nicht gekommen war: »Weil ich jemanden bekommen könnte, der wirklich gut ist.« *Wow*, dachte ich und war bereits überrascht. Das hatte ich nicht erwartet.

Ich ging daran, die sechs Instant-Influence-Schritte sowie meine Antworten zu notieren. Hier die ersten Notizen, die ich zu Papier brachte:

Schritt 1: Warum könnte ich ein paar Stellenbeschreibungen für persönliche Assistenten googeln wollen?

- Ich könnte jemanden bekommen, der wirklich gut ist.
- Weil ich mehr Zeit für meine Familie hätte.

Interessant ist, dass dieser zweite sehr gute Grund mir erst einfiel, als ich mir gestattete, mich auf die kleine Aufgabe der Google-Suche nach Stellenanzeigen zu konzentrieren, statt gleich auf die große, tatsächlich jemanden einzustellen. Außerdem war ich, ohne es zu merken, mit meinen Antworten über die Absicht hinausgeschossen, Stellenanzeigen zu googeln oder eine eigene Stellenanzeige zu schreiben und ins Netz zu stellen, und hatte mir vorgestellt, was passieren könnte, würde ich tatsächlich einen Assistenten einstellen. Indem ich einfach irgendwo angefangen hatte – genau genommen, indem ich mich dazu gebracht hatte, einen ersten kleinen Schritt auszuwählen –, war ich richtig in die Gänge gekommen.

Schritt 2: Auf einer Skala von 1 bis 10, wie groß ist meine Bereitschaft, bis Freitag auf Google nach Informationen über die Beschäftigung eines persönlichen Assistenten zu suchen?

8 [meine erste Antwort]
7 [wofür ich mich am Ende entschied]

Wieder war ich spontan vorangeprescht. Ich plante bereits die Einstellung eines Assistenten und setzte mir sogar eine Frist von einer Woche. Natürlich war das ziemlich unrealistisch, aber genau das ist die Art von Begeisterung, die einen erfassen kann, wenn man Instant Influence anwendet. Wenn Sie die ersten fünf Schritte machen, sollten Sie einfach aufschreiben, was Ihnen durch den Kopf schießt, ohne jede Selbstzensur oder Bewertung. Ihr Ziel ist es herauszufinden, *warum* Sie etwas tun wollen. Falls nötig, können Sie Ihre Ziele immer noch herunterschrauben, wenn Sie zu Schritt 6 kommen.

Schritt 3: Warum habe ich keine kleinere Zahl genommen?

– Ich könnte tatsächlich jemanden einstellen!
– Wer weiß, was daraus entstehen wird?
– Weil ich es tun will.
– Ich müsste mir weniger Sorgen um all die Dinge machen, die noch erledigt werden müssen.

- Ich könnte viel zusätzliche Zeit gewinnen.
- *So* teuer ist es ja gar nicht.
- Es könnte Spaß machen.
- Die Dinge wären besser organisiert.

Die Antworten waren zwar nicht unbedingt logisch, und meine Vorstellungen davon, wie schnell ich das alles schaffen könnte, waren immer noch eher unrealistisch. Aber das ist in Ordnung. Wie gesagt, an dieser Stelle geht es darum, alles aufzuschreiben, was einem in den Sinn kommt. Mit der praktischen Seite der ganzen Sache kann man getrost bis Schritt 6 warten.

Schritt 4: Angenommen, es wäre bereits passiert. Was wären die positiven Resultate?

- Ich könnte mehr Zeit auf die wissenschaftliche Arbeit verwenden.

Das war der Moment, an dem ich wirklich Feuer fing. Mit einem persönlichen Assistenten würde ich mich viel stärker als bisher darauf konzentrieren können, über Instant Influence zu schreiben, Seminare zu leiten und Vorträge darüber zu halten – lauter Dinge, die mir Spaß machen –, weil sich nun jemand anders um die ganzen organisatorischen Dinge kümmern würde, auf die ich nicht so wild bin. Solange ich noch versucht hatte, mich dazu zu bringen, »einen Assistenten einzustellen« oder auch nur »eine Stellenanzeige aufzusetzen«, hatte ich mir diese Art Enthusiasmus nicht zugestehen können. Dazu musste ich mich erst in den Prozess hineintricksen und meinen Fokus auf die Google-Suche nach relevanten Stellenanzeigen einengen. Erst jetzt wurde mir klar, wie sehr ich einen Assistenten haben wollte und wie gut mir das tun würde. Meine vielen Bedenken hinsichtlich der Einarbeitung und Bezahlung und der ganzen damit einhergehenden Organisation waren plötzlich in den Hintergrund getreten, überstrahlt von meiner neu entdeckten Motivation, jemanden zu finden, der mir mehr Zeit für die Arbeit verschaffen würde, die mir Spaß macht.

– Mehr Zeit für die erfreulicheren Seiten meiner Arbeit.
– Bringt mich dazu, alles besser organisieren zu wollen.

Schon wieder eine unerwartete Reaktion. Hauptgrund dafür, einen persönlichen Assistenten einzustellen, war ja, dass ich mich dann nicht mehr um die organisatorischen Details würde kümmern müssen. Nun begeisterte mich plötzlich die Vorstellung, mit dieser Person zusammenzuarbeiten, um meine Arbeit besser zu organisieren – und das, obwohl ich geglaubt hatte, das wäre das Letzte, was ich tun wollte.

– Ich würde mein Geld schneller bekommen.

Ein persönlicher Assistent würde sich um einen pünktlichen Versand meiner Rechnungen kümmern. Im Gegensatz zu mir würde er das nicht vor sich herschieben.

– Ich könnte tatsächlich jemanden finden, der gut ist.
– Sicherheit.

Ich erinnere mich noch gut, was ich dachte, als ich den letzten Punkt notierte: *Sollten die Kinder einmal krank sein, würde immer noch ein Teil der Arbeit getan werden; es käme nicht alles plötzlich zum Stillstand.*

– Steuerlich abzugsfähig.
– Mehr Arbeit wird erledigt.
– Hilfe bei Reisen.
– Spesenabrechnungen.
– Mahnungen werden verschickt.

Nun ging ich zu den Details über, eine Liste der Aufgaben, die ein persönlicher Assistent übernehmen sollte. Interessanterweise hatte ich damit bereits den ersten Schritt zur Einstellung eines Assistenten getan und mit der Stellenanzeige begonnen, über die auch nur nachzudenken mir ein paar Minuten zuvor noch unvorstellbar erschienen war.

- Kleider zur Reinigung bringen, Auto in die Waschanlage fahren, Kinder hüten und andere Alltagsaufgaben.

Zugleich wurde mir klarer, was für eine Art Assistent ich mir wünschte. Ich wollte nicht einfach eine administrative Hilfe wie an der Uni. Ich wollte einen Allround-Assistenten, der mich nicht nur bei der Arbeit, sondern auch in vielen anderen Bereichen meines Lebens unterstützen konnte.

Schritt 5: Warum sind diese Resultate für mich wichtig?

- Ich könnte jemandem in dieser wirtschaftlich sehr schwierigen Zeit helfen.
- Ich könnte demjenigen zum Einstieg in meinen Fachbereich verhelfen.

Das waren völlig neue Gedanken für mich. Bislang hatte ich nicht einen Moment lang daran gedacht, dass ich mit der Einstellung eines persönlichen Assistenten jemand anderem helfen könnte. Die Vorstellung gefiel mir sehr, und wieder einmal war ich verblüfft darüber, wie Instant Influence Motivationen aufdeckt, die uns in der Tat wichtig sind, die uns aber nicht bewusst waren. Mitunter rühren unsere Motivationen sogar an unsere tiefsten Ziele oder unseren Wunsch, anderen zu helfen. Aus irgendwelchen Gründen sind diese altruistischen Motivationen häufig die am tiefsten in uns verborgenen – und zugleich die stärksten.

- Zur Seite gelegte Ideen erhalten neue Aufmerksamkeit.
- Arbeit wird erledigt, auch wenn ich selbst nicht arbeite.

Das war definitiv mein Favorit! Mich begeisterte die Vorstellung, dass mein Assistent und ich zu unterschiedlichen Zeiten arbeiten könnten und die Arbeit also immer irgendwie vorangehen würde.

- Kann mehr Zeit mit der Familie verbringen.

Schritt 6: Was ist, wenn überhaupt, der nächste Schritt?

An diesem Punkt war die Zeit, die ich für diese Übung angesetzt hatte, vorüber und die Teilnehmer des Seminars kamen wieder zusammen. Also machte ich es zu meinem nächsten Schritt, der Gruppe von meinem Problem zu erzählen – mit dem Ergebnis, dass drei Teilnehmer sofort anboten, den Job zu übernehmen.

Am Ende stellte ich zwar keinen von ihnen ein, aber ich nahm es als ein Zeichen dafür, dass die Suche nach einem geeigneten Assistenten womöglich sehr viel weniger aufwändig war als gedacht. Und nun, da ich motiviert war, würde mir die Sache sowieso leichter fallen.

Später in derselben Woche hatte ich ein überaus frustrierendes Meeting an der Uni zu einem Projekt, das ich eine Zeitlang koordiniert hatte. Im Anschluss daran hatte ich ein weiteres Meeting, aber zuvor wollte ich meinen Kopf frei bekommen und die negative Stimmung loswerden. Also setzte ich mich in ein Café um die Ecke und beschloss, zur Abwechslung einmal etwas Sinnvolles zu machen. Mit dem Ergebnis, dass ich eine Stellenanzeige schrieb und online stellte. Binnen 45 Minuten erhielt ich die erste Antwort – und die junge Frau, von der sie kam, war dann auch diejenige, die ich einstellte.

Um den Kreis zu schließen, schrieb meine neue Assistentin eine E-Mail an die Gruppe der Trainees, die mich gedrängt hatten, die Übung mitzumachen. Sie stellte sich vor und dankte ihnen für ihren Beitrag. Sie war glücklich, ich war glücklich, meine Familie (für die ich tatsächlich mehr Zeit hatte) war glücklich – und ich hatte einmal mehr die Wirksamkeit von Instant Influence am eigenen Leib erfahren.

Den Prozess optimieren

– Suchen Sie so lange weiter nach immer kleineren Anfangsschritten, bis Sie einen finden, der sich sicher anfühlt oder den Sie zumindest visualisieren können.

- Verzichten Sie auf Bewertungen oder Selbstzensur. Gehen Sie den Prozess offen an.
- Nehmen Sie sich explizit vor, »Wie«- und »Warum nicht«-Fragen zu ignorieren. Konzentrieren Sie sich stattdessen darauf, *warum* Sie etwas tun möchten.
- Seien Sie darauf vorbereitet, dass der Prozess Sie mitreißt. Schon die kleinsten Schritte setzen häufig eine Kette von Gedanken, Gefühlen und Ideen in Gang, die eine neue Dynamik entwickeln.
- Seien Sie bereit für Überraschungen. Mit an Sicherheit grenzender Wahrscheinlichkeit werden Sie etwas Neues über Ihre eigenen Gründe dafür erfahren, warum Sie etwas wollen.
- Vertrauen Sie dem Prozess. Es könnte passieren, dass Sie zur Tat schreiten, ohne sich dessen zunächst richtig bewusst zu sein. Es ist also nicht nötig, sich unter Druck zu setzen.

Beeinflussung »außerhalb der eingefahrenen Bahnen«

Die Teilnehmer an meinen Workshops sind oft verwundert, wie unlogisch, seltsam oder gar »abstrus« Instant-Influence-Fragen mitunter klingen. Ob Sie es glauben oder nicht, das gehört mit dazu. Wie wissenschaftliche Untersuchungen zeigen, erzielen Leute, denen unlogisches, eigenartiges, zusammenhangloses oder irrationales – beziehungsweise in seiner Bedeutung verwirrendes – Material präsentiert wird, im Durchschnitt bessere Lösungen in kürzerer Zeit. Offensichtlich arbeiten wir härter, schneller und besser, wenn unsere natürliche Motivation, einen Sinn in den Dingen zu entdecken, vor oder während einer Problemlösungsaufgabe stimuliert wird.

2009 führten Travis Proulx von der University of Southern California in Santa Barbara und Steven Heine von der University of British Columbia ein Experiment durch, bei dem 40 College-Studenten eine Denksportaufgabe lösen sollten.[1] Die Hälfte der Studenten bekam eine absurde Erzählung von Franz Kafka zu lesen, bevor sie sich an die Aufgabe machten, die andere Hälfte nicht. Mit gravierenden Folgen, wie sich zeigte: Die Studenten, die Kafkas Geschichte gelesen hatten, waren im Durchschnitt um über 60 Prozent besser als die anderen. Dass sie vorab dazu gebracht worden waren, »außerhalb der eingefahrenen Bahnen zu denken«, hatte ihre Problemlösungsfähigkeiten verbessert – und ich glaube, das könnte auch bei Ihnen so funktionieren.

Wenn wir versuchen, ein Problem zu lösen, neigen wir oft dazu, manche Möglichkeiten vorschnell auszuschließen, während wir wieder andere schlicht vergessen, gar nicht sehen oder nicht ernst nehmen. Wir versteifen uns auf Lösungen, die sofort Ergebnisse liefern, konzentrieren uns darauf, wie wir etwas tun sollen, statt darauf, warum wir es tun wollen, oder nehmen zwischenzeitliche Rückschläge als Beweis dafür, dass wir niemals das bekommen werden, was wir uns wünschen.

Besser ist es, auf den Prozess zu vertrauen. Hören Sie auf, sich zu fragen, ob Sie etwas tun können. Fragen Sie sich stattdessen, warum Sie es tun wollen. Bringen Sie Bewegung in die Dinge, indem Sie sich bewusst auf Handlungen konzentrieren, die weniger realistisch oder sogar undurchführbar erscheinen.

Vor einiger Zeit versuchte ich einer jungen Wissenschaftlerin unserer Fakultät bei ihrer Suche nach einer Stelle an einer anderen Universität zu helfen. Da es ihr schwerfiel, sich bei ihrer Jobsuche auf Positionen zu konzentrieren, die ihren Qualifikationen entsprachen, schlug ich ihr vor, sie solle versuchen, sich für die Bewerbung als Projektmanagerin zu motivieren, wofür ihr die erforderlichen Voraussetzungen fehlten. »Warum könnte ich mich auf eine Stelle auf dieser Ebene bewerben wollen?«, lautete ihr Schritt 1, obwohl sie genau wusste, dass sie mit ihren Qualifikationen die Stelle nie bekommen würde.

Irgendwie aber brachte sie die Erkenntnis, wie sehr sie etwas wollte, wofür sie nicht qualifiziert war, dazu, sich für Stellen zu interessieren, für die sie geeignet war, und plötzlich – und mit großem Erfolg – ging es mit ihrer Jobsuche voran. Irrationale Fragen stellen und unlogische Handlungen in Betracht ziehen ist nicht notwendigerweise ein idealer Ansatz. Aber es kann eine hervorragende Methode sein, etwas Bewegung in die Dinge zu bringen und die nötige Motivation in sich zu finden.

Ein Kollege, der sich vor rund einem Jahr hatte scheiden lassen, tat sich schwer damit, wieder mit Frauen auszugehen. Er hatte es sogar mit Instant Influence versucht, aber auch damit nicht geschafft, seinen Frust zu überwinden.

Auch ihm empfahl ich, es mit einem etwas irrationalen Ansatz zu probieren und schlug als Frage für Schritt 1 Folgendes vor: »Warum könnte ich eine Beschreibung meiner Traumpartnerin verfassen und dann bei einer Online-Partnervermittlung nach einer Frau suchen wollen, die exakt dieser Beschreibung entspricht?«

Meinem Kollegen war klar, dass dieser begrenzte Fokus nicht notwendigerweise ein sonderlich erwachsener oder produktiver Ansatz für die Partnersuche war. Natürlich wusste er, dass er eine Frau treffen konnte, die nicht jeden Punkt auf seiner Traumfrauliste erfüllte und dennoch eine aufregende, zuverlässige und liebende Partnerin abgeben würde. Aber indem er sich zugestand, kindisch und irrational zu sein, befreite er sein Denken und gelangte zu einem weitaus klareren Verständnis davon, welche Eigenschaften ihm an einer Frau wirklich wichtig waren. Im Gegensatz zu seinen anfänglichen Fantasien erkannte er, dass seine potenzielle Partnerin gar nicht unbedingt eine atemberaubende Schönheit, eine perfekte Köchin und eine durchtrainierte Sportskanone sein musste. Viel wichtiger war ihm, wie er feststellte, eine Partnerin zu finden, die liebevoll, leidenschaftlich und treu und dabei trotzdem unabhängig und in ihrem Beruf erfolgreich war.

Dank der so gewonnenen Klarheit konnte mein Kollege seine eigene Kontaktanzeige viel präziser verfassen und die Anzeigen möglicher Kandidatinnen besser auswerten. Wichtiger noch, er stellte fest, dass er nun auch in seinem täglichen Leben nach dieser Art Frau Ausschau hielt – ein aktiver und optimistischer Ansatz, von dem er bislang dachte, er sei jenseits seiner Möglichkeiten. Er ist immer noch Single, aber er genießt die Suche nach einer Partnerin mehr, als er das je für möglich gehalten hätte, und so, wie ich das sehe, betreibt er seine Suche auf eine Weise, die ihm die bestmöglichen Chancen bietet, das zu finden, wonach er sucht.

Den höheren Zielen treu bleiben

Was mich immer wieder verwundert, ist, wie oft Menschen davon ausgehen, dass unsere tiefsten, ehrlichsten Motive selbstsüchtiger Natur sind. Der Wunsch, etwas für andere zu tun – ob nun für einen Menschen, den wir lieben, einen Fremden oder eine Gemeinschaft –, scheint irgendwie suspekter zu sein als der Wunsch, etwas allein für sich selbst zu machen.

In den vielen Jahren, in denen ich Instant Influence bei mir selbst und anderen angewendet habe, habe ich gelernt, dass unsere tiefsten Motive keineswegs immer eigennützig sind. Manchmal entspringen unsere Wünsche unseren höchsten Idealen, zum Beispiel wenn wir das Beste für unsere Familie, unsere Nachbarn oder unsere Mitmenschen zu erreichen suchen. Manchmal sind wir zudem erst dann imstande, die eigentlichen Gründe für unser Handeln zu ergründen, wenn wir uns für die Ausrichtung unserer tiefsten Wünsche an der Gemeinschaft öffnen. Wenn Sie also darüber nachdenken, was Sie am meisten wollen und wie Sie sich dazu inspirieren können, es zu erreichen, dann sollten Sie stets auch die Möglichkeit in Betracht ziehen, dass Sie damit zugleich anderen helfen wollen.

5 Mit Menschen arbeiten, die sich ändern möchten

Wenn jemand sich ändern möchte, sich aber noch nichts getan hat, versuchen Sie es zuerst mit dem Instant-Influence-Prozess. Bestärken Sie ihn in seiner Autonomie, gehen Sie die sechs Schritte durch und arbeiten Sie mit ihm einen Aktionsplan aus (mehr dazu in Kapitel 9). In den meisten Fällen werden Sie damit Erfolg haben. Was aber, wenn nicht? Was, wenn jemand zwar sagt, dass er sich ändern möchte, aber nichts in der Richtung zu unternehmen scheint? Was, wenn Sie selbst versuchen, etwas in Ihrem Leben zu ändern, aber einfach keinen Anfang finden können?

Wenn offenkundig motivierte Menschen untätig bleiben, gibt es dafür meiner Erfahrung nach drei Hauptursachen:

1. Es mangelt ihnen an den für eine Änderung erforderlichen Fertigkeiten.
2. Der Zeitpunkt oder die Situation ist nicht geeignet, um aktiv zu werden.
3. Sie haben ihre wahren Wünsche noch nicht identifiziert.

Wollen oder Können

Wie bereits mehrfach betont, richten wir unsere Aufmerksamkeit in vielen Fällen, in denen wir eigentlich nach dem Warum suchen sollten, allzu sehr auf das Wie. Manchmal aber ist tatsächlich das Wie das Problem, und es genügt vollauf, die notwendigen Fertigkeiten zu erwerben, um den Stein ins Rollen zu bringen.

Wie aber kann man im konkreten Fall beurteilen, ob es eine Frage des Wollens oder eine des Könnens ist? Im Folgenden habe ich einige Fragen zusammengestellt, die Ihnen helfen herauszufinden, ob es besser ist, Instant Influence anzuwenden, oder ob Sie Ihr Augenmerk stattdessen darauf richten sollten, der Zielperson (sei es ein Kollege, ein Mitarbeiter, ein Freund, Ihr Partner oder Sie selbst) beim Erwerb fehlender Fertigkeiten zu helfen.

– *Verfügen Sie über das Wissen und die Ausbildung, die Sie benötigen?* Wenn wir Veränderungen anstreben, aber noch nichts konkret unternommen haben, dann vielleicht einfach deshalb, weil wir nicht wissen, was wir tun sollen. Als Folge davon können wir unsere Motivation verlieren, aber sobald wir wissen, was wir brauchen, kehrt unser Enthusiasmus zurück.

– *Haben Sie einen Experten konsultiert?* Experten sind oftmals in der Lage zu beurteilen, ob das Problem eines des Wollens oder eines des Könnens ist. Darüber hinaus könnten sie Ihnen oder Ihrer Zielperson beim Erwerb der erforderlichen Fertigkeiten helfen.

– *Haben Sie Ihr Augenmerk bereits auf die Fertigkeiten gerichtet?* Nehmen wir an, ein Vorgesetzter führt die Probleme einer Mitarbeiterin auf mangelnde Fertigkeiten zurück und schickt sie zu einer innerbetrieblichen Fortbildung. Kehrt die Mitarbeiterin mit neu gefundenem Vertrauen in ihre Fähigkeiten und voll motiviert zurück, lag es eindeutig am Können. Kommt sie aber frustriert und demoralisiert zurück oder sprüht sie anfangs nur so vor Enthusiasmus, um dann wieder den Mut zu verlieren, dürfte es aller Wahrscheinlichkeit nach ein Problem des Wollens sein. Eine Möglichkeit in dem Fall wäre, sie mit einem Instant-Influence-Gespräch zu mehr Engagement zu motivieren und dann zu einer weiteren Fortbildung zu schicken. Oder Sie wechseln die Gangart und nehmen stattdessen in einem Instant-Influence-Prozess direkt die Motivation der Mitarbeiterin ins Visier.

Falsche Zeit, falscher Ort

Wenn wir etwas wirklich wollen, finden wir üblicherweise einen Weg, es auch zu tun oder zumindest den ersten Schritt zu machen. Manchmal aber kann es sein, dass jemand etwas wirklich tun möchte, zugleich aber auch sehr gute Gründe hat, davon Abstand zu nehmen. Bevor Sie also irgendwelche Urteile über sein Motivationsniveau fällen – und es dann mit Instant Influence zu steigern versuchen –, sollten Sie sich die folgenden Fragen stellen:

– *Ist dies für den anderen der richtige Zeitpunkt zum Handeln?* Hin und wieder zwingen uns äußere Umstände, unsere Prioritäten neu zu setzen. Eine meiner Kolleginnen zum Beispiel war hoch motiviert, einen Spanischkurs für Fortgeschrittene zu belegen, da sie in ihrem anstehenden akademischen Freijahr wissenschaftliche Studien in Südamerika durchführen wollte.

Dann aber erkrankte ihr Schwiegervater an Krebs, und sie hatte das Gefühl, ihr Leben sei völlig auf den Kopf gestellt worden. »Meine Prioritäten sind natürlich meine Kinder und mein Schwiegervater«, sagte sie zu mir. »Ich habe sowohl meine Forschungstätigkeit auf Eis gelegt als auch mein kirchliches Engagement und so ziemlich alles andere auch. An eine Rückkehr zur Normalität kann ich frühestens drei Monate nach Ende seiner Bestrahlung denken – und selbst dann muss ich mir das noch gut überlegen.«

Natürlich ist das ein extremes Beispiel, aber es unterstreicht, dass manchmal selbst die stärkste Motivation hinter anderen Anliegen zurückstehen muss. Meine Kollegin war ernsthaft motiviert, ihr Spanisch zu verbessern, entschloss sich dann aber zu warten. Erst mal war ihr anderes wichtiger.

Wenn diese Beschreibung Sie an jemanden erinnert, den Sie kennen, sollten Sie den Betreffenden in regelmäßigen Abständen nach seiner Absicht zu einer Veränderung fragen. Vertrauen Sie bei der Bewertung der Antwort auf Ihren Instinkt. Lässt das, was Ihr Gegenüber sagt, auf eine motivierte Person schließen, die eine bewusste Wahl trifft und angemessene Prioritäten setzt, ist alles in bester Ordnung. Scheint der andere aber in einem inneren Konflikt zu stehen, bitten Sie ihn um Erlaubnis für ein Instant-Influence-Gespräch. Vielleicht können Sie ihm damit helfen, wieder klarer zu sehen, was er möchte.

– *Nimmt die Person bereits an einer Fortbildung teil oder arbeitet sie sonst in irgendeiner Weise an sich?* Fortschritte sind nicht immer sichtbar, nicht einmal für uns selbst. Es ist möglich, dass wir zwar für etwas motiviert, aber eben noch nicht bereit dafür sind – nicht, weil wir wie meine Kollegin andere Prioritäten gesetzt hätten, sondern weil wir uns auf einer Ebene darauf vorbereiten, die wir einfach nicht wahrnehmen können. Motivation ist wie ein Samen, der unter der Erdoberfläche keimt und erste Triebe bildet. Vielleicht wissen wir, dass sie da ist, sind uns aber nicht immer sicher, ob sie eines Tages auch ans Licht durchbrechen wird.

In manchen Fällen sind wir uns vollauf bewusst, dass wir mehr Training oder Erfahrung benötigen, und arbeiten gezielt darauf hin, die erforderlichen Fertigkeiten, Referenzen und die emotionale Bereitschaft zu erwerben. Gut möglich, dass unsere Vorgesetzten, Kollegen, Freunde oder Partner nicht bemerken, was wir tun, weil wir unsere Bemühungen absichtlich verbergen oder schlicht kein Aufhebens darum machen.

Ebenso aber kann es vorkommen, dass wir uns insgeheim auf eine Herausforderung vorbereiten, ohne uns selbst dessen gewahr zu werden. Wir haben unsere Motivation angezapft und wissen, was wir wirklich wollen, doch an der Oberfläche ist alles unverändert. Es braucht seine Zeit, bis der Samen, den wir gepflanzt haben, austreibt und Früchte trägt; bis dahin bleibt er im Verborgenen.

Wenn diese Beschreibung Sie an jemanden erinnert, den Sie kennen, sollten Sie ihn fragen, ob er zu der Veränderung bereit ist, von der er gesprochen hat. Nimmt er die Frage ruhig und gelassen auf, befindet er sich wahrscheinlich auf dem richtigen Weg. Reagiert er allerdings unsicher, erregt oder abweisend, sollten Sie in Erwägung ziehen, ihm ein Instant-Influence-Gespräch vorzuschlagen, um auf diese Weise seine Motivation zu stimulieren.

– *Hat die betreffende Person, ohne dass mir das aufgefallen wäre, eine Veränderung vollzogen oder angefangen, auf ein neues Ziel hinzuarbeiten?* Manchmal erwarten wir, dass die Leute uns ankündigen, was sie tun; manchmal erwarten wir das sogar von uns selbst. Denken Sie einen Moment an die Veränderungen, die Sie selbst vorgenommen haben, ohne genau sagen zu können, wann oder wie Sie damit begonnen haben, an die Transformationen, die scheinbar irgendwie von selbst geschehen, oder an die vielen Male, in denen Sie sich auf eine Weise verändert haben, die die anderen nicht wahrgenommen haben. In vielen Fällen werden Veränderungen erst dann offenbar, wenn sie abgeschlossen sind.

Wenn diese Beschreibung Sie an jemanden erinnert, den Sie kennen, sollten Sie so objektiv wie möglich das Verhalten des anderen betrachten und sich fragen, was dahintersteckt. Vielleicht stellen Sie überrascht fest, dass im Gegensatz zu dem, was der andere sagt, tatsächlich eine Veränderung im Gange ist. Sollte das Ihrem Gefühl nach nicht der Fall sein, kommt ein Instant-Influence-Gespräch in Betracht, dabei sollten Sie aber stets offen bleiben für die Möglichkeit, dass sich von Ihnen unbemerkt doch eine Veränderung vollzieht.

– *Unterdrückt die Person ihre Motivation, weil sie festgestellt hat, dass sie über zu wenig Autonomie verfügt oder auf zu viel Widerstand stößt?* So kann es uns allen ergehen, wenn andere unser Gefühl der emotionalen Sicherheit bedrohen. Niemand mag gesagt bekommen, was oder wie er denken oder sich verhalten soll. Ganz egal, wie motiviert zum Handeln wir sind, allzu häufige Angriffe auf unsere Autonomie sind dazu angetan, das Gesetz der psychologischen Reaktanz zu aktivieren, was uns den Zugang zu unserer Motivation nahezu unmöglich macht.

Wenn diese Beschreibung Sie an jemanden erinnert, den Sie kennen, kommt es zunächst vor allem darauf an, die Autonomie des anderen wiederherzustellen. Erst wenn Sie seine Autonomie gestärkt haben, sollten Sie versuchen, ihn zu einer Handlung oder Veränderung zu bewegen. Soll er jemals Zugang zu seiner wirklichen Motivation finden, muss er absolut überzeugt sein, dass es sich dabei um *seine* Motivation handelt und nicht um etwas, was jemand ihm aufgezwungen hat.

Wenn jemand es versucht und scheitert

Manchmal kommt es vor, dass jemand, der wirklich zu einer Veränderung motiviert ist, den Glauben an sich verliert – und vielleicht einfach wieder ermutigt werden muss. Im Folgenden finden Sie einige Möglichkeiten, wie Sie die Autonomie des anderen stärken und Ihren Glauben an ihn zum Ausdruck bringen können:

– Sie sind offenkundig sehr motiviert, etwas zu ändern, sonst säßen wir ja nicht hier und würden darüber reden. Da Sie etwas an den Dingen ändern wollen, ist das sicherlich auch möglich. Wenn Sie beschließen, etwas tun zu wollen, können Sie das definitiv auch.
– Wenn Sie das tun könnten, von dem Sie gerade meinen, es nicht zu können, würden Sie es dann tun wollen?
– Machen wir uns keine Gedanken darüber, wie andere Ihren Erfolg oder Misserfolg sehen – konzentrieren wir uns darauf, was Sie wollen und warum.
– Vergessen wir einen Moment lang einmal Ihren Wunsch herauszufinden, was realistisch ist. Befassen wir uns einfach damit, was Sie wollen.
– Ich bin überzeugt, dass Sie Ihre Zukunft anders gestalten können, wenn Sie sich dazu motivieren. Also lassen Sie uns daran arbeiten – wenn es das ist, was Sie wollen.

Zugang zu den wahren Wünschen finden

Einer der Schlüsselaspekte von Instant Influence ist das Erstaunen der Leute über ihnen selbst bislang unbekannte Gründe für etwas, das sie tun möchten. Aber was, wenn Ihnen bereits klar ist, dass Sie sich ändern möchten und sogar einige der Gründe dafür kennen? (»Ich muss mich besser organisieren oder ich werde immer so gestresst bleiben!«, »Dad, ich will meine Hausaufgaben machen, weil mir klar ist, wie wichtig gute Noten sind – ich weiß selbst nicht, warum ich es trotzdem nie schaffe«, »Ich will die E-Mails wirklich beantworten – ich hasse es, Leute warten zu lassen«.) Dann müssen Sie vielleicht ein bisschen tiefer graben, um die überraschende Wahrheit ans Tageslicht zu bringen, die Sie so richtig in die Gänge bringen wird.

Diese Erfahrung machte meine Bekannte, die Autorin Yvonne, von der ich im letzten Kapitel erzählt habe. Sie war sehr motiviert, ihre Aufträge termingerecht abzugeben, und dachte auch zu wissen, warum (aus beruflichem Stolz, um mehr Freizeit zu haben, um Stress zu vermeiden). Ihr wahrer Grund aber – Rache – lag viel tiefer, und sie musste ein wenig länger in sich gehen, um darauf zu kommen.

Aber vielleicht liegt das Problem ja auch ganz woanders. Vielleicht wollen wir ja gar nicht mehr, was wir bislang zu wollen glaubten. Vielleicht wollten wir die Karriereleiter ja nur so weit und nicht weiter hinaufsteigen und jetzt lieber mehr Zeit mit der Familie verbringen. Vielleicht wollten wir ja tatsächlich einmal einen Master-Studiengang belegen, aber inzwischen haben wir uns ganz neu orientiert.

Manchmal »konstruieren« wir uns einen eingebildeten Wunsch, um einem echten Problem aus dem Weg zu gehen. Statt unseren Boss direkt auf die so sehnsüchtig angestrebte Beförderung anzusprechen, spielen wir mit dem Gedanken, uns selbstständig zu machen, schaffen es aber nie, einen ernsthaften Plan zu entwickeln. Statt ein Eheproblem anzugehen, reden wir davon, wie gerne wir Kinder hätten, bringen es aber irgendwie nie fertig, einen Termin mit einer Fruchtbarkeitsklinik zu vereinbaren. Es mangelt uns nicht an Motivation, es mangelt uns an Klarheit.

Gelegentlich machen wir uns die Wünsche der Menschen um uns herum – Eltern, Partner, sogar Freunde – zu eigen, statt uns zu unseren eigenen Wünschen zu bekennen. Wir glauben an diese falschen Träume und wundern uns dann, warum es uns einfach nicht gelingen will, sie in die Tat umzusetzen. Oft machen unsere eigenen Träume uns sogar Angst, entweder, weil sie schwer umsetzbar erscheinen oder weil ihre Verwirklichung andere Dinge in unserem Leben aus dem Lot bringen würde.

In jeder dieser Situationen liegt die Herausforderung darin zu entdecken, was wir wirklich möchten. Wenn Sie sagen, dass Sie etwas möchten, aber zugleich das Gefühl haben, sich festgefahren zu haben – sei es, bevor oder nachdem Sie den Instant-Influence-Prozess angewendet haben –, könnte die nächste Aufgabe lauten herauszufinden, was Sie wirklich möchten. Und die Antwort könnte Sie durchaus überraschen.

Was will ich und warum?

Nehmen Sie sich für diese Übung mindestens eine halbe Stunde Zeit, in der Sie nicht gestört werden.

1. Bestimmen Sie etwas, was Sie gerne tun würden – eine konkrete Aktion. Wollen Sie abnehmen, könnten Sie etwas in der Art von »Ich werde eine Woche lang meinen Diätplan einhalten« wählen. Lautet Ihr Ziel, nicht mehr zu spät zu kommen, könnten Sie sich vornehmen, zu Ihren nächsten drei Terminen pünktlich zu erscheinen.
2. Nehmen Sie ein leeres Blatt Papier und einen Stift. (Sie können diese Übung auch am Computer machen, wenn Ihnen das lieber ist, aber beim physischen Akt des Schreibens öffnen wir uns mehr für unsere innersten Gedanken und Gefühle.) Notieren Sie oben auf der Seite die folgende Frage: Warum möchte ich [Ihr Ziel]?
3. Antworten Sie, so schnell Sie können. Hören Sie nicht auf, ehe die ganze Seite beschrieben ist. Wenn Ihnen nichts Neues einfällt, schreiben Sie einfach immer wieder das letzte Wort oder den letzten Satz, bis Ihnen ein neuer Gedanke kommt. Wenn Sie nicht wissen, was Sie antworten sollen, schreiben Sie »Ich weiß nicht, was ich antworten soll« und wiederholen das, bis Ihnen etwas einfällt. Alternativ können Sie sich auch fragen, inwiefern Sie von dem letzten Grund, den Sie niedergeschrieben haben, profitieren könnten, und dann darüber schreiben.

Diese Übung ist sehr hilfreich, um einen Zugang zu Gedanken und Gefühlen zu erhalten, von denen Sie nichts wussten. Besonders wirksam ist diese Übung, wenn Sie Instant Influence auf sich selbst anwenden und Schritt 4 (Stellen Sie sich vor, Sie hätten sich verändert. Was wären die positiven Resultate?) oder Schritt 5 (Warum sind Ihnen diese Resultate wichtig?) erreicht haben.

Die Tyrannei des *Sollte*

Manchmal sieht sich jemand, der sich wirklich ändern möchte, von lauter »Solltes« gefangen. Wie bereits ausgeführt, dienen der autonomiestärkende Teil von Instant Influence und die »fünf Warums« (siehe Kapitel 3) dazu, alles auszumerzen, was nach »müssen« oder »sollen« klingt, und sich ganz auf die persönlichen Gründe zu konzentrieren.

Ein Kollege, der sich schwertat, die Klausuren von Studenten innerhalb einer annehmbaren Frist zu korrigieren, nannte mir im Verlauf des Instant-Influence-Gesprächs, das wir darüber führten, eine Vielzahl von Gründen, warum er diesen Missstand abstellen sollte. Dabei mischte sich Persönliches mit einer großen Zahl von »Solltes«: Professoren *sollten* ihre Arbeit rechtzeitig erledigen, Studenten *sollten* mit Respekt behandelt werden, der Dekan der Fakultät habe ein *Anrecht* darauf, von ihm zu erwarten, dass er seinen Pflichten nachkommt, und schließlich müssten ja auch seine Kollegen ihre Noten rechtzeitig abliefern, also *sollte* er das gleichfalls tun. Nachdem wir alles ausgesiebt hatten, was nach einer Verpflichtung klang, stießen wir auf seine wahre Motivation dafür, die Arbeiten rechtzeitig zu benoten: um den Studenten beizubringen, wie sie ihre Ideen am besten schriftlich ausdrücken können, auf dass er sie eines Tages als Kollegen willkommen heißen kann.

»Wenn das dein einziger Grund wäre, hättest du deine Benotungen wahrscheinlich in jedem einzelnen Semester rechtzeitig fertig gehabt«, sagte ich zu ihm.

»Und warum habe ich es dann nicht geschafft?«, fragte er.

Ich lachte. »Wegen all der *anderen* Gründe!« Die waren natürlich auch legitim, hatten für ihn eben nur keine tiefe, persönliche Bedeutung, auch wenn er der Meinung war, dass das so sein sollte.

Achtung vor der *Sollte*-Falle

Es gibt ein paar Formulierungen, auf die ich in Instant-Influence-Gesprächen ganz besonders achte, um nicht in die *Sollte*-Falle zu tappen. Seien Sie besonders misstrauisch, wenn jemand sagt, er sollte etwas tun, von dem *Sie* denken, dass er es tun sollte, etwa im Falle meiner Söhne, ihre Hausaufgaben machen, bevor sie zum Basketballtraining gehen. Ich habe gelernt, diese oberflächlichen Sollte-Aussagen nicht als echte Gründe zu akzeptieren, die dauerhafte Veränderungen bewirken.

Akzeptieren Sie keine Begründungen, die die folgenden Formulierungen enthalten:

– Ich sollte …
– Ich weiß, ich sollte …
– Ich wünschte, ich könnte …
– Ich sollte mehr Verantwortungsbewusstsein zeigen, weil …
– Von mir wird erwartet, dass …
– Die anderen würden mich für [x] halten, wenn ich nicht [y] täte.

✎ Testen Sie Ihre Instant-Influence-Fähigkeiten: Eine Blockade identifizieren

Denken Sie an drei Personen aus Ihrem Bekanntenkreis (Sie selbst eingeschlossen), die zwar sagen, dass sie sich ändern möchten, das aber nicht schaffen. Überlegen Sie sich für jede Person einen Grund, warum Sie keine Zeichen für eine Veränderung erkennen können:

○ Sie ist nicht genug motiviert.
○ Sie hat nicht die notwendigen Fertigkeiten, Ressourcen oder die nötige Unterstützung.
○ Sie hat andere Prioritäten, die ihr tatsächlich wichtiger sind.
○ Sie ist dabei, sich die notwendigen Fertigkeiten, Ressourcen beziehungsweise emotionale Bereitschaft anzueignen.

○ Sie verändert sich auf eine Art und Weise, die ich nicht erkenne.

○ Sie will die Veränderung gar nicht, die sie angeblich anstrebt.

Nachdem Sie jeweils einen möglichen Grund für die Untätigkeit einer Person identifiziert haben, geht es darum herauszufinden, wie Sie ihr am besten helfen können. Zum Beispiel könnten Sie …

– ihr dabei helfen, die erforderlichen Fertigkeiten oder Ressourcen zu erwerben beziehungsweise die notwendige Unterstützung zu erhalten.

– sie in ihren derzeitigen Bemühungen unterstützen.

– ihr helfen herauszufinden, was sie wirklich will.

– ein Instant-Influence-Gespräch mit ihr führen, um ihr zu helfen, einen ersten Schritt zu machen.

Wenn Leute sagen, dass sie sich ändern möchten, und dann nichts tun, um ihr Ziel zu erreichen, kann das Frust oder Wut auslösen. Versuchen Sie dennoch, ruhig und distanziert zu bleiben. Eine der ersten Lektionen, die ein Therapeut zu lernen hat, lautet, nicht mehr für den Patienten zu wollen, als dieser für sich selbst will – eine Regel, die man auch bei der Arbeit mit Instant Influence beherzigen sollte.

Die eigene Sichtweise wahren

Wenn ich versuche, Menschen zu motivieren, liegt eine der größten Herausforderungen darin, der Versuchung zu widerstehen, sie zu Dingen zu bewegen, von denen ich glaube, dass sie sie tun sollten. Wenn man es mit Menschen zu tun hat, die unter Drogenabhängigkeit, Alkoholproblemen, Essstörungen oder psychischen Erkrankungen leiden, ist der Gedanke verlockend, sie zu den Maßnahmen zu überreden, von denen man weiß, dass sie ihnen helfen, zumal wenn sie einem ständig erzählen, wie gerne sie etwas an ihrem Zustand ändern möchten.

Das Problem mit diesem Impuls ist jedoch, dass er sehr viel Frustration und sogar Qual auslösen kann. Ich weiß, dass ein Problemtrinker eine Therapie machen sollte, und es bricht mir das Herz, wenn er das ablehnt. Wenn ich einer regelmäßigen Drogenkonsumentin ein Therapieprogramm vorschlage, das ich für sie ausgesucht habe, und sie sich weigert, das Angebot anzunehmen, bin ich frustriert. Schon sehr früh in meiner Laufbahn als Therapeut wurde mir klar, dass ich einen anderen Ansatz finden musste. Andernfalls würde ich mich zwangsläufig früher oder später völlig ausgebrannt fühlen und dabei noch nicht einmal meinen Patienten helfen.

Ein Therapeut muss verstehen, dass seine Aufgabe weniger darin besteht, seine Patienten zu retten, als vielmehr darin, ihnen zu helfen, eine möglichst gut informierte Entscheidung zu treffen. Andernfalls verstrickt er sich nur in eine fruchtlose Auseinandersetzung darum, einen immer stärker auf Opposition gepolten Patienten zu etwas zu bewegen, was der strikt ablehnt. Nur wenn der Therapeut sich nach Kräften dafür einsetzt, die Autonomie des Patienten zu stärken, und aufrichtig davon überzeugt ist, dass »jeder bereits ausreichend Motivation besitzt«, kann er seinen Patienten helfen, ihren eigenen Weg zu wählen – einen Weg, der die vom Arzt für richtig erachtete Behandlung einschließen kann, aber keineswegs muss.

Meinen Zielpersonen helfen, eine möglichst gut informierte Entscheidung zu treffen: Ich erkannte, dass dies meine Motivation sein musste, und ich lade Sie ein, darüber nachzudenken, ob es auch Ihre sein könnte. Gleichgültig, ob Sie jemandem wegen seiner Drogensucht oder mit den Hausaufgaben, bei einem Alkoholproblem oder mit den monatlichen Umsatzabrechnungen helfen wollen, Sie könnten feststellen, dass es einfacher und wirksamer ist, wenn Sie sich auf ein Ziel konzentrieren, das die Autonomie des anderen respektiert und Ihnen hilft, die Grenzen Ihrer Macht zu akzeptieren.

6 Mit Menschen arbeiten, die sich nicht ändern möchten

Wenn ich Leuten die Instant-Influence-Methode beibringe, die es gewohnt sind, mit schwierigen Klienten und Mitarbeitern umzugehen, bekomme ich oft erst einmal jede Menge Einwände zu hören. »Natürlich«, sagen sie, »wenn jemand bereits motiviert ist und nur einen Anstoß braucht, funktioniert das problemlos. Aber Sie sollten sich mal die Leute anschauen, mit denen *ich* es zu tun habe. Bei denen funktioniert das *nie und nimmer*.«

Hat man es mit renitenten Menschen zu tun, kann man sich möglicherweise nur schwer vorstellen, dass diese oder irgendeine andere Methode etwas bewirkt. Manche Leute erscheinen in ihrem Widerstand unerschütterlich, und vielleicht auch in ihrem Groll, ihrer Frustration und ihrer augenscheinlichen Gleichgültigkeit. Aber ich versichere Ihnen, Instant Influence funktioniert, und zwar in nahezu 100 Prozent aller Fälle.

Falls Sie immer noch skeptisch sind, vergessen Sie nicht, dass ich derjenige bin, bei dem die hoffnungslosen Fälle landen: der Langzeitalkoholiker, der noch jede Therapie abgebrochen hat, der obdachlose Heroinsüchtige, der auf einer Tragbahre in der Notaufnahme sitzt, die 150 Kilogramm schwere Esssüchtige, die es noch nie geschafft hat, ihren Essenstrieb zu kontrollieren. Wenn Instant Influence bei diesen Menschen funktioniert, kann es auch bei widerwilligen Leuten in Ihrem Leben funktionieren, ob es sich dabei nun um Kollegen, Nachbarn oder Familienangehörige handelt.

Instant Influence am Arbeitsplatz bewirkt weitaus mehr, als lediglich Compliance, sprich Regelkonformität, zu erzeugen, was ein weiterer Vorteil ist. Es hilft Leuten auch dabei, ihre eigenen Gründe dafür zu finden, sich anzustrengen, den Unternehmensregeln zu folgen und einen positiven Beitrag zu leisten. Anstelle von Mitarbeitern, die sich damit begnügen, die Mindestanforderungen zu erfüllen, erhalten Sie engagierte Mitarbeiter mit einem echten, persönlichen Interesse an der Arbeit.

Immer noch skeptisch? Wie ich Ihnen in der Einführung erzählt habe, ist mein Vater einer der hartnäckigsten und entschlossensten Menschen, denen ich je begegnet bin – und sein Sohn ist der Letzte, von dem er sich sagen lassen würde, was er zu tun hat. Trotzdem habe ich es mit dem Instant-Influence-Ansatz geschafft, ihm dabei zu helfen, mit dem Rauchen aufzuhören, und das, obwohl er, wie er immer behauptete, nicht das geringste Interesse daran hatte.

Erfolgsgeschichte:
Eine schlechte Gewohnheit aufgeben

Mein Vater hatte sein Leben lang geraucht. Irgendwann nach seinem siebzigsten Geburtstag fing ich an, mir deswegen ernsthaft Sorgen um ihn zu machen. Schon seit einiger Zeit plagte er sich mit allen möglichen gesundheitlichen Problemen, und mir schien, dass es für ihn dringend an der Zeit war, mit dem Rauchen aufzuhören.

Natürlich hatte ich auch schon zuvor versucht, ihn zum Aufhören zu bewegen. Schon als Kind hatte ich seine Zigaretten nicht nur einmal versteckt, weggeworfen oder kaputtgemacht. Als junger Erwachsener beschwor ich ihn, damit aufzuhören – wenn ich es nicht geradezu forderte oder ihm altkluge Vorhaltungen machte. Später dann beschränkte ich mich auf wütend-sarkastische Bemerkungen, vor allem wenn ich ihn daran erinnern musste, nicht in Gegenwart meiner Kinder zu rauchen. Ich weiß gar nicht, wie oft ich es mit der »Tell and Sell«-Methode versucht und ihm die Gefahren des Rauchens in den grellsten Bildern ausgemalt habe; hätte es noch mehr untaugliche Ansätze gegeben, meinen Vater zu beeinflussen, ich hätte sie ganz sicher ausprobiert. Der einzige Ansatz, mit dem ich es noch nicht versucht hatte, war Instant Influence. Zu der Zeit, als ich die Methode entwickelte, war ich viel zu wütend auf meinen Vater, um sie bei ihm anwenden zu können.

Eines Tages waren meine Frau, ich und unsere Kinder bei meinen Eltern zu Besuch. Wir waren gerade mit dem Essen fertig, als sich mein Vater, wie üblich, eine Zigarette anzündete.

Mir wurde schwer ums Herz, denn ich war wirklich sehr besorgt. Vielleicht, dachte ich, war ich ja jetzt erwachsen genug, um mich in aller Ruhe mit ihm auseinanderzusetzen und den Ansatz auf ihn anzuwenden, dem zu vertrauen ich gelernt hatte. Aber hier ging es um meinen Vater, den größten Dickschädel, der mir je untergekommen ist. Er hört nie auf andere, und schon gar nicht auf mich.

Trotzdem, ich hatte Instant Influence entwickelt, um Leuten dabei zu helfen, Ziele in Angriff zu nehmen, die ihnen wirklich wichtig sind. Und was konnte wichtiger sein als die Gesundheit? Ich liebe meinen Vater und ich wollte ihm helfen, also musste ich es versuchen.

»Dad, ich mache mir Sorgen wegen deinem Rauchen.«

Mein Vater schaltete sofort auf Abwehr. »Ist das der Grund, warum du gekommen bist? Lass mich in Ruhe. An irgendetwas sterben wir alle!«

Wie ich wusste, ist einer der wichtigsten Aspekte von Instant Influence, eine respektvolle Haltung gegenüber der Autonomie des anderen einzunehmen, insbesondere im Umgang mit jemandem, der überzeugt ist, dass er sich nicht ändern will. Mir war klar: Sollte der Prozess funktionieren – sprich mein Vater seine eigenen Gründe fürs Aufhören entdecken –, musste ich meine Karten offen auf den Tisch legen und dabei zugleich sein Recht betonen, eine eigene Entscheidung zu fällen.

»Nein, Dad«, erwiderte ich vorsichtig, »ich bin nicht mit der Absicht gekommen, darüber zu sprechen. Aber ich mache mir Sorgen um dich. Ich weiß, dass ich dir früher deswegen ziemlich zugesetzt habe, aber heute möchte ich dich, wenn du nichts dagegen hast, etwas anderes fragen ...«

Mein Vater blieb stur. »Warum glaubt jeder, mir deswegen auf die Nerven gehen zu müssen?«, rief er aus. »Ich will nicht eine einzige Frage dazu hören.«

Sosehr ich seine Autonomie respektierte, ich war nicht bereit, ihn kampflos davonkommen zu lassen. »Bitte, nur eine einzige Frage«, bat ich, »und ich lasse dich in Ruhe. Du hast keine Lust, dich bedrängen zu lassen, und das verstehe ich. Lass mich nur eine Frage stellen, und ich verspreche dir, danach höre ich auf und werde heute auch nicht mehr davon anfangen.«

Mein Vater seufzte vernehmlich. »Also gut«, sagte er im Tonfall eines leidgeplagten Mannes, »je eher du fragst, umso schneller haben wir es hinter uns.«

Ich holte tief Luft. »Falls du dich je entscheiden solltest, mit dem Rauchen aufzuhören – wie gesagt, das musst du nicht, es ist ganz allein deine Entscheidung. Aber wenn du jemals diese Entscheidung treffen *würdest,* was könnte der Grund dafür sein?« (Schritt 1: Warum könnten Sie sich ändern wollen?)

Mein Vater blickte auf die Zigarettenschachtel, die wie immer vor ihm auf dem Tisch lag. »Hast du eigentlich eine Ahnung, wie schwer es ist, die Finger von diesen Dingern zu lassen?«

Aha! Der erste Funke von Motivation. Die meisten Leute würden eine solche Antwort als Zeichen für Streitlust, für völlige Unwilligkeit werten. Aber nach Jahren der Arbeit mit Instant Influence konnte ich das winzige Fenster sehen, das mir mein Vater gerade aufgestoßen hatte.

»Also«, sagte ich völlig ruhig, »wenn ich dich richtig verstehe, würdest du aufhören, wenn du es könntest. Es ist einfach verdammt schwer.«

Mein Vater sah mich misstrauisch an; er hatte das Gefühl, ich wollte ihn hereinlegen, konnte aber nicht erkennen, wie. »Ja«, stimmte er schließlich widerwillig zu, »und ich habe dir schon x-mal versucht zu erklären, wie schwer das ist, aber du willst es ja einfach nicht verstehen.«

»Ich verstehe sehr gut«, entgegnete ich. Ich musste ihm nun sowohl seine Motivation wie auch seinen Widerstand spiegeln, diesen wie ein Echo zurückwerfen. »Du sagst, dass es sehr schwer ist aufzuhören, so schwer, dass du das Gefühl hast, es nicht zu können, obwohl du es vielleicht gerne tun würdest. Aber danach habe ich nicht gefragt. Ich habe nach dem *Warum* gefragt, nicht danach, wie schwer es ist, sondern danach, was dich dazu bringen könnte, es zu tun. Was wären deine Gründe?«

Mein Vater war schon wieder genervt. »Würdest du mich denn in Ruhe lassen, wenn ich endlich aufhören würde?«

»Ach, Dad, du weißt, dass ich dich niemals in Ruhe lassen werde. Aber darum geht es gar nicht. Was wäre für dich ein Grund, mit dem Rauchen aufzuhören – ein Grund, der nicht für mich wichtig ist, sondern für dich?«

»Jeden Morgen beim Aufstehen huste ich mir erst einmal die Lunge aus dem Leib – meinst du etwa, das gefällt mir?«, sagte mein Vater. »Glaub mir, ich wünschte, es wäre nicht so.«

Trotz der anfänglichen Widerwilligkeit meines Vaters hatten wir eine wichtige Grenze überschritten. War er zuerst nicht bereit gewesen, auch nur darüber zu reden, räumte er inzwischen ein, zwar aufhören zu wollen, aber das Gefühl zu haben, es nicht zu schaffen.

»Also«, sagte ich und fuhr fort, seine Motivation zu spiegeln, »ein Grund, warum du dir vorstellen könntest, nicht mehr zu rauchen, ist, dass du dich dann besser fühlen und nicht mehr so viel husten würdest?«

»Ja, ich glaube schon.«

»Okay, Dad, einen Moment mal. Ich habe versprochen, dir nur eine Frage zu stellen und dann aufzuhören, wenn du das willst. Wäre es in Ordnung, wenn ich jetzt trotzdem weitermache?«

Ein weiterer lauter Seufzer. »Ja, warum nicht«, sagte er. Seine Zustimmung war wichtig. Wie gesagt, wenn man es mit einer Person zu tun hat, die darauf beharrt, sich nicht ändern zu wollen, sind Autonomie und die Bitte um Erlaubnis von entscheidender Bedeutung. Ich musste Dad um seine Erlaubnis fragen; andernfalls konnte er mir zu Recht vorwerfen, ich würde ihn belästigen. Auch wenn er sich offenkundig langsam, aber sicher seinen *eigenen* Gründen dafür näherte, das Rauchen sein zu lassen: Würde ich ihm das Gespräch aufzwingen, würde er lediglich über mich und *meine* Wünsche und Forderungen gefrustet sein. Die Motivation, die er in sich spüren musste, um die Veränderung in die Tat umzusetzen, würde er so niemals finden.

Ohne sein Okay hätte ich mein Versprechen gehalten und das Thema bei diesem Besuch nicht mehr angeschnitten. Ich hätte ihn dann um die Erlaubnis bitten können, ein andermal wieder darüber zu reden, aber wahrscheinlich hätte ich einfach gewartet, bis sich wieder einmal eine Gelegenheit dazu ergeben hätte (und ihn dann um Erlaubnis gebeten).

Ich machte weiter mit einer abgewandelten Form von Schritt 2 – Wie groß ist Ihre Bereitschaft, sich zu ändern, auf einer Skala von 1 bis 10 – und beschloss, den kleinstmöglichen Schritt in Richtung Nichtraucher vorzuschlagen.

»Also gut, Dad«, sagte ich, »das hier ist jetzt eine sehr konstruierte Frage. Wie groß wäre deine Bereitschaft, zwei Zigaretten pro Woche weniger zu rauchen?«

»Hör mal«, sagte mein Vater, »wenn, dann würde ich es ganz bleiben lassen. Entweder ich mache etwas ganz oder gar nicht. So gehe ich die Dinge nun einmal an. Ich bin ein Mann der Tat.«

»Das glaube ich dir«, sagte ich und spiegelte ihm weiter zurück, was er zu mir gesagt hatte, »und ich weiß, wie schwer es ist. Also, wenn 1 ›überhaupt nicht bereit‹ und 10 ›vollkommen bereit‹ bedeutet, wie groß wäre deine Bereitschaft, auf zwei Zigaretten pro Woche zu verzichten?«

»Nur zwei Zigaretten pro Woche wäre überhaupt kein Problem!«, behauptete mein Vater und betrat damit völlig neues Terrain. »Das könnte ich machen. Ich würde mir eine 6 geben. Oder sogar eine 7.«

»Okay«, antwortete ich und wechselte zu Schritt 3. »Warum hast du keine kleinere Zahl genommen?«

»Was soll das heißen, keine *kleinere* Zahl? Ich dachte, du willst, dass ich das mache!«

Wie Sie sehen, geriet mein Vater bei den Fragen jedes Mal etwas aus dem Konzept. Das eine Mal war er verwirrt, dann überrascht, und manchmal konnte er der Frage nicht ganz folgen. Das gehört mit zum Erfolgsgeheimnis von Instant Influence, insbesondere im Umgang mit widerstrebenden Leuten. Wenn sie gezwungen sind, ihre gewohnten Denkmuster zu verlassen, kann es passieren, dass sie die Dinge in einem anderen Licht sehen und ihnen Gefühle, Gedanken oder Wünsche bewusst werden, von denen sie bislang nichts wussten. Es war klar, mein Vater hatte den Wunsch, mit dem Rauchen aufzuhören. Er glaubte einfach nicht, es zu können, und die Vorstellung, dass ich Druck auf ihn ausüben könnte, ging ihm ganz und gar gegen den Strich.

»Es geht hier nicht darum, was ich will«, erinnerte ich ihn. »Du hast dir eine 6 oder 7 gegeben, und da habe ich mich gefragt, warum du genau diese Zahlen und keine kleinere genommen hast.«

»Also, das ist einfach«, erwiderte mein Vater. »Weil ich durch das Aufhören Geld sparen würde. Selbst dann, wenn ich nur eine oder zwei Zigaretten pro Woche weniger rauchen würde.« Er spann den Gedanken weiter, und schließlich meinte er: »Sollte ich je aufhören wollen, würde es mir auf diese Weise bestimmt leichter fallen. Nicht auf einen Schlag, sondern langsam, nach und nach … Ich wette, ich würde es nicht einmal merken.« Hätte ich ihm gleich zu Beginn geraten, schrittweise mit dem Rauchen aufzuhören, er hätte mein Ansinnen wohl genauso vehement zurückgewiesen, wie er es mit solchen Vorschlägen meiner Mutter gemacht hatte. Mein Vater brauchte keine klugen Ratschläge von anderen Leuten – was er brauchte, war Zugang zu seinen eigenen Gründen, mit dem Rauchen aufzuhören.

Zeit für Schritt 4: Stellen Sie sich vor, Sie hätten sich verändert. Was wären die positiven Resultate? »Also, Dad«, fing ich an, »mal angenommen, du würdest, wenn wir nächstes Mal zu Besuch kommen, acht Zigaretten weniger im Monat rauchen. Du hast beschlossen, es zu versuchen, es hat funktioniert und …«

Noch bevor ich meinen Satz zu Ende sprechen konnte, fiel mir mein Vater ins Wort: »Nur acht pro Monat? Ich könnte ohne Probleme mehr schaffen!«

Das fällt mir bei Leuten, die sagen, dass sie sich nicht ändern möchten, häufig auf: Haben sie erst einmal ihre eigenen Gründe entdeckt, scheinen sie beweisen zu müssen, dass es eigentlich von Anfang an ihre Idee war. Sie bitten einen Mitarbeiter darum, dass der Bericht bis Freitag fertig ist, und erhalten ihn bereits am Mittwoch. Sie schlagen den Leuten vor, eine Stellenbewerbung zu schreiben, und sie schreiben vier. Oder, im Falle meines Vaters, ich schlage ihm vor, auf zwei Zigaretten pro Woche zu verzichten, und im Gegenzug behauptet er, dass er seinen Zigarettenkonsum noch schneller einschränken könne.

»In Ordnung«, sagte ich. »Wie viele auch immer du weniger rauchen willst. Was, wenn du das schaffen würdest?«

Ich konnte ihm ansehen, wie es in seinem Kopf ratterte. »Ich könnte auf ein halbes Päckchen reduzieren«, verkündete er schließlich.

»Die Vorstellung scheint dich zu begeistern«, meinte ich.

»Ach, ich weiß nicht, ob ich es wirklich tun werde.«

»Schon klar, aber *stell dir vor,* du hättest es getan. Ein Monat ist vergangen: Was siehst du?«

Dad schaute auf die Zigarette in seiner Hand. »Ich würde jetzt gerade vielleicht nicht rauchen«, erwiderte er fast wehmütig.

Ich wechselte zu Schritt 5 (Warum sind Ihnen diese Resultate wichtig?). »Du würdest jetzt gerade also nicht rauchen«, wiederholte ich. »Warum wäre das gut für dich?«

Eine lange Pause folgte. Ich musste mich an alles erinnern, was ich gelernt hatte, um nicht doch etwas zu sagen. Stattdessen zählte ich im Kopf *einundzwanzig, zweiundzwanzig, dreiundzwanzig,* hangelte mich an den Silben entlang, um das Schweigen nicht zu brechen und meinem Vater so viel Zeit zu geben, wie er brauchte, um die Frage für sich selbst zu beantworten.

Schließlich sagte er: »Weil ich dann jetzt gerade bei meinen Enkelkindern im Garten wäre, statt die armen Kinder warten zu lassen, bis ich noch eine Zigarette geraucht habe.«

Zwei Schritte voran, ein Schritt zurück

In einem siebenminütigen Gespräch war mein Vater von seinem entschiedenen Widerstand abgerückt und hatte seinen wichtigsten Grund fürs Nichtrauchen entdeckt. Sobald er aufgehört hatte, sich mit mir wegen meiner ständigen Bekehrungsversuche zu streiten, hatte er erkennen können, wie sehr er die Sucht besiegen wollte, die ihn von seinen Enkelkindern fernhielt. Und die Entdeckung seiner eigenen Gründe befähigte ihn zum Handeln.

Gleichzeitig wollte mein Vater, wie viele Menschen, die sich einer Veränderung widersetzen, die Kontrolle über das Gespräch zurückgewinnen. Als wir also zu Schritt 6 kamen *(Was ist, wenn überhaupt, der nächste Schritt?),* fand er einen Weg, das Ziel zu seinem eigenen zu machen, indem er mich in die Defensive drängte. »Ein Freund hat mir von einem neuen Medikament erzählt, das mir helfen kann, mit dem Rauchen aufzuhören«, sagte er. »Ich werde mit meinem Arzt darüber sprechen. Warum hast du mir eigentlich nie davon erzählt?

Wie kommt es, dass du, der große Psychologe aus Yale, nicht daran gedacht hast?«

Ich erzähle das nicht, um meinen Vater zu kritisieren – der mit dem für ihn typischen Starrsinn tatsächlich seinen Zigarettenkonsum schrittweise einschränkte und schließlich ganz aufhörte –, sondern um Sie zu warnen, dass so etwas passieren kann. Machen Sie sich auf Kritik und Negativität in den unterschiedlichsten Spielarten gefasst, selbst wenn die Zielperson zugleich im positiven Sinne handelt. Natürlich kommt es auch vor, dass Sie Dankbarkeit, Wertschätzung oder sogar Bewunderung erhalten. Aber wahrscheinlicher ist, dass sich neben positiven Resultaten eine oder mehrere der folgenden Reaktionen einstellen:

- Ihr Gegenüber betont, dass er, und nicht etwa Sie, den entscheidenden Gedanken hatte.
- Er besteht darauf, es auf seine, nicht auf Ihre Weise anzugehen.
- Sie werden Ihrerseits auf Versäumnisse, Defizite oder Fehler hingewiesen.
- Im Gegenzug zu dem letztlich produktiven Gespräch, das Sie gerade geführt haben, kritisiert der andere etwas, was ihm an Ihnen nicht passt.
- Er wirft Ihnen vor, dass Sie ihn schon viel früher zu einer Änderung hätten motivieren können, ihm aber aus Unfähigkeit oder aus mangelndem Glauben an ihn Ihre Hilfe vorenthalten hätten.

Die meisten von uns würden auf eine solche Reaktion hin wohl die Neigung verspüren, energisch zu protestieren oder die Dinge irgendwie geradezurücken. Versuchen Sie diesem allzu verständlichen Impuls zu widerstehen und behalten Sie den Erfolg im Blick. Jemand, der sich gegen eine Veränderung gesperrt hat, plant dank Ihnen eine Veränderung. Und selbst wenn er Ihren Anteil daran nicht anerkennen wird, werden Sie schlussendlich davon profitieren.

Die Autonomie von Leuten stärken, die sich einer Veränderung widersetzen

Wie das Beispiel meines Vaters zeigt, spielt im Umgang mit widerstrebenden Zielpersonen die Stärkung der Autonomie eine Schlüsselrolle – was häufig erhebliche Schwierigkeiten bereitet. Auch ich ertappe mich manchmal dabei, dass ich argumentieren, recht haben oder einfach meinem Frust Ausdruck verleihen will. Aber dann erinnere ich mich daran, dass keine dieser Reaktionen dazu beitragen würde, das Blatt doch noch zu wenden. Die Stärkung der Autonomie dagegen wird etwas bewegen oder zumindest könnte sie es (siehe Kapitel 2).

Nachfolgend mehrere Vorschläge, wie Sie die Autonomie ablehnender Personen stärken können. Nicht alle werden in jeder Situation angemessen sein. Wählen Sie diejenigen aus, hinter denen Sie wirklich stehen und die Sie vor, während und nach dem Instant-Influence-Prozess wiederholen können:

– *Bekräftigen Sie das Recht des anderen, Nein zu sagen:* »Es ist absolut in Ordnung, wenn Sie das nicht tun.«
– *Bekräftigen Sie das Recht des anderen, die Entscheidung selbst zu treffen:* »Das bleibt allein Ihnen überlassen«, »Das ist Ihre Entscheidung«, »Sie müssen mit Ihrer Entscheidung leben können, nicht ich«.
– *Schwärzen Sie die Botschaft an:* »Auch wenn das Unternehmen es so haben möchte und das der Standard ist, auf den wir alle verpflichtet sind, kann ich nachvollziehen, warum das Ihrer Meinung nach nicht unbedingt die beste Methode ist ...« Oder auch: »Vielleicht finden Sie ja einen anderen Weg, der für Sie funktioniert und sich nicht nachteilig auf das Unternehmen auswirkt. Ich hätte es natürlich gerne, dass Sie dem hier im Unternehmen praktizierten System folgen, aber ich kann auch verstehen, dass Sie es nicht für optimal halten.«
– *Schwärzen Sie den Überbringer (sprich sich selbst) an:* »Sie sind derjenige, der hier die Arbeit macht. Ich bin nur für die Rahmenbedingungen zuständig. Ich kann gar nicht wissen, wie man das tut, was Sie tun.« Oder auch: »Ich weiß genau,

wie Sie sich fühlen. Zu mir hat auch mal jemand gesagt ›Sie müssen dies und das anders machen‹, und ich habe nur gedacht, ›Hey, ich weiß selbst am besten, wie man meine Arbeit erledigt!‹«

Und was ist mit den Konsequenzen?

Die Frage nach Konsequenzen wird in meinen Workshops häufig angesprochen. »Ich kann meine Mitarbeiter doch nicht einfach machen lassen, was sie wollen«, ist zum Beispiel ein Satz, den ich oft höre. »Sollte es etwa keine Konsequenzen haben, wenn jemand unsere Unternehmensstandards nicht erfüllt?«, ein anderer.

Eltern hegen ähnliche Gedanken, und dasselbe gilt für frustrierte Ehepartner, Ärzte mit unbelehrbaren Patienten und Bewährungshelfer. Sie alle fürchten, ihrer Verantwortung nicht gerecht zu werden oder über den Tisch gezogen zu werden. Sie tun sich schwer zu glauben, dass es wirklich zu guten Ergebnissen führt – zumindest bei den Leuten, mit denen sie es zu tun haben –, wenn sie die Autonomie des anderen fördern und ihn seine eigene Entscheidung treffen lassen. Also fragen sie unweigerlich, ob Fehlverhalten etwa keine Folgen zeitigen sollte.

»Natürlich sollte es das«, erwidere ich dann. »Und wenn jemand darauf besteht, etwas zu tun, das den Regeln widerspricht oder was Ihnen absolut nicht passt, steht Ihnen diese Option immer offen.

»Aber«, füge ich dann hinzu, »wenn die Angst vor Konsequenzen denjenigen tatsächlich motivieren würde, würde er wahrscheinlich schon längst tun, was Sie von ihm verlangen. Die Angst vor möglichen Folgen ist kein annähernd so starker Motivator wie das Wissen um die eigenen Gründe dafür, etwas zu tun. Solange Sie noch eine Chance sehen, den anderen zu erreichen, und diese Chance besteht in der Regel weitaus länger, als Sie es annehmen, sollten Sie also am Instant-Influence-Prozess festhalten und sich erst später mit möglichen Konsequenzen befassen.«

Wenn Sie Konsequenzen ansprechen müssen, empfehle ich Ihnen, das erst dann zu tun, wenn Sie im Instant-Influence-Gespräch so weit wie nur irgend möglich gekommen sind – idealerweise in einem separaten Gespräch, aber auf jeden Fall erst, nachdem Sie die sechste Frage gestellt haben (Was ist, wenn überhaupt, der nächste Schritt?). Ein paar Beispiele:

»Wie wir jetzt weitermachen, liegt bei Ihnen. Sie haben gehört, was meiner Meinung nach als Nächstes passieren sollte. Mehr als alles andere kommt es mir darauf an, dass Sie nach Ihren eigenen Gründen handeln. Allerdings bin ich nicht der Einzige, der in dieser Sache ein Wörtchen mitzureden hat – auch ich habe Vorgesetzte, und die könnten ihre eigenen Gedanken dazu haben.«

»Was als Nächstes passiert, ist deine Entscheidung. Aber jede Entscheidung hat Folgen, und als deine Eltern ist es unsere Aufgabe, dafür zu sorgen, dass du das verstehst.«

»Ich verstehe, dass du tun musst, was für dich das Beste ist. Das ist natürlich dein Recht. Aber wenn du wirklich nicht bereit bist, kurz vom Büro aus anzurufen, wenn du es nicht schaffst, zum Abendessen heimzukommen, könnte ich beschließen, unter der Woche andere Verabredungen für abends zu treffen, damit ich nicht immer allein zu Hause sitze und auf dich warte.«

Sie können den Instant-Influence-Prozess auch einsetzen, damit andere Menschen sich die Konsequenzen ihres Verhaltens selbst vor Augen führen. Wenn Sie zu Schritt 4 kommen (Stellen Sie sich vor, Sie hätten sich verändert. Was wären die positiven Resultate?), können Sie die Frage im Hinblick auf die Konsequenzen umformulieren:

»Stellen Sie sich vor, die Dinge laufen so weiter und die Beschwerden häufen sich. Was wird Ihrer Meinung nach wohl als Nächstes passieren?«

»Nehmen wir einmal an, du verschwitzt es weiterhin einfach, deinen Teil der Hausarbeiten zu erledigen. Was glaubst du, werden Dad und ich dann tun?«

»Wenn du weiter zu spät nach Hause kommst und das Essen verpasst, ohne mich auch nur kurz vom Büro aus anzurufen, wie wird sich das in deinen Augen auf unsere Beziehung auswirken?«

Ihr widerstrebender Gegenpart könnte darauf auf eine Weise reagieren, die die Verantwortung auf Sie oder einen Dritten abwälzt:

»Wenn ich weiter zu spät komme, wird Bailey mich melden und ich werde eine Abmahnung bekommen.«
»Wenn ich meine Aufgaben nicht erledige, werdet ihr mir wahrscheinlich für eine Weile das Taschengeld streichen.«
»Wenn es später wird und ich dir nicht Bescheid gebe, könntest du mir das Zusammenleben ziemlich schwer machen.«

Worauf Sie etwas erwidern können, das die Verantwortung wieder auf den anderen überträgt:

»Ganz genau: Sie werden sich in eine Situation gebracht haben, in der Sie eine Abmahnung erhalten.«
»Ja, du verdienst dir dein Taschengeld, indem du hier im Haus mithilfst. Wenn du deine Aufgaben nicht erledigst, wirst du es eine Zeitlang nicht bekommen. «
»Stimmt. Wenn du mich nicht mit Respekt behandelst, werde ich wahrscheinlich nicht besonders glücklich mit dir sein. «

Der Psychologe Bill Miller, einer der Erfinder der motivationalen Gesprächsführung, nannte das »den anderen in seinem eigenen Saft schmoren lassen«.[1] Selbst wenn Sie also zu dem Schluss kommen, dass Sie Konsequenzen ziehen sollten, könnte es sich als effektiver erweisen, wenn Sie es dem anderen überlassen, mögliche Konsequenzen zu thematisieren, zu beschreiben und sich zu überlegen, was das für ihn bedeuten könnte.

Kontraproduktive Ansätze

Die folgenden Vorgehensweisen tragen üblicherweise nicht dazu bei, eine widerstrebende Person zu einer positiven Veränderung zu bewegen. Im Gegenteil, sie haben oft genau den entgegengesetzten Effekt:

- *Sarkasmus.* Autonomiefördernde Aussagen wie »Das liegt ganz bei Ihnen«, »Ob Sie dort anrufen, ist Ihre Sache« oder »Das ist allein deine Entscheidung« können leicht als sarkastisch oder abschätzig aufgefasst werden. Achten Sie auf einen ernsthaften und aufrichtigen Tonfall. Sie können beunruhigt, besorgt oder verärgert sein, aber bitte nicht sarkastisch.
- *Manipulation.* Wenn Sie etwas in der Art von »Es liegt an Ihnen, die richtige Entscheidung zu treffen« oder »Ich bin mir sicher, dass Sie das Richtige tun werden« sagen, unterstellen Sie damit, dass Sie wissen, was das Richtige ist, und zeigen, dass Sie nur darauf warten, bis der andere das auch erkennt. Das ist das genaue Gegenteil einer Autonomiebekräftigung. Je ablehnender Ihr Gegenüber ist, umso größer ist die Gefahr, dass solche Aussagen nach hinten losgehen.
- *Ratschläge geben oder anderweitig die Initiative übernehmen.* Widerstand bedeutet häufig, dass der andere Angst vor der Verantwortung hat und deshalb versucht, sie Ihnen zu übertragen. Sie sagen, was Ihrer Meinung nach getan werden sollte, und der andere widersetzt sich dem. Für ihn ist das Problem damit erledigt. Für Sie dagegen heißt es zurück zum Anfang. Widerstehen Sie also der Versuchung. Nutzen Sie den Instant-Influence-Prozess, um dem anderen die Verantwortung für sein Handeln zurückzugeben. Aber Achtung: Jemandem zu sagen, er müsse endlich anfangen, selbst Verantwortung zu übernehmen, ist für gewöhnlich nicht hilfreich.

Erfolgsgeschichte: Ein Klavier gibt den Ausschlag

Vor einiger Zeit war Lisa an die Spitze des Verkaufsteams eines Elektronikunternehmens berufen worden und hatte ein neues System zur Nachverfolgung von Kundenanfragen eingeführt, das ihrer Meinung nach gut funktionierte. Im ganzen Team gab es nur einen Mitarbeiter – nennen wir ihn George –, der sich hartnäckig weigerte, das neue System zu übernehmen.

George hatte früher exzellente Umsätze generiert und hohes Ansehen im Unternehmen genossen, aber seine Leistungen hatten schon bevor Lisa kam nachgelassen. Nach Lisas Ernennung zur Abteilungsleiterin war er noch schwieriger geworden. »Wenn seine Zahlen gut wären, würde ich ja vielleicht darüber hinwegsehen«, sagte Lisa zu mir. »Aber er bringt einfach nicht die erforderliche Leistung *und* er weigert sich, das neue System anzuwenden. Ich bin überzeugt, dass er ein guter Verkäufer sein könnte, wenn er nur in das Programm einsteigen würde. Jetzt habe ich mindestens schon vier Mal mit ihm darüber gesprochen, und nichts! Ich will ihn nicht feuern – er ist gerade eben erst zum dritten Mal Vater geworden und hat außerdem eine sehr großzügige Abfindung zu erwarten, also würde eine Kündigung das Unternehmen teuer zu stehen kommen. Aber was soll ich machen?«

Lisa und ich sprachen über ihre Optionen; über den Fortgang der Dinge wollte sie mir Bericht erstatten. Der folgende Dialog basiert auf dem, was sie mir geschrieben hat:

George: Ich mache gute Umsätze! Ich habe es nicht nötig, irgendeinem System zu folgen.

Lisa: Nun, letztlich ist es Ihre Entscheidung, ob Sie das neue System übernehmen oder nicht. Wir alle hätten das gerne, aber rein technisch betrachtet müssen Sie nicht. *[Lisa bestärkt ihn in seiner Autonomie. Sie muss sich dabei besondere Mühe geben, wie sie aufgrund der vielen Gespräche weiß, in denen sie versucht hatte, ihn zu zwingen, die Dinge auf ihre Weise zu machen.]*

George: Sie meinen, ich könnte damit durchkommen, das System nicht zu übernehmen? *[Hören Sie den Funken Motivation in seiner Antwort? George sagt nicht: »Nun, dann werde ich es auch nicht tun.« Er räumt ein, dass er das neue System übernehmen sollte, und versucht mit etwas »durchzukommen«. Mit dieser Frage zeigt er, dass er sich über mögliche Konsequenzen seiner Weigerung bewusst ist.]*

Lisa: Nein, irgendwann könnte das Folgen nach sich ziehen. Die Entscheidung jedoch, wie Sie etwaige Konsequenzen einschätzen und ob Sie im Hinblick darauf dem System folgen, liegt immer noch bei Ihnen. *[Da George selbst auf die möglichen Folgen seiner Weigerung angespielt hat, kann Lisa ihm gegenüber ganz offen sein und dennoch seine Autonomie stärken.]* Offenbar sind Sie besorgt, Ihre Weigerung könnte negative Auswirkungen haben. Was genau macht Ihnen Sorgen? *[Statt George Vorhaltungen zu machen oder ihm mit Konsequenzen zu drohen, fordert Lisa ihn auf, sich vorzustellen, welche Folgen sein Verhalten haben könnte.]*

George: Äh … ich weiß nicht. Ehrlich gesagt, habe ich darüber bisher noch gar nicht nachgedacht. Was passieren könnte? Hm, ich stehe kurz vor einer Gehaltserhöhung, und die will ich eigentlich nicht aufs Spiel setzen. *[Nun, da Lisa George Fragen stellt und ihm Raum gibt, seine Sorgen zu formulieren, denkt er erstmals darüber nach, was passieren könnte, statt ihr wie bisher auszuweichen und Widerstand zu leisten.]*

Lisa: George, ich möchte Sie etwas fragen. Wie gesagt, schlussendlich bleibt es Ihnen überlassen, was Sie tun, aber nur einmal angenommen, Sie würden sich an das System halten – ich weiß, Sie sind der Ansicht, das nicht nötig zu haben –, aber wenn Sie es doch täten, was *könnte* ein Beweggrund für Sie sein? *[Lisa bekräftigt Georges Autonomie und geht dann weiter zu Schritt 1: Warum könnten Sie sich ändern wollen?]*

George: Ich habe Ihnen doch bereits gesagt, dass ich dem System nicht folgen werde.

Lisa: Im Moment interessiert mich gar nicht, ob Sie es tun werden oder nicht. Ich weiß, dass Sie das System ablehnen. Mir geht es nur darum zu erfahren, warum Sie, *sollten* Sie dem System je folgen, das tun könnten? Nur für diesen hypothetischen Fall würde ich gerne Ihre Antwort hören. *[Entscheidend ist hier, dass Lisa die hypothetische Natur der Frage betont, Georges Recht auf eine eigene Entscheidung bekräftigt und ihn nach seinen Gedanken fragt, statt ihn von ihrer Sichtweise überzeugen zu wollen. Da George seine Ablehnung schon mehrfach bekundet hat, muss sie sich besondere Mühe geben, seine Autonomie zu stärken, und seine Entscheidung und seine Gedanken in den Mittelpunkt rücken.]*

George: Das ist einfach. Wenn ich dem System folgen würde, dann deshalb, damit Sie und alle anderen nicht länger auf mir herumtrampeln und um meine Gehaltserhöhung nicht zu gefährden. *[George zieht damit zumindest theoretisch eine Verhaltensänderung in Betracht. Ungeachtet seiner wiederholten Ablehnung führt er sogar zwei Gründe für eine Veränderung an.]*

Lisa: Hört sich so an, als brächte die Sache mindestens zwei potenzielle Vorteile mit sich. Aber erzählen Sie mal: Sie meinen, alle trampeln auf Ihnen herum? Das klingt heftig. *[Lisa bekundet Empathie und verleiht George damit das Gefühl, wirklich gehört zu werden. Außerdem stellt sie eine offene Frage, die geeignet ist, ihn zum Nachdenken zu bringen.]*

George: Ja, das ist wirklich schlimm. Es ist, als würde es niemanden interessieren, dass ich noch vor zwei Jahren ein Top-Verkäufer war. Heute bekomme ich Dinge zu hören wie ›George schon wieder – der muss auch immer querschießen‹. Wenn das aufhören würde, wäre schon viel gewonnen. Dann würde es wieder mehr Spaß machen, zur Arbeit zu kommen. *[Das ist eine völlig neue Information für Lisa. Sie hatte keine Ahnung, dass George die Ansichten der anderen so zusetzen. Zugleich erfährt sie, wie viel es ihm bedeutet, einmal ein Top-Verkäufer gewesen zu sein.]*

Lisa: Dass Ihnen das sehr zu schaffen macht und Sie gerne hätten, dass es aufhört, kann ich gut nachvollziehen. Könnten Sie sich vor diesem Hintergrund nicht doch einen Grund vorstellen, zumindest mit Teilen des neuen Systems zu arbeiten? *[Wegen seinem tief sitzenden Widerstand kehrt Lisa nochmals zu Schritt 1 zurück. Gleichzeitig zeigt sie Verständnis für seine Sorgen und spiegelt weiter alle Gründe, die er für eine Veränderung haben könnte. Da sie nun tatsächlich ein Gespräch führen, in dem George seine Gedanken und Gefühle mitteilt, macht sich Lisa Hoffnungen, dass sie zum ersten Mal wirklich zu einem Gedankenaustausch kommen, statt sich wie bisher nur gegenseitig Vorwürfe an den Kopf zu knallen.]*

George: Vielleicht, weil manches davon vermutlich doch ganz hilfreich ist? *[Georges Augenmerk ist jetzt weniger auf äußere Dinge – wie Lisa und die anderen ihn behandeln – als auf den potenziellen Nutzen einer Verhaltensänderung gerichtet. Das ist ein vielversprechendes Zeichen. Er kann dieses Zugeständnis machen, weil Lisa ihn nicht drängt, ihre Sichtweise zu übernehmen, und ihm damit die Freiheit lässt, wenigstens ein paar Aspekte des neuen Systems als positiv zu bewerten.]*

Lisa: Also, George, auf einer Skala von 1 bis 10, wie groß ist Ihre Bereitschaft, das neue System auszuprobieren? *[Lisa bezieht George in den Prozess mit ein, indem sie Schritt 2 einleitet.]*

George: Was ist das denn für eine idiotische Frage? *[George wehrt sich gegen den neuen Ansatz, aber er weigert sich nicht, die Frage zu beantworten.]*

Lisa: Mich interessiert nur, wo Sie sich selbst sehen. Falls Sie Ihre Bereitschaft einstufen würden, welche Zahl würden Sie nehmen? *[Bei Leuten, die Widerstand leisten, muss man manchmal Fragen mehrmals wiederholen. Dabei kann es sich lohnen, die Fragen so zu formulieren, dass sie maximale Autonomie gewähren: »Falls Sie Ihre Bereitschaft einstufen würden ...?«]*

George: Ich würde 3 sagen, aber morgen könnte das schon wieder anders sein. *[Nach wie vor schützt George seine Autonomie, indem er sich weigert, sich festzulegen. Lisa muss das anerkennen und in ihrer Antwort seine Autonomie nochmals bekräftigen.]*

Lisa: In Ordnung. Vielen Dank. Darf ich noch eine Frage stellen? Warum haben Sie keine kleinere Zahl genommen? *[Indem Sie sich bedankt, drückt Lisa ihre Wertschätzung für seine Antwort aus. George hätte die Frage nicht beantworten müssen. Anschließend bittet sie ihn um die Erlaubnis, den Prozess fortsetzen zu dürfen.]*

George: Jetzt bringen Sie mich aber wirklich durcheinander. Sie möchten, dass ich *noch weniger* motiviert bin? *[Wie Sie sehen, erheben widerstrebende Zielpersonen oft gegen jede Frage Einspruch, manchmal sogar mehrmals. Die Fragen immer wieder neu zu stellen und gleichzeitig noch den kleinsten Funken Motivation zurückzuspiegeln, verlangt viel Geduld und Ausdauer. Ist Ihnen aufgefallen, dass George davon spricht, was Lisa möchte, statt ihr Ansinnen gleich zurückzuweisen? Lisa wird diese Öffnung nutzen und sie zurückspiegeln.]*

Lisa: George, es freut mich sehr, dass es Sie beschäftigt, was ich möchte. Aber gerade interessiert mich viel mehr, was *Sie* möchten. Sie haben Ihre Bereitschaft, mit dem System zu arbeiten, mit 3 von 10 bewertet. Sie hätten auch 2 oder 1 antworten können. Also: Warum haben Sie eine 3 und keine kleinere Zahl genommen? *[Wie die meisten Menschen ist auch George von dieser Frage überrascht und wundert sich, warum Lisa sich so sehr dafür interessiert, was er will. Normalerweise spricht sie doch davon, was sie will.]*

George: Die Gehaltserhöhung ist mir wirklich wichtig. *[George fährt fort, weitere Gründe für die Übernahme des Systems zu benennen, obwohl er doch klargestellt hat, damit nicht arbeiten zu wollen. Würde Lisa ihn an diesem Punkt direkt fragen, ob er künftig dem neuen System folgt, würde George verneinen. Aber das tut sie nicht. Stattdessen fragt sie ihn, welche Gründe das sein könnten, je damit arbeiten zu wollen. Damit gibt sie George die Möglichkeit, positiv über etwas nachzudenken, das für ihn bis dahin nur negativ besetzt war.]*

Lisa: Okay, großartig. Sie würden dem System also möglicherweise folgen, wenn das Ihrer Meinung nach hilfreich wäre, die angestrebte Gehaltserhöhung zu bekommen? *[Lisa spiegelt Georges Motivation auf möglichst positive Weise. Sie spricht davon, was George möchte und warum, geht aber niemals über das hinaus, was er selbst gesagt hat.]* Stellen Sie sich jetzt einmal vor, Sie hätten das System übernommen und die Gehaltserhöhung bekommen. *[Lisa verknüpft das Verhalten, das sie anstrebt, mit dem Ergebnis, das George anstrebt – eine Verbindung, die George selbst bereits hergestellt hat. Weder »besticht« Lisa ihn mit einer positiven Konsequenz, noch droht sie ihm mit einer negativen – sie verstärkt nur, was er bereits formuliert hat. Nun kann sie zu Schritt 4 übergehen: Stellen Sie sich vor, Sie hätten sich verändert. Was wären die positiven Resultate?]* Warum wäre eine Gehaltserhöhung für Sie wichtig?

George [denkt lange nach, bevor er spricht]: Ich möchte meiner Tochter ein Klavier kaufen. Sie wünscht sich das schon seit mehreren Jahren. *[Zum ersten Mal spricht George emotional über seine Wünsche. Solchen zutiefst persönlichen Aussagen geht – wie es auch bei meinem Vater der Fall war – häufig eine längere Pause voraus. Und wie ich musste auch Lisa sich sehr zurückhalten, nicht das Wort zu ergreifen und George zu helfen, dem Schweigen zu entkommen. Seine sehr persönliche Aussage war der Lohn dafür.]*

Lisa: Mit anderen Worten, wenn Sie dem System folgen würden, wären Sie eher in der Lage, Ihrer Tochter ein Klavier zu kaufen. *[Auch hier spiegelt Lisa Georges Motivation zurück. Erinnern wir uns: Menschen ändern sich, wenn sie sich selbst sagen hören, warum sie sich ändern möchten. Und beachten Sie: Lisa vergisst nicht, Georges Grund mit dem erwünschten Verhalten zu verknüpfen.]*

George: Wahrscheinlich haben Sie da recht. Ich habe diese Verbindung nie gezogen. *[Die Frage nach seinen Gründen erlaubt es ihm, eine neue Verbindung zwischen dem herzustellen, was er will, und dem, um das Lisa ihn bittet.]*

Lisa: Sie könnten die Gehaltserhöhung dazu verwenden, Ihrer Tochter ein Klavier zu kaufen. *[Erneut spiegelt Lisa George seinen Grund zurück und verknüpft das von ihr gewünschte Verhalten mit dem von ihm gewünschten Ergebnis. Beachten Sie, wie viel Spiegelung bei einer Person erforderlich ist, die mit der Feststellung in das Gespräch geht, sich nicht ändern zu wollen.]* Jetzt würde mich noch interessieren, warum es für Sie so wichtig ist, Ihrer Tochter ein Klavier zu kaufen? *[Das ist Lisas Version der »fünf Warums«. Sie wird nicht unbedingt fünf Mal »Warum« fragen, aber sie ist bereit, tiefer in die Sache einzusteigen und so George zu helfen, seine persönlichsten Beweggründe zu entdecken.]*

George: Weil ich selbst nie eins bekam und mir geschworen habe, meine Kinder in den Dingen zu unterstützen, die ihnen wirklich am Herzen liegen, insbesondere wenn es etwas Künstlerisches ist. *[Georges Antworten werden zusehends persönlicher. Je näher er seinen eigenen Wünschen kommt, umso größer wird sein Interesse an der Veränderung, um die Lisa*

*ihn bittet. George entdeckt seine eigene Motivation für die Ver-
änderung.]*

Lisa: Also, wenn Sie dem System folgen würden, obwohl Sie
nicht alles daran gut finden, könnte Ihnen das erlauben,
etwas zu tun, was Sie sich vor langer Zeit geschworen haben – nämlich ein Versäumnis aus Ihrer eigenen Kindheit
gutzumachen. *[Weitere Spiegelung, die Verhalten und Ergebnis
verknüpft.]*

George: Ja, ich glaube, das wäre gut. Ich würde meiner Tochter
ihren Wunsch sehr gerne erfüllen. *[George wirkt sehr nach-
denklich und von seiner neuen Erkenntnis in den Bann geschla-
gen. Lisa spürt, dass er damit so weit gegangen ist, wie es ihm an
diesem Punkt möglich ist.]*

Lisa: Was könnte jetzt, wenn überhaupt, der nächste Schritt
sein? *[Mit dieser Frage, Schritt 6, hält Lisa den Fokus auf Georges
Wünsche gerichtet und vermeidet es, ihm ihre Ziele vorzugeben.]*

George: Vielleicht sollte ich das neue System eine Woche lang
ausprobieren und sehen, wie es läuft. Womöglich enthält es
ja einige Elemente, die zu meiner Arbeitsweise passen. *[Hät-
te George nicht von sich aus einen Schritt vorgeschlagen, hätte
Lisa sich überlegen können, was ihrer Meinung nach die kleinstmögliche Änderung wäre – so wie ich es tat, als ich meinen Vater
fragte, ob es für ihn vorstellbar wäre, auf zwei Zigaretten pro
Woche zu verzichten. Sie hätte ihn zum Beispiel bitten können,
eine Woche oder auch nur einen Tag lang ein Element des neuen
Systems auszuprobieren. An diesem Punkt geht es nicht darum,
»volle Kooperation« zu erreichen, sondern darum, den Prozess in
Gang zu setzen. Anschließend muss sie darauf vertrauen, dass
der Prozess, ist er erst einmal angestoßen, eine Eigendynamik
entwickelt. Tut er das nicht, kann sie immer noch ein zweites
Instant-Influence-Gespräch führen oder eben die Konsequenzen
ziehen und George kündigen. Dann hat sie aber zumindest versucht, ihn zu motivieren.]*

Lisa: George, das wäre klasse! Wären Sie bereit, sich in einer
Woche wieder mit mir zu treffen und darüber zu reden, wie
es gelaufen ist?

George: Ja, klar, warum nicht? Wie es aussieht, stehen Sie auf
diese kleinen Meetings, was? *[Wie zuvor mein Vater versucht*

auch George, seine Autonomie mit einem etwas rüden Kommentar wiederherzustellen. Entscheidend aber ist, dass er sich freiwillig bereiterklärt hat, das neue System auszuprobieren und sich anschließend mit Lisa darüber zu unterhalten. Bei einer Äußerung in der Art von »Ich kann dafür keinen Anlass sehen«, hätte Lisa zum Beispiel entgegen können »Nun, ich würde es sehr zu schätzen wissen, wenn Sie darüber nachdenken würden und wir uns bei einem weiteren Meeting nochmals mit der Idee befassen könnten«. Um seine Autonomie noch nachhaltiger zu bekräftigen, könnte George beschließen, das System auf eigene Faust vollständig zu übernehmen, was ein weiteres Treffen mit Lisa überflüssig machen würde. Vielleicht aber muss sie den Prozess auch ein weiteres Mal in Gang setzen und George bitten, das System über einen längeren Zeitraum hinweg zu testen. So oder so, sie hat mit George an diesem einen Tag mehr erreicht als in der ganzen Zeit davor.

Tipps für die Arbeit mit veränderungsunwilligen Personen

– *Konzentrieren Sie sich auf die Motivation, nicht auf Resultate.* Es ging mir nicht darum, dass mein Vater lausige zwei Zigaretten pro Woche weniger qualmte und sich jeden Morgen statt einer halben »nur« noch eine Viertelstunde die Lunge aus dem Leib hustete – ich wollte, dass er ganz mit dem Rauchen aufhörte. Lisas Ziel war nicht, George zu ein paar halbherzigen Veränderungen zu motivieren, um ihn dann doch feuern zu müssen – sie wollte, dass er das von ihr favorisierte System übernahm und seine Umsätze steigerte. So verlockend es ist, gleich die ganz großen Alles-oder-nichts-Ziele ins Visier zu nehmen – Veränderungen vollziehen sich anders. Wählen Sie die leichteste Veränderung, die Sie sich vorstellen können, und vertrauen Sie darauf, dass dieser erste, kleine Schritt weitere nach sich ziehen wird.
– *Seien Sie bereit für Überraschungen.* Wenn meine Trainees mir von ihren schwierigsten Kollegen, Mitarbeitern oder Klienten

erzählen, bekomme ich häufig Sätze wie »Ein Typ wie der wird sich *niemals* ändern« zu hören, üblicherweise gefolgt von einem Nachsatz in der Art von »Und ebenso wenig geht er auf diese Fragen ein!« Meine Antwort darauf lautet für gewöhnlich: »Ihre Einschätzung basiert auf den Gesprächen, die in der Vergangenheit zwischen Ihnen stattgefunden haben. Sie wissen nun, wie die Interaktion zwischen Ihnen üblicherweise abläuft – und nicht funktioniert. Aber dieser Ansatz ist neu. Er hat Sie nie auf diese Weise reden hören – und Sie haben keine Ahnung, wie er darauf reagieren wird.«

– *Überprüfen Sie regelmäßig Ihre eigenen Motive.* Ist Ihnen mehr daran gelegen, einen Machtkampf zu gewinnen, als Ihren Mitarbeiter zu motivieren? Kommt es Ihnen mehr darauf an, recht zu behalten, als einen »blockierten« Kollegen zu inspirieren? Sind Sie mehr darauf aus, »ihn damit nicht durchkommen zu lassen«, als eine Win-Win-Situation zu erzeugen? Wenn ja, dann werden Sie mit Instant Influence aller Wahrscheinlichkeit nach wenig erreichen, weil Sie etwas zu erreichen suchen, für das die Methode nicht gemacht ist. Da veränderungsunwillige Zielpersonen dazu neigen, Machtkämpfe zu provozieren, sollten Sie möglichst klar und Ihren wirklichen Zielen verpflichtet bleiben.

Erfolgsgeschichte: Die Tür offen lassen

Wenn man bei Schritt 2 – Wie groß ist Ihre Bereitschaft, sich zu ändern? – eine 1 als Antwort erhält, kann einen das zunächst leicht aus der Fassung bringen. Aber mit ein bisschen Übung lernt man, mit dieser Antwort ebenso gut umzugehen wie mit jeder anderen.

Einer meiner Trainees, der als Verkaufsleiter für eine Pharmagesellschaft tätig ist, hat mir in einer E-Mail von einem Gespräch berichtet, das in dieser Hinsicht sehr lehrreich ist. André, so heißt der Verkaufsleiter, will einen Mitarbeiter namens Leo dazu motivieren, ein neues Vertriebssystem zu übernehmen.

André: Also, Leo, auf einer Skala von 1 bis 10, wie groß ist Ihre Bereitschaft, die Abläufe zu übernehmen, die wir ausgearbeitet haben?

Leo: Ganz ehrlich? Ich bin bei 1. Warum lassen Sie es mich nicht einfach auf meine Weise machen – so, wie ich es seit fünfzehn Jahren halte. Meine Zahlen mögen nicht die besten in der Abteilung sein, aber sie sind noch lange nicht die schlechtesten.

André: Wie groß ist Ihre Bereitschaft, mit mir heute darüber zu reden, welchen Teil des Systems Sie möglicherweise in Ihre eigene Methode integrieren könnten? *[Das Erste, was man tut, wenn die Antwort 1 lautet, ist, nach einem kleineren nächsten Veränderungsschritt zu fragen.]*

Leo: Immer noch eine 1, André. Offen gesagt, sehe ich keinen Grund, darüber zu reden. Selbst wenn wir uns den ganzen Tag unterhielten, könnten Sie mich wohl nicht überzeugen.

André: Okay, ich habe die Botschaft gehört. Was wäre notwendig, um aus dieser 1 eine 2 zu machen? *[Einmal mehr, wir streben keine große Veränderung an. Wir zielen auf die kleinste denkbare Veränderung ab – von überhaupt keiner Motivation zu einem kleinen bisschen.]*

Leo: Was?

André: Was würde es brauchen, damit Sie wenigstens ein winziges bisschen bereit sind, sich mit mir darüber zu unterhalten, ob ein Teil des Systems in Ihre eigene Verkaufsmethode integriert werden könnte? *[Seien Sie stets bereit, die Instant-Influence-Fragen ruhig und gelassen neu zu formulieren.]*

Leo: Nun, äh … Also vermutlich, wenn ich den Eindruck hätte, Sie respektieren meine Kritik an einigen der Abläufe wirklich. *[Leo lässt André wissen, was nötig wäre – ein sehr gutes Zeichen.]*

André: Sie haben im Laufe der Jahre unserem Team mit vielen sehr guten Ideen geholfen, und Ihre aufschlussreichen Kommentare sind mir immer sehr willkommen. Ich werde Ihre Gedanken und Ansichten darüber, was funktioniert und was nicht, zum gegenwärtigen Zeitpunkt auf jeden Fall respektieren. *[André kann Leo geben, was er braucht, aber nur innerhalb gewisser Grenzen – »zum gegenwärtigen Zeitpunkt«.*

Damit hält er sich die Tür offen, später nochmals auf die Sache zurückzukommen. Beim zweiten Mal führten André und Leo ein vollständiges und sehr effektives Instant-Influence-Gespräch. Gelingt es Ihnen für den Moment nicht, den anderen von dem zu überzeugen, was er Ihrer Meinung nach tun sollte, sollten Sie versuchen, ihn dazu zu bringen, das Gespräch zu einem anderen Zeitpunkt fortzusetzen.]

✎ **Testen Sie Ihre Instant-Influence-Fähigkeiten: Den Funken Motivation finden**

Ein entscheidender Punkt im Umgang mit veränderungsunwilligen Menschen ist es, den winzigen Funken Motivation zu finden, der häufig in einer scheinbaren Weigerung enthalten ist, und diesen Funken zurückzuspiegeln. Versuchen Sie die Motivation in den folgenden Beispielen zu finden und schreiben Sie auf einem Blatt Papier auf, wie Sie darauf reagieren würden.

○ Ich nehme an diesem Programm nicht teil!
○ Ich werde *keinen einzigen* Teil des Systems übernehmen!
○ Ich kann erst dann einen persönlichen Assistenten einstellen, wenn ich mehr Geld verdiene.
○ Ich würde ja ins Fitnessstudio gehen, aber mit den Kindern, der ganzen Arbeit und aufgrund der Gesundheitsprobleme meiner Mutter bleibt mir einfach keine Zeit dafür.
○ Ich brauche dabei keine Hilfe – ich bekomme das alleine hin.
○ Ich werde meine Berichte erst dann pünktlich abliefern, wenn das alle anderen in der Abteilung auch tun.
○ Ich würde ja gerne mit dem Rauchen aufhören, aber ich habe es schon so oft versucht. Ich schaffe es einfach nicht.
○ Ich kann es mir im Moment wirklich nicht leisten, Ihnen Ihre Überstunden zu bezahlen.
○ Ich ersticke schon jetzt in Arbeit. Zeit für ein weiteres Projekt habe ich wirklich nicht.
○ Ich versuche ja, pünktlich zu sein, aber manchmal kommen mir einfach ein paar Dinge in die Quere.

▪ Mögliche Antworten

Ich nehme an diesem Programm nicht teil! »Ich verstehe, dass Sie diese Therapie nicht machen wollen. Aber könnte es einen Grund für Sie geben, an einem anderen Programm teilzunehmen?«

Ich werde keinen einzigen Teil des Systems übernehmen! »Es scheint Ihnen sehr wichtig zu sein, mir Ihre Ansicht dazu mitzuteilen. Warum ist es Ihnen so wichtig, dass ich Ihre Einstellung dazu verstehe?«

Ich kann erst dann einen persönlichen Assistenten einstellen, wenn ich mehr Geld verdiene. »Angenommen, Sie hätten das nötige Geld. Warum könnten Sie dann einen Assistenten einstellen wollen?«

Ich würde ja ins Fitnessstudio gehen, aber mit den Kindern, der ganzen Arbeit und aufgrund der Gesundheitsprobleme meiner Mutter bleibt mir einfach keine Zeit dafür. »Wenn du genug Zeit hättest, warum könntest du dann ins Fitnessstudio gehen wollen?«

Ich brauche dabei keine Hilfe – ich bekomme das alleine hin. »Warum ist das etwas, was Sie tun möchten – mit oder ohne Hilfe?«

Ich werde meine Berichte erst dann pünktlich abliefern, wenn das alle anderen in der Abteilung auch tun. »Wenn alle in der Abteilung ihre Berichte abgeben würden, warum würden Sie es dann auch tun wollen?«

Ich würde ja gerne mit dem Rauchen aufhören, aber ich habe es schon so oft versucht. Ich schaffe es einfach nicht. »Angenommen, es wäre einfach, mit dem Rauchen aufzuhören und du wärst dir sicher, es zu schaffen. Warum würdest du dann aufhören wollen?«

Ich kann es mir im Moment wirklich nicht leisten, Ihnen Ihre Überstunden zu bezahlen. »Wenn das Geld kein Thema wäre, warum würden Sie mir dann meine Überstunden bezahlen wollen?«

Ich ersticke schon jetzt in Arbeit. Zeit für ein weiteres Projekt habe ich wirklich nicht. »Wenn Sie ausreichend Zeit hätten, warum könnten Sie dieses Projekt dann übernehmen wollen?«

Ich versuche ja, pünktlich zu sein, aber manchmal kommen mir einfach ein paar Dinge in die Quere. »Angenommen, Sie könnten alle Faktoren kontrollieren, warum könnten Sie dann pünktlich kommen wollen?«

Menschen, die sich einer Veränderung widersetzen, können uns bis zum Äußersten herausfordern. Andererseits kann ein Durchbruch in solchen Fällen einem viel mehr Befriedigung verschaffen als ein

Dutzend leichte Gespräche. Wenn Sie ein erfolgreiches Instant-Influence-Gespräch mit einer veränderungsunwilligen Person führen, verändert das nicht nur für Sie beide die Situation. Es kann auch Ihren Glauben an die Veränderungsfähigkeit der Menschen erneuern. ■

7 Mit Fremden arbeiten

Instant Influence funktioniert praktisch bei jedem, und das gilt auch für Menschen, die wir nicht kennen. Ein Patient von mir hat die Methode angewandt, damit ihm seine Krankenkasse zusätzliche Therapiestunden bewilligte. Trainees haben mir in E-Mails geschrieben, wie sie Instant Influence benutzt haben: um einen Filialleiter davon zu überzeugen, ein Produkt zurückzunehmen, obwohl die Rückgabefrist bereits abgelaufen war; um mit einem Autoverkäufer einen Sonderrabatt auszuhandeln; um Auseinandersetzungen um Sitzplatzreservierungen beizulegen; um notorische Zwischenrufer bei Meetings oder Veranstaltungen zur Räson zu bringen; um Podiumsdiskussionen, bei denen die Debatte aus dem Ruder zu laufen drohte, wieder in den Griff zu bekommen; um mit Handwerkern Preisabschläge für Renovierungsarbeiten auszuhandeln; um Demonstranten zu beruhigen, die gegen die Praktiken eines Pharmakonzerns protestierten; und sogar um Schlägereien bei Footballspielen zu schlichten. Es ist bemerkenswert, in wie vielen unterschiedlichen Situationen Instant Influence zum Erfolg führt.

Natürlich kann es unter Umständen Kreativität erfordern, die Technik an unterschiedliche Gegebenheiten anzupassen. In diesem Kapitel werde ich Ihnen zeigen, wie Sie Leute auch in Situationen erreichen, in denen Sie früher vielleicht vor Frustration am liebsten laut losgebrüllt hätten – Situationen, die Sie dank Instant Influence nun schnell und zu Ihrer Zufriedenheit auflösen können.

Erfolgsgeschichte: Bonusmeilen und mehr

Luis Ortiz ist ein Bewährungshelfer, den ich bei einem Trainingsprogramm kennengelernt habe. In den USA haben Bewährungshelfer oft nicht einmal eine Viertelstunde pro Proband, mit anderen Worten, wenn sie ihre Klienten zu Veränderungen motivieren wollen, müssen sie schnell sein. Nach anfänglicher Skepsis war Luis am Ende des Lehrgangs von der Wirksamkeit von Instant Influence überzeugt – und so beschloss er, die Methode in einem Telefonat mit der Servicemitarbeiterin einer Luftfahrtgesellschaft auszuprobieren. Sein Ziel war es, sie dazu zu bringen, seine Bonusmeilen auf zwei vergünstigte Flugtickets für seine Söhne anzurechnen, die nach Florida fliegen wollten.

Gladys, so der Name der Servicemitarbeiterin, wollte das Gespräch an eine andere Abteilung weiterleiten. Luis wusste, ihm blieb nicht viel Zeit, und so legte er sofort los:

Luis: Gladys, bitte warten Sie …

Gladys: Was gibt es denn noch, Mr. Ortiz? Ich verbinde Sie jetzt am besten mal weiter …

Luis: Gladys, Sie können mich natürlich jederzeit weiterverbinden, wenn Sie das möchten – wobei es mir lieber wäre, Sie würden das nicht tun –, aber darf ich Ihnen vorher noch eine Frage stellen? *[Luis weiß, er muss Gladys' Autonomie stärken, zumal sie im Kundendienst tätig und wahrscheinlich daran gewöhnt ist, von den Leuten unter Druck gesetzt und angeschrien zu werden. Also bittet er sie um Erlaubnis, das Gespräch fortzuführen.]*

Gladys: Wenn es sein muss. Um was geht es denn?

Luis: Nun, Sie haben gesagt, Sie würden mir helfen wollen. Warum? *[Schritt 1: Warum könnten Sie sich ändern wollen?]*

Gladys: Mr. Ortiz, mir sind in der Sache die Hände gebunden.

Luis: Gladys, bitte. Wenn Sie mir bei den Bonusmeilen helfen würden, was hätten Sie davon? *[Im Umgang mit Fremden ist Beharrlichkeit besonders wichtig. Da sie keinen persönlichen Anreiz haben, sich auf ein Instant-Influence-Gespräch einzulassen, kann es sein, dass Sie dieselbe Frage mehrmals in leicht abgewandelter Form stellen müssen.]*

Gladys: Bitte, ich würde Sie jetzt gerne weiterverbinden.

Luis: Wenn Sie das müssen, verstehe ich das, aber könnten Sie nicht zuerst meine Frage beantworten? *[So ging es noch gut eine Minute hin und her. Gladys wollte Luis weiterverbinden, während Luis – stets höflich und mit dem Hinweis, Sie müsse das natürlich nicht – versuchte, sie zu einer Antwort zu bewegen. Dann, plötzlich, wechselte ihr Tonfall.]*

Gladys: Mr. Ortiz, ich weiß nicht, was ich sagen soll … Ich habe mich für diesen Beruf entschieden, weil ich Leuten helfen möchte. Weil mir das Spaß macht. Ja, es gefällt mir, wenn die Leute mir ihre Probleme schildern und ich einen Weg finde, ihnen zu helfen. Deshalb würde ich auch Ihnen gerne helfen, diese Tickets zu bekommen. *[Gladys nennt einen überzeugenden persönlichen Grund, warum sie Luis helfen möchte. Wenn Sie Instant Influence bei Fremden einsetzen – oder in einer Situation, in der Ihnen weniger Zeit als üblich zur Verfügung steht –, kann es sein, dass Sie sich ausschließlich auf Schritt 1 beschränken müssen.]*

Luis: Ich weiß Ihre Antwort sehr zu schätzen. Offensichtlich liegt Ihnen Ihre Arbeit sehr am Herzen, und es bedeutet Ihnen viel, Ihren Kunden zu helfen. *[Nachdem er etwas über ihre Motivation erfahren hat, kann er sie an Gladys zurückspiegeln.]*

Gladys *[leicht verlegen]*: Ja, Mr. Ortiz, das bedeutet mir viel. Ich nehme es nicht auf die leichte Schulter. Leuten helfen zu können ist mir wichtig. *[Nun, da Luis ihre Motivation gehört und ihr zurückgespiegelt hat, spricht sie noch intensiver über das, was sie motiviert: anderen Menschen helfen.]*

Luis: Also, auf einer Skala von 1 bis 10 … wie wichtig? *[Nachdem Gladys die erste Frage beantwortet hat, kann Luis zu seiner leicht abgewandelten Variante von Schritt 2 übergehen.]*

Gladys: Vielleicht am allerwichtigsten. Vielleicht ist das sogar der Grund, warum ich diesen Job überhaupt mache. *[Da Gladys für ihn eine Fremde ist, beharrt Luis nicht darauf, dass sie ihm eine Zahl nennt, obwohl er das hätte versuchen können. Stattdessen hakt er einfach nach.]*

Luis: Warum? *[Wie gesagt: Dies ist die mächtigste Frage im Instant-Influence-Koffer. Im Zweifelsfall fragen Sie einfach »Warum?«.]*

Gladys: Weil ich hier bin, um etwas zu leisten, und mir die Menschen wirklich am Herzen liegen.

Luis: Okay, eine Frage noch. *[Das ist Luis' Methode, weiter um Erlaubnis zu bitten. Im Umgang mit Menschen, die wir nicht kennen, ist dies besonders wichtig. Kundendienstmitarbeiter, Bedienungen und anderes Servicepersonal haben es häufig mit arroganten, rechthaberischen Kunden zu tun, mit denen sie reden müssen und deren Wünsche sie erfüllen sollen. Das vermindert ihre Autonomie und garantiert praktisch ihren Widerstand.]*

Gladys *[freundlich]*: Schießen Sie los! *[Weil sie um Erlaubnis gebeten worden ist, fühlt Gladys sich respektiert und anerkannt, ein Gefühl, das Leute oft großzügiger und hilfsbereiter macht.]*

Luis: Angenommen, Sie würden mir helfen, heute diese beiden Flugtickets für meine Söhne zu bekommen. Was könnten Sie davon haben? *[Luis ist direkt zu Schritt 5 gesprungen:»Warum sind Ihnen diese Resultate wichtig?«]*

Gladys: Nun, es liegt auf der Hand, dass man Sie abspeisen will. Sie haben ein Anrecht auf diese Tickets, und Ihre Söhne sollten wie geplant nach Florida fliegen. Ich möchte, dass Sie diese Tickets bekommen. *[Auch wenn Gladys Luis nicht direkt antwortet, bekundet sie ihre Absicht, ihm helfen zu wollen. Stellen Sie sich vor, wie abweisend Gladys wohl reagiert hätte, hätte Luis zu ihr gesagt:»Ich soll hier wohl billig abgespeist werden? Ich habe ein Anrecht auf diese Tickets!« Aber weil er sich auf das konzentriert, was Gladys will und was sie davon haben könnte, erweckt er in ihr den aufrichtigen Wunsch, ihm zu helfen.]*

Luis: Und was könnte jetzt der nächste Schritt sein? *[Luis interpretiert Gladys herzliche Antwort zu Recht als Zustimmung, dass etwas getan werden sollte, und geht deshalb weiter zu Schritt 6. Statt ihr zu sagen, was er von ihr möchte, überlässt er ihr auch hier den nächsten Schritt und gibt ihr damit die Möglichkeit, die Sache selbst in die Hand zu nehmen und ihrem Wunsch zu folgen, ihm behilflich zu sein.]*

Ehe Luis sich's versah, hatte Gladys ihn in die Warteschleife gelegt. Zuerst dachte er, jetzt wäre alles vorbei. Aber dann übernahm eine Bereichsleiterin den Anruf. »Ich weiß nicht, was Sie mit Gladys angestellt haben«, sagte die Frau, »aber nach meinem Gespräch mit ihr kann ich Ihnen mitteilen, dass Sie Ihre beiden Tickets zum vergünstigten Preis buchen und Ihre Bonusmeilen darauf anrechnen lassen können. Wäre das in Ihrem Sinne?«

Luis bedankte sich bei der Bereichsleiterin und vergaß auch nicht, Gladys in den höchsten Tönen zu loben.

Verhaltensweisen, nicht Einstellungen

Bei der Arbeit mit Instant Influence ist es immer hilfreich, sich auf positive, konkrete Verhaltensweisen zu konzentrieren. Ganz besonders aber gilt das, wenn man versucht, Fremde zu beeinflussen, und dabei insbesondere Leute, die man wahrscheinlich nie wieder sehen wird. Sie können von einem Kellner nicht erwarten, dass er »seine Einstellung ändert«. Aber vielleicht können Sie ihn ja davon überzeugen, Ihnen eine weniger verkochte Version des Tagesgerichtes zu servieren. Ebenso wenig sollten Sie es darauf anlegen, der Kundenbetreuerin einer Luftfahrtgesellschaft das Eingeständnis abzuringen, die Unternehmenspolitik sei unfair. Aber wie Luis können Sie versuchen, sie dazu zu bringen, Ihre Bonusmeilen auf vergünstigte Tickets anzurechnen. Üben Sie, sich auf Verhaltensweisen, nicht auf Einstellungen zu konzentrieren, und Sie werden sich leichtertun, wenn Sie einen Fremden beeinflussen möchten.

Sich auf die Beeinflussung Fremder vorbereiten

Bei der Instant-Influence-Arbeit mit Fremden kommt es besonders darauf an, sich gedanklich auf den Prozess einzustellen. Hier ein paar nützliche Hinweise zur Vorbereitung:

– *Niemand rechnet damit, dass Sie diesen Ansatz verwenden.* Kundendienstmitarbeiter sind es gewohnt, am Telefon und im direkten Umgang schlecht behandelt zu werden. Üblicherweise erwarten sie nicht, mit Respekt oder auch nur normaler Höflichkeit behandelt zu werden, geschweige denn, dass man ihre Autonomie betont. Aus diesem Grund sind sie häufig abweisend und erst einmal kritisch, ungeduldig oder barsch. Viele von ihnen müssen sich an vorgefertigte Skripte halten und werden dabei überwacht. Um einen echten Kontakt herzustellen – der es ermöglicht, dass sie Ihre autonomiestärkende Botschaft wahrnehmen und Ihre seltsam anmutenden Fragen beantworten –, müssen Sie ebenso geduldig und beharrlich vorgehen wie Luis. Seien Sie darauf vorbereitet, Schritt 1 mindestens ein halbes Dutzend Mal zu wiederholen (Anregungen dazu, wie Sie die erste Frage variieren können, finden Sie weiter hinten in diesem Kapitel). Sich unfair behandelt zu fühlen, die Beherrschung zu verlieren oder so zu tun, als hätte man einen Anspruch auf das, worum man bittet, sind zwar vollkommen natürliche Reaktionen, helfen einem aber im Instant-Influence-Prozess kein bisschen weiter.

– *Sie haben nicht die Möglichkeit, mit Konsequenzen zu drohen.* Auch wenn Unternehmen hin und wieder Angst haben mögen, Sie als Kunden zu verlieren oder ein Kellner sich um seine Aussichten auf ein Trinkgeld sorgt: Normalerweise haben Sie es mit Leuten zu tun, die so weit von Ihrem Problem entfernt sind, dass es für sie schlussendlich nur einen Grund gibt, Ihnen zu helfen: weil sie es wollen. Was für eine großartige Gelegenheit, Instant Influence zu nutzen! So wie Gladys gibt es viele Menschen, die helfen *möchten* – und diesen Menschen können Sie helfen, ihrem Wunsch entsprechend zu handeln.

– *Möglicherweise ist Ihnen gar nicht klar, wie nah dran Sie sind, das zu bekommen, was Sie möchten.* Um der Knappheit willen habe ich den Teil der Unterhaltung zwischen Gladys und Luis gekürzt, in dem Gladys ein ums andere Mal wiederholte, sie habe alles in ihrer Macht Stehende getan, und Luis sie ebenso beharrlich und höflich fragte, warum sie ihm helfen *wollen* könnte. Der Durchbruch kam dann plötzlich und überraschend, und Luis hatte in dem Moment sicherlich nicht damit gerechnet. Ebenso könnte es Ihnen ergehen. Versuchen Sie sich daran zu erinnern, dass Durchbrüche häufig wie aus dem Nichts kommen.

– *Machen Sie sich von der Vorstellung eines Machtkampfs frei und konzentrieren Sie sich stattdessen auf das, was Sie erreichen möchten.* Selbst wenn Ihr Gesprächspartner Ihr Anrecht auf das, was Sie erreichen möchten, niemals explizit anerkennt, findet er wie Gladys womöglich trotzdem einen Weg, Ihnen dazu zu verhelfen. Seine Motivation dafür wird aller Wahrscheinlichkeit nach nicht von der plötzlichen Einsicht in die

Richtigkeit Ihrer Forderung genährt werden. Viel eher wird sie aus der Erkenntnis heraus entstehen, warum er Ihnen helfen möchte – obwohl er das gar nicht *muss*.

Die Autonomie von Fremden bekräftigen

Instant Influence funktioniert umso besser, je eher es Ihnen gelingt, eine Beziehung zu Ihrem Gegenüber aufzubauen. Kundendienstmitarbeiter arbeiten häufig nach einem Skript oder werden dafür belohnt, wenn sie ihrem Unternehmen Geld und Zeit sparen. Ihr Ziel lautet, diesen einen Kundendienstberater zum Nachdenken zu bringen, warum er ein persönliches Interesse daran haben könnte, Ihnen zu helfen.

Und wenn Sie möchten, dass der andere als Mensch auf Sie reagiert, müssen zuerst Sie ihn als Mensch behandeln. Ihrem Unmut über eine inkorrekte Kreditgebühr oder ein defektes Produkt Luft zu machen trägt nicht unbedingt zu seiner Hilfsbereitschaft bei. Zunächst muss es Ihnen darum gehen, die Autonomie des anderen zu stärken, so, wie Sie es immer zu Beginn eines Instant-Influence-Gesprächs tun sollten. Angesichts dessen, wie der Kundendienstberater üblicherweise behandelt wird, müssen Sie sich vielleicht sogar besonders anstrengen, damit er hört – und glaubt –, dass Sie ihn respektieren.

Angenommen, Sie sind aufgebracht wegen einer Säumnisgebühr, die Ihrer Meinung nach zu Unrecht erhoben wurde. Sie rufen bei der Hotline der Kartengesellschaft an und ein Kundenberater antwortet. Dann könnten Sie das Gespräch beginnen, indem Sie:

– *anerkennen, dass er nicht für das Problem verantwortlich ist:* »Na, es ist ja nicht so, dass Sie persönlich die Gebühr auf meine Kreditkarte gebucht hätten.«
– *anerkennen, dass er persönlich nicht von Ihrem Problem profitiert:* »Schließlich wandert die Gebühr ja nicht in *Ihre* Tasche.«
– *anerkennen, dass er ebenfalls Restriktionen unterliegen könnte:*

»Ich weiß, dass Sie sich an bestimmte Regeln halten müssen und andere Ihr Vorgehen kontrollieren.«

- *ihm Ihre Gefühlslage mitteilen:* »Diese Sache belastet mich wirklich sehr.«
- *sich gegebenenfalls für Gefühlsausbrüche entschuldigen:* »Ich versuche, meinen Frust nicht an Ihnen auszulassen. Bitte verzeihen Sie mir, wenn ich es doch tue.«
- *ihm Ihre Wertschätzung ausdrücken:* »Ich bin ja so froh, Sie erreicht zu haben.« Falls der Berater Sie mit den Worten »Wie kann ich Ihnen helfen« begrüßt hat, könnten Sie zum Beispiel erwidern: »Ich bin so froh, dass Sie mir helfen können.«

Nachdem Sie Ihren Respekt bekundet und Verständnis für die Situation des Kundenberaters gezeigt haben, können Sie das Problem kurz und knapp erklären. Versuchen Sie Ihr Anliegen so ruhig und objektiv wie möglich darzulegen. Vermeiden Sie es, Wut zu zeigen (»Und dann haben Sie mir zu allem Überfluss auch noch eine Säumnisgebühr draufgeschlagen. Ich könnte vor Wut aus der Haut fahren, wenn ich nur dran denke!«). Ebenso wenig aber sollten Sie um Sympathie heischen oder es auf irgendeine andere Art emotionaler Reaktion anlegen. Beschränken Sie sich darauf, die Fakten zu schildern. Wenn Sie das so sehr aufregt, dass Sie Ihrer Frustration einfach Ausdruck verleihen müssen, sollten Sie das eingestehen und, wenn nötig, sich dafür entschuldigen: »Es tut mir leid. Sie können nichts dafür, und ich will meinen Frust auch nicht an Ihnen abreagieren, aber das Ganze bringt mich wirklich auf die Palme.« Schließlich sollten Sie noch die Autonomie des Kundenberaters bekräftigen und betonen, dass es an ihm liegt, für welches Vorgehen er sich entscheidet, zum Beispiel mit Sätzen wie »Ich weiß nicht, ob es irgendetwas gibt, was Sie da für mich tun könnten«, »Vielleicht können Sie da ja gar nichts machen, aber wenn doch, dann würde mich das sehr freuen« oder »Ich will Sie nicht zu etwas drängen, was gar nicht in Ihrer Macht steht, aber es wäre großartig, wenn Sie …«

Instant Influence auf den Einsatz bei Fremden anpassen

Scheuen Sie nicht davor zurück, einzelne Schritte des Prozesses zu überspringen, wenn Sie Instant Influence bei Fremden anwenden. In manchen Situationen – in einem Restaurant um die Ecke, in einer Arzt- oder Zahnarztpraxis oder in irgendeinem Geschäft in der näheren Umgebung – wollen wir vielleicht eine dauerhafte Beziehung zu den Angestellten dort herstellen. Dann könnte es sinnvoll sein, mehr Zeit und Mühe auf den Instant-Influence-Prozess zu verwenden, aber vergessen Sie nicht, dass Verkäufer, Bedienungen oder Arzthelferinnen oft sehr beschäftigt sind und nur begrenzt Zeit für Sie haben. Trotzdem, wenn Sie wissen, dass Sie mit diesen Leuten wieder und wieder zu tun haben werden, könnte es sich lohnen, alle sechs Schritte des Prozesses durchzuarbeiten.

In anderen Situationen, einschließlich so gut wie jedem Anruf bei einer Kundenhotline, haben wir es mit Leuten zu tun, mit denen wir aller Wahrscheinlichkeit nach nie wieder sprechen werden. Wir investieren nicht in eine Beziehung, sondern versuchen lediglich, möglichst viel von dem, was wir wollen, aus der Situation herauszuholen. Je schneller Instant Influence funktioniert, umso besser – für beide Seiten. Deshalb sollten wir uns auf die ersten drei Schritte konzentrieren, also auf die Gründe für eine Veränderung, und den letzten Schritt, der auf eine konkrete Aktion abzielt. Wir müssen nicht unbedingt mit Hilfe der Schritte 4 und 5 die Bereitschaft zur Veränderung vertiefen, auch wenn Luis das mit gutem Erfolg tat.

Im Notfall beschränken Sie sich einfach auf den ersten und den letzten Schritt:

»Warum könnten Sie die Säumnisgebühr von meinem Kreditkartenkonto streichen wollen?«

»Okay, großartig. Und was machen wir jetzt?«

Schritt 1 anpassen

Weil Schritt 1 so, wie er ist, so gut funktioniert, widerstrebt es mir in gewisser Weise, Ihnen zu zeigen, wie man ihn abwandeln kann. Wenn Sie sich, auch im Umgang mit Fremden, ausschließlich auf die unveränderte Version von Schritt 1 beschränken, werden Sie mehr erreichen, als wenn Sie mit einem »Tell and Sell«-Ansatz oder Drohungen arbeiten oder schlicht die Beherrschung verlieren.

Manchmal allerdings ist es nützlich, wenn man die erste Frage auf unterschiedliche Weise angehen kann, vor allem, wenn man wie Luis in die Situation gerät, sie mehrmals wiederholen zu müssen, bevor man eine positive Antwort erhält. Hier nun ein paar Varianten, die Sie im Falle eines Falles einsetzen können:

»Warum könnten Sie mir dabei helfen wollen?«

»Ich verstünde es ja, wenn diese Vorschrift absolut unveränderbar wäre. Aber da Sie gerade mit mir telefonieren, muss es doch eine Möglichkeit geben, mir entgegenzukommen. Warum ist es Ihnen wichtig, dass wir hier etwas zu tun versuchen?«

»Für jede Regel gibt es eine Ausnahme. Was müsste geschehen, damit Sie bereit wären, in diesem Fall eine Ausnahme zu machen?«

»Kann es sein, dass Sie es irgendwann schon einmal so gemacht haben? Und wenn ja, warum?«

»Machen Sie je Ausnahmen? Jemand hier muss doch schon mindestens einmal eine Ausnahme gemacht haben … Und wenn das so wäre, warum könnten Sie dann jetzt auch eine machen wollen?«

»Je nach den Umständen werden die Dinge ja oft flexibel gehandhabt. Gibt – oder gab – es Situationen, in denen Sie jemandem in einer ähnlichen Lage hätten helfen wollen? Warum hätten Sie der Person damals helfen wollen?«

»Wir haben uns nun über ein paar Lösungen unterhalten, aber jetzt möchte ich Sie gerne etwas anderes fragen. Sehen Sie andere Möglichkeiten, über die wir noch nicht gesprochen haben und die hier funktionieren könnten? Und wenn ja, warum könnten Sie mir helfen wollen, eine davon zu probieren?«

»Was könnten Sie in der Sache sonst noch tun? Und warum könnten Sie das tun wollen?«

Kompromisse und Ergebnisse

Wenn Sie ein bestimmtes Anliegen zu erreichen versuchen und ein Kundenberater Ihnen verschiedene Optionen anbietet, kann man leicht aus dem Konzept geraten. Sie könnten glauben, ihn motiviert zu haben, während er in Wahrheit seinem Skript folgt und Ihnen nichts anbietet, was dem auch nur in etwa nahekommt, was Sie haben möchten. Was können Sie in solch einem Fall tun?

- Entspricht das, was er Ihnen anbietet, wenigstens ungefähr dem, was Sie haben möchten, dann lassen Sie ihn ausreden.
- Wenn Sie eine Reihe von Möglichkeiten hören und Ihnen keine davon akzeptabel erscheint, unterbrechen Sie ihn mit höflichen Worten, bedanken Sie sich und spiegeln Sie ihm das Gesagte auf möglichst positive Weise zurück: »Sie versuchen ganz offenkundig einen Ausweg zu finden, und ich weiß das zu schätzen. Nur entspricht das, was Sie da vorschlagen, nicht ganz meinen Erwartungen. Aber darf ich Sie fragen, warum Sie mir zu helfen versuchen?«

Schritt 2 anpassen

Wie Sie sich bestimmt erinnern, funktioniert Schritt 2 (Wie groß ist Ihre Bereitschaft, sich zu ändern – auf einer Skala von 1 bis 10?) dann am besten, wenn beide Seiten genau wissen, was die Zahl ausdrücken soll. Wollen Sie von einem Mitarbeiter wissen, ob er bereit ist, für den Rest der Woche pünktlich zu kommen – oder für den Rest seines Lebens? Versuchen Sie Ihren Vater dazu zu bringen, auf einen Schlag mit dem Rauchen aufzuhören oder nur zwei Zigaretten pro Woche weniger zu rauchen?

In der Arbeit mit Fremden ist es gut, wenn Sie bereits eine realistische Vorstellung der zu erwartenden Antwort und ein klares Bild davon haben, was Sie mindestens erreichen möchten. Dieses Minimalziel können Sie dann zur Grundlage Ihrer Frage machen: »Im Idealfall möchte ich natürlich den vollen Rabatt.

Aber auf einer Skala von 1 bis 10, wie groß ist Ihre Bereitschaft, mir wenigstens den halben Rabatt zu gewähren?«

In solchen Situationen sind wir oft schon froh, wenn wir ein bisschen mehr bekommen, als unser Gegenüber uns anfangs angeboten hat, selbst wenn es nicht ganz das ist, was wir eigentlich wollten. Manchmal allerdings bleibt uns kein Raum für Kompromisse und wir müssen an unserem Ziel festhalten. Ist ein Kompromiss aber möglich, sollten wir uns klar darüber werden, was zu akzeptieren wir bereit sind, bevor wir Schritt 2 in Worte fassen.

Zu Beginn sollten Sie versuchen, eine Zahl als Antwort zu erhalten. Beharrt der andere jedoch darauf, seine Bereitschaft in Worten auszudrücken, müssen Sie das unter Umständen akzeptieren. In Schritt 3 können Sie dann »Warum sind Sie nicht noch weniger bereit?« fragen. Idealerweise sollten Sie den anderen aber dazu bringen, Ihnen eine Zahl zu nennen. Zahlen drücken nämlich eine Klarheit und Präzision aus, die Ihnen erkennen hilft, wo der andere steht, und zwar auf eine Weise, wie es Worte wie *hervorragend, bestens* oder *sehr gut* einfach nicht können.

> »Ich weiß, Sie sind es gewohnt, Kunden um eine Bewertung Ihrer Arbeit und der Qualität Ihrer Dienstleistungen zu bitten. Um besser zu verstehen, wie groß Ihre Bereitschaft ist, mir zu helfen, wäre eine Zahl sehr nützlich.«
> »Es mag vielleicht etwas technisch klingen, aber wenn es Ihnen nichts ausmachen würde …«
> »Es würde mir helfen, mir ein klareres Bild davon zu machen, wie groß Ihre Bereitschaft ist, mich bei meinem Anliegen zu unterstützen …«

Womöglich kommen Sie sich etwas idiotisch vor, wenn Sie diesem Rezept im Umgang mit fremden Personen folgen, insbesondere die ersten zwei oder drei Male. Aber keine Sorge – die Wirksamkeit von Instant Influence hängt nicht davon ab, wie Sie sich fühlen.

Was aber, wenn der Servicemitarbeiter sich weigert, diese oder irgendeine andere Frage zu beantworten, weil er sich nicht auf das festlegen kann, wonach Sie ihn gefragt haben? In diesem Fall sollten Sie betonen, dass Sie nicht *»Wie wahrscheinlich ist es, dass Sie mir helfen?«* gefragt haben, sondern *»Wie groß wäre Ihre Bereitschaft, mir zu helfen?«.*

> »Angenommen, Ihr Vorgesetzter würde Ihnen grünes Licht geben. Wie groß wäre Ihre Bereitschaft auf einer Skala von 1 bis 10, das zu tun, worum ich Sie gebeten habe?«
>
> »Stellen Sie sich vor, die Entscheidung läge letztendlich allein bei Ihnen. Wie groß wäre Ihre Bereitschaft auf einer Skala von 1 bis 10, das zu tun, worum ich Sie gebeten habe?«

Generell lautet Ihr Ziel, dem Kundenberater zu helfen, aus dem »Können/Nicht können«-Modus heraus in einen zu wechseln, in dem es vor allem um *Bereitschaft* und *Bereitwilligkeit* geht:

> »Ich habe verstanden: Das, worum ich Sie bitte, können Sie nicht tun. Aber *wenn* Sie es könnten, wie groß wäre dann Ihre Bereitschaft?«
>
> »Sie wirken so hilfsbereit. Ich weiß, Sie würden mir helfen, wenn Sie nur könnten. Also, auf einer Skala von 1 bis 10: Wie bereit wären Sie dazu?«

Schritt 3 anpassen

Sie sollten Ihr Möglichstes tun, damit Ihr Gegenüber Schritt 3 (Warum haben Sie keine kleinere Zahl genommen?) beantwortet, statt die Frage mit einem Lachen, einer Ausflucht (»Ich weiß wirklich nicht, was ich darauf antworten soll«) oder einer allgemeinen Antwort (»Das ist mein Job«) abzutun. Die Reaktion eines Fremden wird nicht unbedingt so persönlich oder aufrichtig ausfallen wie die, die Sie von Verwandten, Freunden oder Kollegen bekommen, aber lassen Sie sich davon nicht abschrecken. Wie Luis könnten auch Sie eine sehr ehrliche Antwort darauf erhalten, wie sehr Ihre Zielperson anderen Menschen helfen möchte oder wie ernst sie ihre Arbeit nimmt.

Mit diesem Schritt ermutigen Sie den anderen vor allem zum

Nachsinnen. Sie erlauben ihm, innezuhalten und über seine Beweggründe nachzudenken, und überlassen ihm die freie Wahl, welcher davon für ihn der wichtigste ist. Nachsinnen und frei auswählen sind im Kundenservice eher selten gefordert, und viele der Menschen, die dort arbeiten, freuen sich über eine Gelegenheit, die vorgegebenen Skripte und das ständige Gesprächsmonitoring einmal zu vergessen und einfach darüber nachzudenken, was sie wollen und warum. Das heißt nicht, dass sie einen Grund haben, Ihnen helfen zu wollen, oder dass sie, selbst wenn sie einen hätten, beschließen, Ihnen auch zu helfen. Meiner Erfahrung nach aber *gefällt* es den meisten Menschen, anderen zu helfen, wenn sie die Möglichkeit dazu haben. Also, schieben Sie Ihre Zweifel beiseite, stellen Sie Ihre eigenen Gründe hintenan, versuchen Sie niemanden zu etwas zu zwingen, und warten Sie ab, was passiert.

Wenn Ihr Gegenüber mit einer 1 antwortet, fragen Sie: »Was bräuchte es, um aus dieser 1 eine 2 zu machen?« Wie bereits erwähnt, geht es darum, den anderen zu bitten, sich die kleinstmögliche Veränderung vorzustellen – von gar nicht bereit zu ein winzig kleines bisschen bereit –, und das sollte es ihm leichter machen, sich diesen Schritt vorzustellen. Alternativ könnten Sie aber auch das, worum Sie ihn bitten, anpassen:

Sie: Auf einer Skala von 1 bis 10, wie groß wäre Ihre Bereitschaft, mir den vollen Rabatt zu gewähren?

Kundenberater: Ehrlich gesagt, nur eine 1.

Sie: Das tut mir leid zu hören, aber danke für die Auskunft. Was, wenn ich Sie bitten würde, mir den Teilrabatt zu gewähren, von dem Sie vorher gesprochen haben, und zusätzlich noch einen Abschlag auf die Jahresgebühr? Auf einer Skala von 1 bis 10, wie groß wäre Ihre Bereitschaft dazu?

Schritt 6 anpassen

Wie bereits angesprochen, können Sie Instant Influence im Umgang mit Fremden auf die Schritte 1 bis 3 und 6 (Was ist, wenn überhaupt, der nächste Schritt?) oder auf die Schritte 1 und 6 beschränken. Sollte Ihnen jemand schon vorher von sich aus ein Angebot machen, das für Sie akzeptabel ist, können Sie auf Schritt 6 natürlich auch ganz verzichten. Allerdings habe ich festgestellt, dass es besser ist, die Autonomie des anderen bis zum Schluss zu stärken, als in den Befehlsmodus umzuschalten. Welche der beiden untenstehenden Optionen ist Ihrer Meinung nach effektiver?

Kundenberater: Mein bestmögliches Angebot ist, Ihnen die Säumnisgebühr zu erlassen; aber die höhere Grundgebühr auf die Karte müssen Sie auf jeden Fall bezahlen.
Sie: Gut, dann machen Sie das.

Kundenberater: Mein bestmögliches Angebot ist, Ihnen die Säumnisgebühr zu erlassen; aber die höhere Grundgebühr auf die Karte müssen Sie auf jeden Fall bezahlen.
Sie: Gut, ich bin Ihnen sehr dankbar für Ihre Hilfsbereitschaft. Ich weiß, dass Sie mir nach Kräften helfen wollen. Was ist also, wenn überhaupt, nun unser nächster Schritt?

Das Endergebnis mag bei beiden Szenarien ein und dasselbe sein, aber bei der zweiten Option dürfte das Gespräch angenehmer verlaufen. Außerdem könnte der Kundenberater etwas anbieten wie zum Beispiel: »Wissen Sie, es gibt noch eine Möglichkeit, die ich noch nicht probiert habe« oder »Die Gebühr kann ich zwar nicht reduzieren, aber haben Sie jemals darüber nachgedacht, Ihr Konto über eine andere Kreditkarte laufen zu lassen? Vielleicht könnte ich Ihnen dabei ja behilflich sein?« Natürlich kostet es ein wenig Einsatz, die Autonomie des anderen kontinuierlich zu bekräftigen und ihm seine Motivation zu spiegeln. Aber Sie führen das Gespräch ohnehin, wieso sollten Sie dann nicht Ihre Erfolgsaussichten maximieren?

Sie möchten ja nicht, dass sich Ihr Gegenüber plötzlich eines anderen besinnt, erkennt, wie weit er Ihnen schon entgegengekommen ist und ihm vielleicht doch noch der eine oder andere Grund einfällt, warum er das *nicht* tun sollte. Also verzichten Sie auf Kommentare wie »Ich bin froh, dass Sie sich für das Richtige entschieden haben« oder »Ich wusste doch, dass Sie es früher oder später auf meine Weise sehen würden« – die negieren seine Autonomie. Hören Sie erst auf, dem anderen seine Motivation zu spiegeln und seine Autonomie zu fördern, wenn Sie aufgelegt haben. Sie könnten positiv überrascht werden.

✎ **Testen Sie Ihre Instant-Influence-Fähigkeiten: Fremde beeinflussen**

Folgendes Szenario: Vor gut einem Jahr mussten Sie aufgrund einer Familienkrise einen Flug stornieren, und Sie haben einen Voucher für ein Ersatzticket mit einjähriger Gültigkeit erhalten. Nun versuchen Sie den Voucher eine Woche nach Ablauf der Gültigkeitsdauer einzulösen und rufen die Servicehotline der Fluggesellschaft an. Sie beginnen das Gespräch mit dem Kundenbetreuer mit Schritt 1 (Warum könnten Sie sich verändern wollen?). Eigentlich möchten Sie direkt zu Schritt 6 (Was ist, wenn überhaupt, der nächste Schritt?) springen, Sie merken aber, dass Sie, wie es oft der Fall ist, Schritt 1 mehrmals wiederholen müssen. Überlegen Sie sich mögliche Antworten auf die folgenden Aussagen des Kundenbetreuers und schreiben Sie sie auf.

○ Es tut mir leid, aber die Vorschrift lautet, dass wir diesen Voucher nur ein Jahr lang akzeptieren, und Sie haben diese Frist überschritten.

○ Ich bin nicht befugt, die Gültigkeitsdauer zu verlängern.

○ Die Unternehmenspolitik ist in dieser Sache absolut eindeutig – ich habe wirklich keine Wahl.

○ Es wird Ihnen nichts bringen, mit meinem Vorgesetzten zu reden. Er wird Ihnen dasselbe sagen wie ich.

○ Ich kann Ihnen einen Rabatt von zehn Prozent auf Ihren nächsten Flug anbieten, mehr kann ich wirklich nicht tun.

■ **Mögliche Antworten**
Es tut mir leid, aber die Vorschrift lautet, dass wir diesen Voucher nur ein Jahr lang akzeptieren, und Sie haben diese Frist überschritten. »Ich ver-

stehe vollkommen, dass man von Ihnen erwartet, die Vorschriften zu befolgen, und Sie mir möglicherweise nicht helfen können. Aber einmal angenommen, Sie *könnten* mir doch helfen, warum könnten Sie das dann tun wollen?«

Ich bin nicht befugt, die Gültigkeitsdauer zu verlängern. »Natürlich können Sie nur tun, was Ihnen erlaubt ist. Aber *wenn* Sie die Befugnis hätten, die Gültigkeitsdauer zu verlängern, warum könnten Sie das dann tun wollen?«

Die Unternehmenspolitik ist in dieser Sache absolut eindeutig – ich habe wirklich keine Wahl. »Es klingt, als würden Sie mir helfen wollen, wenn Sie die Wahl hätten, und ich weiß das sehr zu schätzen. Also, *wenn* Sie mir helfen könnten, warum würden Sie das tun?«

Es wird Ihnen nichts bringen, mit meinem Vorgesetzten zu reden. Er wird Ihnen dasselbe sagen wie ich. »Mir ist klar, dass es jede Menge Vorschriften und Regeln gibt, die Sie befolgen müssen. Darf ich Ihnen trotzdem eine dumme Frage stellen? Angenommen Sie *könnten* das tun, worum ich Sie bitte – aus welchem Grund könnten Sie das tun wollen?«

Ich kann Ihnen einen Rabatt von zehn Prozent auf Ihren nächsten Flug anbieten, mehr kann ich wirklich nicht tun. »Das klingt, als wollten Sie die Situation irgendwie retten, und dafür bin ich Ihnen dankbar. Aber das ist nicht ganz das, was ich gerne hätte, und deshalb möchte ich Ihnen eine Frage stellen: Warum liegt Ihnen daran, mir zu helfen?«

Nun haben Sie gelernt, praktisch jeden zu beeinflussen: sich selbst, Leute, die sich verändern möchten, Leute, die das nicht möchten, und Fremde. Was Sie jetzt noch wissen müssen, ist, wie Sie das Erreichte bewerten, wie Sie einen Aktionsplan entwerfen und wie Sie damit umgehen, wenn sich das gewünschte Resultat nicht einstellt. ▪

TEIL III
Das Optimum herausholen

8 Veränderungen erkennen

Sie sitzen in Ihrem Büro, Ihnen gegenüber John, ein schwieriger Mitarbeiter, mit dem Sie ein Instant-Influence-Gespräch führen möchten. Wenn John alleine arbeitet, gibt es keinerlei Probleme, aber im Team ist er eine Katastrophe: Er liefert seine Arbeit zu spät ab, versäumt immer wieder Meetings, und wenn er doch kommt, macht er den Mund nicht auf. Sie möchten, dass er sich stärker einbringt, und er scheint sich das, was Sie zu ihm sagen, auch wirklich zu Herzen zu nehmen. Aber er ist immer noch ziemlich schweigsam, und Sie wissen nicht, wie Sie das werten sollen. Ist er wütend oder nur dabei, das gerade Gesagte zu verdauen? Wie gehen Sie jetzt vor?

Sie führen ein Instant-Influence-Gespräch mit Ihrer extrovertierten und sehr geselligen Frau. Sosehr Sie ihre überschäumende Art lieben: Wenn Sie von der Arbeit nach Hause kommen, sind Sie erschöpft und wünschen sich eine Stunde Ruhe – eine Stunde ohne Unterbrechungen, ohne Gespräche, ohne Forderungen. Sie unterhalten sich gerne beim Abendessen mit ihr, aber Sie brauchen einfach auch etwas Zeit für sich. Dank Instant Influence sind Sie endlich in der Lage, Ihrer Frau zu zeigen, was sie selbst davon haben könnte, wenn sie Ihnen jeden Abend die Zeit gibt, die Sie brauchen, um abzuschalten und den Tag hinter sich zu lassen. Bislang scheint Ihre Frau nicht sonderlich begeistert, aber aus dem Zimmer gestürmt ist sie auch nicht. Was tun Sie jetzt?

Ihre 12-jährige Tochter Julia verbringt viel Zeit mit der 15-jährigen Sonja, die Ihrer Meinung nach zu alt für sie ist. Seit ihrer letzten gemeinsamen Tour durch die Fußgängerzone, bei der Sonja mit ihrer Kreditkarte ein paar Klamotten bezahlt hat, die Julia unbedingt haben wollte, schuldet sie Sonja Geld. Nun hat Sonja Ihre Tochter gefragt, ob sie mit ihr zu einer Geburtstagsparty kommt, auf die auch ältere Jungs eingeladen sind, und Sie sind sich sicher, dass Julia dafür noch zu jung ist. Sie wollen von Julia die Zusage, Sonja nur in der Schule zu treffen, und zu Ihrer großen Überraschung hat das Instant-Influence-Gespräch mit Ihrer Tochter bislang weder in Tränen noch im Streit geendet. Aber Sie sind sich auch nicht sicher, wie die Sache weiterläuft, und fragen sich, wie Sie das herausfinden können.

Verläuft der Instant-Influence-Prozess erfolgreich, ist das weitere Vorgehen einfach. Sie kommen zu Schritt 6, identifizieren den nächsten Schritt und erstellen einen formellen oder informellen Aktionsplan (mehr dazu in Kapitel 9). Ebenso klar ist das weitere Vorgehen in den seltenen Fällen, wenn der Prozess versagt: Sie bitten um die Erlaubnis, das Gespräch ein andermal wieder aufzugreifen, oder beginnen es einfach zu einem späteren Zeitpunkt nochmals (wie man vorgeht, wenn Instant Influence nicht funktioniert, erfahren Sie in Kapitel 10). Aber was ist mit den vielen Fällen, die dazwischenliegen, wenn es zwar Ihrem Gefühl nach funktioniert hat, Sie sich aber nicht sicher sein können? Was tun Sie dann?

Ihr vorrangiges Ziel besteht darin, das Gespräch in einer positiven Richtung weiterzuführen und zugleich Ausschau nach Anzeichen für einen Fortschritt zu halten. Dabei

1. achten Sie auf verbale Signale (»Change Talk«)
2. achten Sie auf Anzeichen für eine Änderung
3. intervenieren Sie in problematischen Bereichen.

Auf »Change Talk«, Signale einer Veränderung, achten

»Change Talk« sind Aussagen Ihres Gesprächspartners, die darauf hindeuten, dass er über eine Änderung nachdenkt oder bereits dabei ist, sie durchzuführen.[1] Solche Äußerungen sind es, die Sie im Instant-Influence-Prozess anstreben und die Fortschritte anzeigen. Man unterscheidet sechs Formen des Change Talk: Ability Talk (Äußerungen über Fähigkeiten), Need Talk (Äußerungen über Bedürfnisse), Want Talk (Äußerungen über Wünsche), Action Talk (Äußerungen über Handlungen), Reasons Talk (Äußerungen über Gründe) und Commitment Talk (Äußerungen über Verpflichtungen).

Ability Talk

»Ich kann mich ändern.« Ability Talk – also über die grundsätzliche Fähigkeit zu einer Veränderung sprechen – ist das schwächste Signal. Reden Leute darüber, denken sie immer noch an das *Wie*, statt sich, was weitaus wirksamer ist, auf das *Warum* zu konzentrieren. Trotzdem ist jedes Interesse an einer Veränderung hilfreich und gibt Ihnen die Möglichkeit, die Frage nach dem Warum zu stellen:

Mitarbeiter: Ich weiß, wenn ich unbedingt müsste, könnte ich mich mehr in den Gruppenmeetings einbringen …
Sie: Aber warum könnten Sie sich mehr engagieren wollen? Was könnten Sie davon haben?

Das Signal zur Veränderung kann unterschiedlich stark ausfallen. Je stärker die Äußerung, umso größer die Wahrscheinlichkeit, dass Commitment Talk – und schlussendlich die erwünschte Änderung selbst – folgt. Beim Ability Talk sieht das Spektrum folgendermaßen aus:

Am stärksten: Ich bin sicher, dass ich mich in den Gruppenmeetings mehr einbringen kann.
Mäßig: Ich kann mich mehr einbringen.
Am schwächsten: Ich glaube, ich könnte mich mehr einbringen.

Need Talk

»Ich muss mich ändern.« Need Talk ist stärker als Ability Talk, weil er auf einen Grund oder ein Motiv für eine Änderung schließen lässt. Dennoch ist es eine vergleichsweise schwache Form des Change Talk, da die Aussage »Ich *muss* etwas tun« für gewöhnlich darauf hindeutet, dass externe Gründe mit im Spiel sind. »Ich muss« ist nur eine andere Form von »Ich sollte«, und wie wir gesehen haben, birgt Letzteres das Risiko der psychologischen Reaktanz. Versuchen Sie die Zielperson zu einer stärkeren Verpflichtung zu bewegen, indem Sie sie nach dem *Warum* fragen und sich auf ihre Wünsche konzentrieren.

Ihre Frau: Ich sollte dir wirklich etwas Zeit für dich lassen, wenn du nach Hause kommst, oder? Ich glaube, ich verstehe, warum du das brauchst.
Sie: Ich bin froh, dass du das verstehst – danke. Ich weiß das wirklich zu schätzen. Aber darf ich dich noch etwas fragen? Warum könntest du mir diese Auszeit geben *wollen?*

Auch hier gibt es wieder ein Spektrum an Äußerungen, die Sie zu hören bekommen können. Je stärker die Äußerung, umso eher wird der angestrebte Commitment Talk folgen.

Am stärksten: Ich muss dir unbedingt Zeit zum Abschalten geben.
Mäßig: Ich muss dir Zeit zum Abschalten geben.
Am schwächsten: Wahrscheinlich muss ich dir Zeit zum Abschalten geben.

Want Talk

»Ich möchte mich ändern.« Jetzt kommen wir zur Sache. Äußert jemand den Wunsch, sich zu ändern, sind wir schon auf halbem Weg zum Ziel. Noch nicht ganz am Ziel, denn was die Leute wirklich zum Handeln bringt, ist nicht das bloße Anerkennen des eigenen Wunsches, sondern wenn sie sich selbst sagen hören, *warum* sie das möchten. Also können Sie auch hier mit der Frage nach dem *Warum* das Engagement der Zielperson stärken und den Prozess weiter vorantreiben:

Julia: Sonja kann manchmal ganz schön heftig sein, aber ich mag sie wirklich. Vielleicht könnte ich sie nur noch in der Schule treffen, wie du gesagt hast, aber wenn sie mich zu etwas wirklich Coolem einlädt, wird es mir schwerfallen, Nein zu sagen.

Sie: Das mit der reinen Schulfreundin freut mich. Darf ich dich fragen, was der Grund dafür sein könnte, warum du sie nur noch in der Schule treffen möchtest? Was könntest du davon haben, wenn du das so hältst?

Am stärksten: Ich möchte Sonja auf jeden Fall nur noch in Schule treffen.
Mäßig: Ich möchte Sonja nur noch in Schule treffen.
Am schwächsten: Vielleicht möchte ich Sonja nur noch in der Schule treffen.

Action Talk

»Ich habe bereits konkrete Maßnahmen in Richtung auf das angestrebte Verhalten (die angestrebte Veränderung) ergriffen oder bin gerade dabei.« Wie Sie sehen, befinden wir uns jetzt auf einem etwas höheren Niveau des Change Talk. Berichtet Ihnen jemand von einer tatsächlichen Verhaltensänderung, dann zeigt er Ihnen bereits eine hohe Motivation. Aber auch hier kann die Frage nach dem *Warum* weiterhelfen.

Mitarbeiter: Ich habe in dem Team, in dem ich jetzt bin, bislang alle Abgabetermine eingehalten.
Sie: Es freut mich, das zu hören! Vielen Dank, dass Sie mir das sagen. Es gibt da noch etwas, was ich Sie gerne fragen würde: Warum haben Sie sich Ihrer Meinung nach so sehr angestrengt, um diese Termine einzuhalten? Was hat Ihnen das gebracht?

Am stärksten: Ich habe alle Abgabetermine für mein Team eingehalten.
Mäßig: Ich habe ein paar Abgabetermine für mein Team eingehalten.
Am schwächsten: Ich arbeite daran, meine Abgabetermine einzuhalten, und habe gestern einen eingehalten.

Reasons Talk

»Ich möchte/muss mich ändern, weil [ein persönlicher Grund wie zum Beispiel] ich dann zufriedener mit mir selbst bin« oder »Ich habe angefangen mich zu ändern, weil [ein persönlicher Grund wie zum Beispiel] ich dadurch mehr Zeit für die Dinge habe, die mir am Herzen liegen«. Reasons Talk ist aus zwei Gründen stärker als die bisher behandelten Äußerungen. Erstens ändern sich, wie wir gesehen haben, Leute vor allem dann, wenn sie sich selbst sagen hören, warum sie das wollen. Und zweitens enthält der Reasons Talk Elemente anderer Formen von Change Talk, beispielsweise Wünsche oder Erfordernisse. Jeder Grund ist geeignet, wobei persönliche Gründe (»Ich werde zufriedener sein mit mir«) üblicherweise wirksamer sind als von außen kommende (»Ich werde mehr Geld verdienen«). Wenn möglich, fragen Sie weiter, warum das für den anderen wichtig ist, bis Sie eine Antwort erhalten, die wirklich persönlich und aufrichtig wirkt. Das kann sich gelegentlich etwas in die Länge ziehen, aber die Resultate, die Sie erhalten, wenn Sie alle fünf Warums fragen, lohnt die Mühe, wie der folgende Dialog zeigt:

Ihre Frau: Ich möchte dir deine Stunde Ruhe geben, wenn du von der Arbeit heimkommst, weil das Zusammenleben mit dir sonst unerträglich wird!

Sie: Danke schön. Aber darf ich dich fragen, warum es dir wichtig ist, dass ich erträglicher im Zusammenleben bin?« *[Erstes Warum]*

Ihre Frau: Also wirklich! Du bist einfach viel umgänglicher, wenn es dir gut geht.

Sie: Warum ist es besser für dich, wenn es mir gut geht? *[Zweites Warum]*

Ihre Frau: Machst du Scherze? Also, ehrlich gesagt, es stinkt mir irgendwie: Wir sitzen am Tisch, unterhalten uns, und du bist höflich, aber ich spüre, lieber wäre es dir, ich würde nichts sagen. Ich gebe dir liebend gerne deine Stunde Ruhe, wenn du dafür später beim Abendessen gut gelaunt bist.

Sie: Diese Vorstellung gefällt mir. Aber warum wäre es gut für dich, wenn du das machst? *[Drittes Warum]*

Ihre Frau: Nun, du wärst nicht so gereizt, oder?

Sie: Ich würde es auf jeden Fall versuchen. Aber warum wäre das für dich wichtig? *[Viertes Warum]*

Ihre Frau: Weil das Abendessen dann bestimmt mehr Spaß machen würde. Früher haben wir immer miteinander ge- scherzt – das fehlt mir. Seit einiger Zeit bist du immer so müde und nörgelst dauernd herum. Meinst du, wir würden uns wieder gegenseitig aufziehen und einfach mehr mit- einander lachen, wenn du eine Stunde Auszeit hättest?

Sie: Es würde mir jedenfalls sehr gefallen. Aber warum könn- te das gut für dich sein, wenn wir das so hielten? *[Fünftes Warum]*

Ihre Frau: Ich hätte das Gefühl, dass du mich wirklich gern hast. Ich weiß schon, du liebst mich. Aber es kommt mir so vor, als wärst du nicht mehr so gerne mit mir zusammen – als hättest du mich nicht mehr so gern wie früher.

Sie: Schatz, das tut mir wirklich leid, ich hatte keine Ahnung, wie du das empfindest, und ich werde mich bemühen, in Zukunft anders zu sein. Aber du hast gesagt, dass du mir meine Stunde Auszeit nach der Arbeit lassen willst, weil wir dann mehr Spaß beim Abendessen hätten und du wieder merken würdest, wie sehr es mir gefällt, mit dir zusammen zu sein.

Ihre Frau: Ja, ganz genau.

Sie: Was wäre dann, wenn überhaupt, der nächste Schritt?

Ihre Frau (lacht): Bitte, Schatz, mach es für mich. Nimm dir deine Stunde Auszeit.

Am stärksten (Maßnahmen ergreifen oder der Wunsch zur Änderung *und* intrinsische Motivation): Ich möchte dir deine Stunde Auszeit nach der Arbeit geben, weil du dann beim Abendessen besser gelaunt bist und ich sehen würde, wie gerne du mit mir zusammen bist.

Mäßig (Wunsch zur Änderung *und* extrinsische Motivati- on): Ich möchte dir deine Stunde Auszeit nach der Arbeit geben, weil man in einer guten Beziehung versuchen soll- te, die Wünsche des anderen zu erfüllen.

Am schwächsten (Notwendigkeit zur Änderung *und* extrinsische Motivation): Ich sollte dir deine Stunde Auszeit nach der Arbeit geben, weil du dann vielleicht etwas tun wirst, was ich von dir haben möchte.

Wie Sie sehen, ist die intrinsische Motivation das stärkste Element im Reasons Talk. Das zweitwichtigste Element ist, ob der andere davon spricht, *Maßnahmen zu ergreifen* (am stärksten), *sich ändern zu wollen* (mäßig) oder *sich ändern zu müssen* (am schwächsten). Dabei ist jemand, der sagt, dass er »sich ändern muss« und dafür einen sehr persönlichen, aufrichtigen Grund nennt, näher an dem Punkt, an dem er sich zu einer Änderung verpflichtet, als jemand, der sagt, er habe schon erste Schritte zur Änderung unternommen, dafür aber nur externe Gründe nennt. Wenn Sie beim Reasons Talk persönliche, aufrichtige Gründe hören, können Sie sich wahrscheinlich an die Ausarbeitung eines Aktionsplans machen (siehe Kapitel 9).

Commitment Talk

»Ich werde mich ändern.« Jetzt endlich sind wir beim Commitment Talk angekommen, der wichtigsten Form von Change Talk und dem eigentlichen Ziel des Instant-Influence-Prozesses. Dabei handelt es sich um eine klare, auf die Zukunft gerichtete Feststellung der Absicht, etwas Bestimmtes zu tun. Zugleich ist Commitment Talk laut wissenschaftlichen Erkenntnissen am stärksten und durchgängigsten mit einer Veränderung assoziiert. Damit er aber wirklich effektiv ist, muss er von mindestens einem persönlichen Grund begleitet werden:

Von nun an werde ich mich bei jedem Team einbringen, dem ich angehöre. Ich werde vorbereitet zu den Meetings kommen und bereit sein, aktiv mitzuarbeiten. Ich möchte mich voll in die Teamarbeit einbringen, weil ich mehr Achtung vor mir selbst habe, wenn ich einen echten Beitrag leiste.

In Ordnung, Liebling, ich verstehe dich. Von nun an werde ich dir jeden Tag nach der Arbeit eine Stunde Zeit geben, in der du tun und lassen kannst, was du willst. Aber ich erwarte von dir, dass du dich dann beim Abendessen mit mir unterhältst. Ich freue mich darauf, wieder Spaß beim Abendessen zu haben und wieder zu spüren, wie gerne du mit mir zusammen bist.

Ich glaube, ich werde Sonja nur noch in der Schule sehen und mich sonst nicht mehr mit ihr treffen. Irgendwie macht sie mir Angst, und deshalb ist das für mich ganz in Ordnung.

Eine Sache aber gibt es, die alles andere an Äußerungen übertrifft, und das ist, wenn jemand echte Emotionen zeigt. Gleichgültig wie schwach der Rest der Unterhaltung wirken mag, wenn echte Gefühle ins Spiel kommen, wird die Wirkung automatisch verstärkt. Das gilt für negative Emotionen (»Ich bin so verzweifelt wegen dieses Problems«) ebenso wie für positive (»Ich bin so begeistert über die Möglichkeiten, die mir das eröffnet«).

Kommen Ihnen negative Emotionen zu einem Problem zu Gehör, sollten Sie diese zusammen mit einer möglichen positiven Lösung spiegeln:

Mitarbeiter: Es macht mich wütend, wie ich mich verhalte, sobald ich in einer Gruppe mitarbeiten soll! Es fällt mir unglaublich schwer, mich einzubringen. Ich mag das überhaupt nicht an mir, aber so ist es nun einmal.

Sie: Das klingt, als würde Ihnen das schon längere Zeit zu schaffen machen. *[Die Emotion spiegeln.]* Und es klingt, als könnten Sie diese Wut auf sich selbst etwas vermindern, wenn Sie sich mehr einbringen könnten. *[Die potenzielle Motivation spiegeln.]* Wie sehen Sie das? *[Sie geben das Problem der anderen Person zurück und stärken dadurch ihre Autonomie weiter.]*

Wenn von einer positiven Emotion die Rede ist, können Sie die Emotion zusammen mit der Motivation spiegeln.

Ihre Frau: Ich sollte dir diese eine Stunde Auszeit wirklich geben, weil es mir sehr gefallen würde, wenn wir mehr Spaß beim Abendessen hätten. Weißt du noch, als wir uns ken-

nengelernt haben, hast du mich die ganze Zeit zum Lachen gebracht. Das fehlt mir! Ich kann dir gar nicht sagen, wie gerne ich das wieder so hätte. Glaubst du, wir schaffen das?
Sie: Ganz bestimmt. Und ganz besonders wenn ich höre, wie sehr dir die Vorstellung gefällt, mir meine Stunde Auszeit zu gönnen, damit wir das wieder hinbekommen. *[Obwohl Ihre Frau das Wort* sollte *benutzt, spiegeln Sie die Gründe, warum sie etwas tun möchte.]*

Haben Sie erst einmal erkannt, wie wichtig Emotionen sind, werden Sie stärker darauf achten und sie effektiver spiegeln. Durch Ihre Spiegelung verstärken Sie die Emotion und damit den Wunsch zu einer Veränderung.

Wie gesagt, es gibt zwei Typen von Äußerungen, die eine Bereitschaft für einen Aktionsplan signalisieren: Einmal der von mindestens einem intrinsischen Grund begleitete Commitment Talk, zweitens jeder mit starken Emotionen vorgetragene Grund für eine Veränderung. Die anderen Formen des Change Talk sind Anzeichen für einen Fortschritt, worauf Sie nicht nur im ersten Instant-Influence-Gespräch, sondern auch später mit Ermutigung reagieren sollten. Aber einen Aktionsplan sollten Sie erst dann in Angriff nehmen, wenn Sie Commitment Talk mit wenigstens einem intrinsischen Grund *oder* mit starken Emotionen vorgetragenen Reasons Talk hören.

✎ **Testen Sie Ihre Instant-Influence-Fähigkeiten: Bereitschaft zur Änderung erkennen**

Lesen Sie die folgenden Aussagen. Kreuzen Sie jede Äußerung an, die Ihrer Meinung nach eine Bereitschaft zur Änderung anzeigt, und begründen Sie Ihre Entscheidung, indem Sie den Typus des Change Talks klassifizieren. Schreiben Sie Ihre Erklärungen auf.

○ Ich habe einfach genug davon, in der Schule jeden Tag so müde zu sein! Ich sollte wirklich früher ins Bett gehen. Mir gefällt überhaupt nicht, wie ich mich sonst fühle!

○ Ich weiß, dass ich einmal pro Woche die Zeit finden könnte, um mit meiner Mama und Tante Jane zu telefonieren. Ich spreche gar nicht mehr mit ihnen.

○ Ich möchte wirklich öfter ins Fitnessstudio gehen.

○ Ich werde pro Monat mindestens ein neues Buch aus meinem Fachbereich lesen. Das wird nicht einfach, aber ich muss das Gefühl haben, noch etwas dazuzulernen. Anderenfalls würde ich mich nur alt fühlen, und das hasse ich.

○ Ich möchte gerne mehr Zeit mit den Kindern verbringen. Wir könnten ja einmal die Woche alle zusammen Pizza essen gehen, vielleicht würde das funktionieren.

○ Meine Finanzen sind einfach ein Chaos; nur darüber zu reden ist mir schon peinlich. Ich muss langsam wirklich etwas deswegen unternehmen.

○ Ich habe bereits angefangen, Geld für die Pensionierung zurückzulegen, aber ich werde den Beitrag ab diesem Monat aufstocken und mich nächsten Monat mit meinem Finanzberater zusammensetzen. Wenn ich nichts unternehme, könnte mir ein ziemlich trostloses Rentnerdasein bevorstehen.

○ Ich habe *einen Teil* meiner Quartalsberichte erstellt, aber bevor ich damit fertig werde, muss ich schon die neuen abgeben.

○ Ich würde meinen Chef gerne um eine Gehaltserhöhung bitten. Wenn ich nur daran denke, wer in der Abteilung schon alles eine bekommen hat und ich nicht, dann kommt mir die Galle hoch.

○ Ich bin absolut begeistert von meiner neuen Ernährungsberaterin und fest entschlossen, ihren Diättipps aufs Wort zu folgen. Ich kann es kaum erwarten, bis ich die tollen Ergebnisse mit eigenen Augen sehe.

■ **Auflösung**

Ich habe einfach genug davon, in der Schule jeden Tag so müde zu sein! Ich sollte wirklich früher ins Bett gehen. Mir gefällt überhaupt nicht, wie ich mich sonst fühle! Starke Emotion; hohe Wahrscheinlichkeit einer Veränderung.

Ich weiß, dass ich einmal pro Woche die Zeit finden könnte, um mit meiner Mama und Tante Jane zu telefonieren. Ich spreche gar nicht mehr mit ihnen. Ability Talk (»Ich könnte ...«); geringere Wahrscheinlichkeit einer Veränderung.

Ich möchte wirklich öfter ins Fitnessstudio gehen. Want Talk (»Ich möchte ...«); geringere Wahrscheinlichkeit einer Veränderung.

Ich werde pro Monat mindestens ein neues Buch aus meinem Fachbereich lesen. Das wird nicht einfach, aber ich muss das Gefühl haben, noch etwas dazuzulernen. Anderenfalls würde ich mich nur alt fühlen, und das hasse ich. Commitment Talk (»Ich werde ...«) mit persönlichen Gründen; hohe Wahrscheinlichkeit einer Veränderung.

Ich möchte gerne mehr Zeit mit den Kindern verbringen. Wir könnten ja einmal die Woche alle zusammen Pizza essen gehen, vielleicht würde das funktionieren. Want Talk (»Ich möchte ...«), geringere Wahrscheinlichkeit einer Veränderung.

Meine Finanzen sind einfach ein Chaos; nur darüber zu reden ist mir schon peinlich. Ich muss langsam wirklich etwas deswegen unternehmen. Need Talk (»Ich muss ...«); geringere Wahrscheinlichkeit einer Veränderung.

Ich habe bereits angefangen, Geld für die Pensionierung zurückzulegen, aber ich werde den Beitrag ab diesem Monat aufstocken und mich nächsten Monat mit meinem Finanzberater zusammensetzen. Wenn ich nichts unternehme, könnte mir ein ziemlich trostloses Rentnerdasein bevorstehen. Commitment Talk (»Ich habe bereits angefangen ...«) mit persönlichen Gründen; hohe Wahrscheinlichkeit einer Veränderung.

Ich habe einen Teil meiner Quartalsberichte erstellt, aber bevor ich damit fertig werde, muss ich schon die neuen abgeben. Action Talk (»Ich habe etwas gemacht ...«); hohe Wahrscheinlichkeit einer Veränderung.

Ich würde meinen Chef gerne um eine Gehaltserhöhung bitten. Wenn ich nur daran denke, wer in der Abteilung schon alles eine bekommen hat und ich nicht, dann kommt mir die Galle hoch. Starke Emotion; hohe Wahrscheinlichkeit einer Veränderung.

Ich bin absolut begeistert von meiner neuen Ernährungsberaterin und fest entschlossen, ihren Diättipps aufs Wort zu folgen. Ich kann es kaum erwarten, bis ich die tollen Ergebnisse mit eigenen Augen sehe. Starke Emotion; hohe Wahrscheinlichkeit einer Veränderung. ∎

Auf Anzeichen für eine Änderung achten

Manchmal kann man Veränderungen im Sprachgebrauch der Menschen ausmachen. In anderen Fällen muss man im Tonfall oder in den Gefühlen, die sie ausdrücken, nach Anzeichen dafür suchen. Hier einige nonverbale und indirekte Indizien, die darauf hinweisen, dass sich das Rad der Veränderung möglicherweise in Bewegung gesetzt hat. Der andere …

- *macht Pausen, sagt nichts mehr oder spricht stockend:* Wenn das Gespräch stockt oder langsamer wird, denkt Ihr Gegenüber intensiv über die zur Debatte stehende Änderung nach. Idealerweise sollten Sie nichts sagen und warten, bis er weiterspricht (vermeiden Sie es generell, Gesprächspausen zu füllen), aber falls Sie etwas sagen müssen, verwenden Sie eine der autonomiestärkenden Aussagen aus Kapitel 2.
- *leistet mehr Widerstand als zuvor:* Paradoxerweise kann erneuter Widerstand ein Zeichen dafür sein, dass der andere eine Änderung in Betracht zieht – und darauf zuerst einmal mit Frustration reagiert. Auch hier sollten Sie versuchen, nichts zu sagen. Dieser Prozess betrifft den anderen, und wenn er versucht, ihn zu lösen, sollten Sie ihm die Zeit dazu lassen. Falls Sie aber das Gefühl haben, doch etwas sagen zu müssen, bietet es sich an, den Widerstand in seiner Verbindung mit der angestrebten Änderung anzuerkennen, etwa mit Sätzen wie »Manchmal reagiert man mit Unwillen, wenn sich eine Veränderung abzeichnet« oder »Selbst willkommene Veränderungen können unangenehm sein, schließlich bedeuten sie eine Abkehr vom gewohnten Gang der Dinge«. Häufig wird der andere daraufhin erneut seine Position wechseln und solche Kommentare zum Anlass nehmen, seine Bereitschaft beziehungsweise seinen Willen zur Veränderung zu verteidigen.
- *scheint verwirrt:* Wenn Sie mit Fragen und Sorgen (»Und was ist damit?«, »Ich kapiere das nicht«, »Diese andere Sache verwirrt mich«) oder mit falschen Schlussfolgerungen und uneindeutigen Äußerungen bestürmt werden, ist das ein Anzeichen für Veränderung. Der andere braucht einfach noch

ein bisschen Zeit, um alles zu verarbeiten. Wieder sollten Sie einfach schweigen. Wenn Sie auf die Fragen reagieren müssen, versichern Sie dem anderen, dass Sie später darauf zurückkommen, sich für den Moment aber auf die Gründe konzentrieren möchten, warum er sich ändern wollen könnte.

- *reagiert mit Sarkasmus:* Jetzt werden Sie getestet, insbesondere wenn der Sarkasmus dazu dient, die Verantwortung an Sie zurückzugeben (»Wer ist hier der Experte? Sie oder ich?«, »Warum *sagen* Sie mir nicht einfach, was ich tun soll?«, »Geben Sie mir doch einfach die Liste mit den Dingen, die ich befolgen soll, und ich werde mich jedem Ihrer Wünsche beugen, in Ordnung?«). Sie haben die Autonomie des anderen respektiert und er fängt an, sich zu öffnen; vorher aber will er feststellen, ob es Ihnen wirklich ernst ist damit (auch wenn ihm dieses Austesten gar nicht bewusst ist). Gehen Sie nach Möglichkeit nicht darauf ein. Versuchen Sie nichts zu sagen. Und wenn Sie das Gefühl haben, doch etwas sagen zu müssen, sollten Sie vorbereitet sein – prägen Sie sich die möglichen Antworten ein, die Sie weiter unten in diesem Kapitel finden.

- *unternimmt vorsichtige Versuche, Ihnen die Verantwortung rückzuübertragen:* Fragen wie »Was sollte ich Ihrer Meinung nach jetzt tun?« oder »Wenn Sie ich wären, wie würden Sie das handhaben?« sind ähnlich wie sarkastische Kommentare ein Mittel, um Sie zu testen. Schlucken Sie den Köder nicht. Wenn möglich, sagen Sie nichts. Wenn Sie das Gefühl haben, doch etwas erwidern zu müssen, wählen Sie eine der weiter unten aufgeführten Antworten.

- *stellt Fragen:* »Halten Sie das etwa für einfach?«, »Was glauben Sie, wie ich das hinbekommen soll?«, »Das schaffe ich nie. Wie kommen Sie darauf, dass ich das könnte?«, »Warum sollte ich?« – so ablehnend solche Fragen zunächst auch klingen mögen, in Wahrheit sind sie Chancen. Wieder sollten Sie darauf nichts antworten, und wenn doch: siehe unten.

- *reduziert seinen Widerstand:* »Ja, ich glaube, das könnte ich machen …«, »Wahrscheinlich haben Sie ja recht«, »Ich kann irgendwie erkennen, worauf Sie hinauswollen« – solche Bemerkungen sind Öffnungen, die Ihnen zeigen, dass Sie auf dem richtigen Weg sind. Wenn der Widerstand schwindet, öffnet das der Motivation Tür und Tor (zumindest fangen ein paar Mauern an zu bröckeln). Vergessen Sie nicht, *alles* ist besser als ein klares Nein. Wenn Sie einen Mitarbeiter fragen, ob er bereit sei, ein neues Verkaufssystem zu übernehmen, und er »Eher nicht« antwortet, lässt er Ihnen damit eine Öffnung – wie winzig sie auch sein mag – und gibt Ihnen grünes Licht, den Prozess fortzuführen: »Ohne jetzt darüber nachzudenken, wie groß die Wahrscheinlichkeit ist, dass Sie es tun werden: Warum *könnten* Sie es tun wollen?«

– *malt sich eine Veränderung aus:* Wenn Sätze mit »Es wäre toll, wenn …« oder »Wenn doch nur …« beginnen, folgt häufig ein Ausdruck der Begeisterung über die Aussicht auf eine Veränderung. Manchmal aber zeigt der Tonfall des Gegenübers Zweifel an – er hat das Gefühl, nicht dazu imstande zu sein, oder glaubt nicht daran. Statt sich über die Möglichkeit zur Veränderung zu freuen, tut er diese von vornherein ab. In diesem Fall ist es hilfreich, mit Fragen wie »*Was* wäre denn so toll daran?« seine Motivation weiter zu stärken.

– *sucht nach Ausreden:* »Ich kann nicht, weil …«, »Das wird nicht funktionieren, da …« Auch wenn es schwer zu glauben ist: Solche Ausflüchte sind eigentlich positiv. Wenn jemand Gründe dafür anführt, warum er etwas *nicht* tun kann, ist das eines der klarsten Anzeichen dafür, dass er es ernsthaft in Erwägung zieht. Und weil er es in Betracht zieht, sucht er nach Gründen, die dagegensprechen. Widerstehen Sie der Versuchung, die Gegenargumente unabsichtlich zu bekräftigen oder sie als bloße Ausflüchte abzutun, um keine Verantwortung übernehmen zu müssen. Fragen Sie stattdessen: »Warum würden Sie es tun, wenn es diese Gründe nicht gäbe?« oder »Wenn Sie einen Zauberstab hätten und damit das Problem wegzaubern könnten, warum würden Sie es dann tun wollen?«

– *führt legitime Gegengründe an:* Auch wenn es sich kontraintuitiv anhören mag, gehen Sie mit legitimen Gründen, die gegen eine Änderung sprechen, ebenso um wie mit Ausreden und vermeiden Sie jede Andeutung, der andere scheue womöglich vor Verantwortung zurück. Es kommt weniger darauf an, ob seine Gründe gut sind, als vielmehr darauf, seinen Fokus auf die Frage nach dem *Warum* zu richten. Bitten Sie ihn, »den Zauberstab zu schwenken« und die Gründe verschwinden zu lassen und dann darüber nachzudenken, warum er etwas tun *möchte*, nicht darüber, warum er es nicht kann.

Jedes Anzeichen einer Veränderung bedeutet, dass Sie Fortschritte machen. Ob Sie diesen Fortschritt gleich im ersten Instant-Influence-Gespräch wahrnehmen oder erst zu einem späteren Zeitpunkt, ist unerheblich. Der Prozess der Veränderung hat begonnen!

Wenn Sie auf die Probe gestellt werden ...

Werden Sie mit einer sarkastischen Bemerkung konfrontiert oder versucht jemand, die Entscheidungsverantwortung auf Sie abzuwälzen, sollten Sie nach Möglichkeit nicht darauf eingehen. Für den Fall, dass dies nicht möglich ist, hier ein paar mögliche Antworten:

- Ich weiß ehrlich gesagt nicht, was Sie tun sollen.
- Ich habe keine Ahnung, was ich an Ihrer Stelle tun würde.
- Ich kann gerne später darüber nachdenken, was ich tun würde, und Ihnen das dann sagen ... Aber jetzt gerade bin ich mehr daran interessiert, Ihre Beweggründe zu hören. Schließlich sind Sie derjenige, der die Entscheidung trifft.
- Stimmt, ich *bin* der Boss (oder der Vater/die Mutter oder irgendeine andere Autoritätsperson), und ich weiß, was ich von Ihnen gerne hätte, aber jetzt geht es darum, was *Sie* möchten. Wir können gerne eine andere Gangart einlegen, wenn Ihnen das lieber ist, aber meines Erachtens funktioniert

es am besten, wenn wir es irgendwie hinbekommen, unsere Wünsche in Einklang zu bringen.
- Das klingt, als wollten Sie dieses Problem wirklich anpacken. Warum ist Ihnen das so wichtig?

Probleme im Gespräch lösen

Auch wenn der Instant-Influence-Prozess in den meisten Fällen reibungslos verläuft, kommt es immer wieder vor, dass Leute mauern, Widerstand leisten oder die Sache einfach in die Länge ziehen. Hier ein paar Vorschläge, wie Sie das Gespräch auf produktive und positive Weise voranbringen können, wenn jemand …

- *unterbricht:* »Im Moment möchte ich mich lieber auf das Positive konzentrieren und wäre Ihnen dankbar, wenn Sie bereit wären, mir eine andere Frage zu beantworten: Warum könnten Sie das tun wollen?«
- *legitime Einwände vorbringt:* »In Ordnung, wir werden darüber noch reden, aber gerade würde ich gerne wissen, warum Sie das tun wollen könnten.«
»Stimmt, da haben Sie recht, und wir werden darüber reden. Aber jetzt gerade möchte ich wissen, warum Sie …«
»Das tut mir leid. Wir werden darüber reden, aber im Moment möchte ich wissen, warum Sie …«
»Im Moment kann ich Ihnen da nicht zustimmen, aber ich würde gerne mehr über Ihre Bedenken erfahren. Jetzt gerade jedoch würde mich mehr interessieren, warum Sie …«
- *sich dem Gespräch verweigert:* »Ich will Sie nicht zum Reden zwingen, aber wäre es für Sie in Ordnung, wenn wir das Gespräch ein andermal fortsetzen – und Sie bestimmen den Zeitpunkt?« [Weil wir alle wissen, dass es Konsequenzen hat, wenn wir etwas nicht tun, müssen Sie das in diesem Teil der Unterhaltung nicht ansprechen, zumal die Androhung von Konsequenzen die Motivation für eine Veränderung nur wenig erhöht.]

– *frustriert über den Prozess wirkt oder ihn abbrechen will:* Machen Sie mit dem nächsten Schritt weiter oder gehen Sie direkt zu Schritt 6:

»Also, was wäre dann der nächste Schritt, so es denn einen gibt?«

»Was würden Sie in dieser Sache gerne als Nächstes tun – wenn überhaupt?«

»Was sollte Ihrer Meinung nach jetzt als Nächstes geschehen? Und wie würden Sie daran teilhaben wollen?«

Alternativ dazu können Sie den Prozess auch zeitweise aussetzen: »Vielen Dank für das Gespräch. Wäre es Ihnen recht, wenn wir es zu einem anderen Zeitpunkt fortsetzen? Und könnten Sie einen Termin dafür vorschlagen?«

Anzeichen für Ungeduld

Der Instant-Influence-Prozess ist darauf ausgelegt, in sieben Minuten zu funktionieren, also sollte das Gespräch theoretisch abgeschlossen sein, bevor jemand die Zeit hat, ungeduldig zu werden. Dauert das Gespräch aber etwas länger oder haben Sie es mit einer sehr veränderungsunwilligen Person zu tun, könnte es sein, dass Sie mit Anzeichen von Ungeduld konfrontiert werden: »Wie lange soll das denn noch dauern?«, »Ich weiß nicht …« (vor allem, wenn das wiederholt auf verschiedene Fragen geantwortet wird), Seufzen und Gähnen, fehlender Augenkontakt und andere Formen einer abwehrenden Körpersprache wie verschränkte Arme, Zurücklehnen im Stuhl oder wütende oder misstrauische Blicke. Wenn Sie mit Instant Influence in eine Sackgasse geraten, sollten Sie stets den Widerstand des anderen spiegeln, um seine Autonomie zu stärken, und die Verantwortung an ihn zurückgeben:

»Unser Gespräch scheint Sie zu frustrieren. Wir müssen jetzt nicht über diese Sache reden, aber wären Sie ein andermal dazu bereit?«

»Ich kann sehen, dass Sie nicht bei der Sache sind. Warum könnten Sie trotzdem über diese Angelegenheit weiterreden wollen?«

Oder Sie gehen einfach direkt zu Schritt 6:

»Ich habe den Eindruck, dass Sie jetzt aufhören möchten. Was wäre, wenn überhaupt, jetzt der nächste Schritt?«

In den meisten Fällen wird Ihr Instant-Influence-Gespräch zu einer Änderung führen. Wie lässt sich am ehesten sicherstellen, dass nun auch tatsächlich Maßnahmen ergriffen werden? Im nächsten Kapitel zeige ich Ihnen, wie Sie Aktionspläne erstellen, die zu konkreten und dauerhaften Veränderungen führen.

9 Einen Aktionsplan erstellen

Ein Aktionsplan ist ein persönlicher, schriftlicher oder mündlicher Vertrag, in dem genau festgehalten wird, auf welche Maßnahmen die Zielperson sich verpflichtet. Weil es ein persönlicher Vertrag ist, gibt es keinen Vertragspartner. Mit dem Aktionsplan geht die Zielperson eine Verpflichtung sich selbst gegenüber ein und ist selbst für die Erfüllung des Vertrags verantwortlich. Sie können einen Aktionsplan erstellen, wenn Sie den Instant-Influence-Prozess auf sich selbst anwenden, oder Sie können der Zielperson (einem Mitarbeiter, einem Kind, einem Freund oder einem Partner) empfehlen – eventuell mit Ihrer Hilfe –, einen zu entwerfen.

Derjenige, der den Aktionsplan entwirft, entscheidet über die Form, also ob er ihn schriftlich oder mündlich, formell oder informell ausarbeiten wird. Idealerweise enthält ein solcher Plan die folgenden Elemente:

- *Ein konkretes und messbares Verhaltensziel.* Zum Beispiel: »Jede E-Mail, die ich diese Woche erhalte, innerhalb von 24 Stunden beantworten«, »Meine täglichen Hausarbeiten eine Woche lang erledigen, ohne daran erinnert werden zu müssen« oder »Die nächsten zwei Wochen hindurch jedes Mal anrufen, wenn ich später von der Arbeit nach Hause komme«.
- *Die Beschreibung nur eines – des nächsten – Schrittes des Prozesses.* Wenn keine Maßnahmen in die richtige Richtung folgen, können Sie immer noch ein zweites Instant-Influence-Gespräch führen und einen weiteren Aktionsplan erstellen. Im Moment aber sollten Sie sich auf einen, sprich den nächsten Schritt beschränken. Wie wir gesehen haben, sind Leute, die sich von einer großen Veränderung abgeschreckt fühlen, oftmals bereit, einen kleinen und einfachen Schritt zu gehen. Und vergessen Sie nicht, wenn sich jemand zu einem kleinen Schritt bereit erklärt, kann er anschließend immer noch einen sehr viel größeren machen. Manchmal

wollen die Leute auf Nummer sicher gehen und sich nur auf wenig festlegen, selbst wenn sie vorhaben, mehr zu tun. Außerdem können sie, haben sie einen kleinen Schritt getan und davon tatsächlich profitiert, immer noch beschließen, nun einen größeren zu wagen.

– *Einen Zeitrahmen.* Wegen der kurzfristigen Orientierung sollte der Zeitrahmen je nach angestrebter Veränderung zwischen einem Tag und einem Monat liegen.

– *Eine Methode.* Wie wollen Sie Ihr Ziel erreichen? »Ich werde jeden Tag die erste Viertelstunde darauf verwenden, die E-Mails vom Vortag zu beantworten«, »Ich werde alle meine häuslichen Pflichten der kommenden Woche aufschreiben, den Zettel an den Kühlschrank hängen und jeden Abend ausstreichen, was ich erledigt habe«, »Ich stelle den Alarm an meinem Telefon auf 17 Uhr, um mich an den Anruf zu Hause zu erinnern.« Das Benennen einer Methode lässt die Handlung machbar erscheinen und erhöht damit die Wahrscheinlichkeit, dass sie vorgenommen wird.

– *Mindestens einen, besser aber noch zwei oder drei Gründe für die Maßnahme.* Je persönlicher die Gründe sind, umso wirkungsvoller wird der Aktionsplan sein. (Benutzen Sie die »fünf Warums«, um der Zielperson bei der Identifikation tief empfundener Gründe zu helfen.)

– *Eine Beschreibung möglicher Hindernisse und wie diese überwunden werden können.* Optional.

– *Eine Beschreibung der Unterstützung, die die Zielperson von jemand anderem erwartet oder sich holen möchte.* Optional.

– *Einen Alternativplan oder die Verpflichtung, einen solchen zu entwickeln, sollte der ursprüngliche Plan nicht funktionieren.* Optional.

Ein schriftlicher Aktionsplan kann datiert und unterschrieben werden, was seinen verpflichtenden Charakter verstärkt. Weil die Offenlegung einer Verpflichtung uns zusätzlich motiviert, sie einzuhalten, könnte es auch hilfreich sein, wenn wir jemand anderem – einem Freund, Berater, Kollegen oder Partner – eine Kopie des Plans geben. Im beruflichen Umfeld können Aktionspläne noch eine weitere Funktion erfüllen: als Dokumentation eines Gesprächs mit einem Mitarbeiter oder Vorgesetzten, sodass beide Seiten eine schriftliche Aufzeichnung dessen haben, was vereinbart wurde.

Vergessen Sie aber den *persönlichen* Charakter des Vertrags nicht. Erweckt ein Aktionsplan eher den Anschein eines Versprechens gegenüber einem Dritten und insbesondere einer Autoritätsfigur, macht das alle im Instant-Influence-Prozess erzielten Fortschritte wieder zunichte. Die Zielperson muss sich bewusst sein, dass sie sich ändert, weil sie selbst das möchte – und nicht aus irgendeinem anderen Grund. Ob Sie nun einen Aktionsplan für sich selbst erstellen oder jemandem dabei helfen, in beiden Fällen sollten Sie sich sorgfältig überlegen, ob ein Dritter den Plan sehen sollte. Da es entscheidend darauf ankommt, die Autonomie der Zielperson zu wahren, liegt die Entscheidung, ob ein Aktionsplan schriftlich oder mündlich gemacht wird, bei der Zielperson – auch wenn sein Gegenüber in manchen Fällen einen schriftlichen Plan vorziehen würde.

Wann man *keinen* Aktionsplan macht

Wie wir in Kapitel 8 gesehen haben, gibt es zwei Veränderungssignale, die zu einem Aktionsplan führen sollten: von überzeugenden persönlichen Gründen begleiteter Commitment Talk und mit starken Emotionen geäußerte Gründe. Solange Sie weder das eine noch das andere gehört haben, ist die Zeit noch nicht reif für einen Aktionsplan. Tatsächlich kann es mehr Schaden anrichten als Gutes tun, wenn man sich zu früh an die Ausarbeitung eines Aktionsplans macht. Die Erkenntnisse der Motivationswissenschaftler sind in diesem Punkt eindeutig: Erstellt man einen Aktionsplan mit einer Person, die dafür noch nicht bereit ist, führt das dazu, dass die bisher erschlossene Motivation wieder verschwindet.[1]

Stattdessen sollte man sich darauf beschränken, die Tür für weitere Gespräche offen zu halten, beispielsweise mit einem Satz wie »Ich bin gespannt darauf zu sehen, wie Sie in dieser

Sache entscheiden«. Früher oder später wird der andere bereit
sein, und wenn er das ist, dann wird er ein starkes persönliches
Engagement verspüren, das ihn viel mehr motiviert, als es Drohungen, Anreize oder Konsequenzen je könnten.

Wie formell sollten Aktionspläne sein?

Meine Trainees fragen häufig, ob sie einen formellen, schriftlich ausgearbeiteten Aktionsplan benötigen, oder ob es nicht
reicht, einfach eine konkrete Maßnahme zu vereinbaren. Das
hängt ganz von den Umständen ab. Richten Sie sich nach der
Person, die Sie zu beeinflussen suchen. Dabei sollte Ihre erste
Überlegung der Bewahrung und Förderung der Autonomie des
anderen gelten. Läuft ein formeller Aktionsplan diesem Ziel zuwider, verzichten Sie darauf. Stärkt ein formeller Aktionsplan
das Verantwortungs- und Kompetenzgefühl der Zielperson,
sollten Sie einen erstellen.

Natürlich gibt es Leute, die formelle Aktionspläne gewohnt
sind. Führungskräfte bei General Electric zum Beispiel halten routinemäßig in sogenannten »Commitment Letters« ihre
neuesten Ideen fest. Unternehmensberater und Trainer arbeiten nahezu immer mit ihren Klienten an schriftlichen Plänen,
dasselbe gilt für Leute, die in der Psychotherapie, in der Sozial-
arbeit, der Bewährungshilfe und im medizinischen Bereich tätig sind.[2] Manche Lehrer lassen ihre Schüler sogar ihre eigenen
Aufgaben erstellen.[3] Viele Leute werden es ganz normal finden,
einen Aktionsplan zu entwerfen und eventuell sogar mit anderen zu teilen.

Was aber, wenn man mit Leuten arbeitet, die mit dieser Vorgehensweise nicht vertraut sind? Einmal half ich Managern
eines Bootverleihers, die den Leiter einer ihrer Hafenniederlas-
sungen motivieren wollten. Als sie den Mann baten, seinen
Aktionsplan schriftlich festzuhalten, fuhr er sie wütend an: »Ich
schreibe *gar nichts*. Warum also sollte ich das notieren?« Hätte
einer seiner Vorgesetzten ihn aber um Erlaubnis gefragt, ob er
sich Notizen machen und einen Aktionsplan für ihn schreiben

dürfe, hätte das womöglich funktioniert. Anschließend hätten die beiden den Plan zusammen durchsehen, überarbeiten und dann als »Team« unterschreiben und datieren können, was der Vereinbarung zusätzliche Verbindlichkeit verliehen hätte.

Jahrzehnte der Forschung belegen, dass schriftliche Pläne, insbesondere solche, die Betroffene selbst verfassen, weitaus effektiver sind als mündliche Abmachungen. Allerdings steht, wie ich nicht müde werde zu betonen, die Stärkung der Autonomie in so gut wie allen Fällen an erster Stelle. Sagen Sie der Person, mit der Sie arbeiten, dass alle Entscheidungen im Zusammenhang mit dem Aktionsplan allein ihre Sache seien – und weichen Sie davon nicht ab.

Bei einem mündlichen Aktionsplan sollten Sie darauf achten festzulegen, was getan wird, wann, wie und warum.

Erfolgsgeschichte:
Ein echter Grund, sich ändern zu wollen

Dana ist eine Krankenschwester, die ich für ihre Arbeit mit Patienten in der Notaufnahme trainiert habe. Nachdem sie mehrere Monate lang vergeblich versucht hatte, sich gesünder zu ernähren und abzunehmen, beschloss sie, meine Technik auch auf sich selbst anzuwenden.

Wie viele Leute in einer ähnlichen Situation ging auch Dana davon aus, sie wolle abnehmen, um besser auszusehen, sich besser zu fühlen und sich modischer kleiden zu können. Der tatsächliche Grund aber war zu ihrer Überraschung ein ganz anderer, wie sie mir in einer E-Mail berichtete:

Warum ich abnehmen will? Es ist seltsam, und ich hätte es nicht Traum erwartet. Aber das Bild, das mir immer wieder vor Augen trat, war das meiner Lieblingstante Sylvia, die es verstanden hatte, das Leben zu genießen. Ihr Mann starb, als ich acht war, und ich erinnere mich noch gut, dass es immer Männer in ihrem Leben gab, die mit ihr zum Tanzen ausgingen und sie auf romantische Urlaube in die Karibik, nach Puerto Rico oder wohin auch immer mitnahmen. Aber sie brachte eben auch fünfzig bis sechzig Pfund zu viel auf die Waage und starb an einem Herzinfarkt, als ich sechzehn war.

Sie schien mir immer so glücklich und voller Leben zu sein, und ihr früher Tod traf mich sehr. Ich hätte so gerne von ihr Ratschläge zum Umgang mit Männern gehabt, und als Teenager bekam ich die auch, aber dann war sie plötzlich weg.

Ich habe eine Nichte, Isabel, die ich sehr liebe, und sie ist jetzt auch acht Jahre alt. Als ich zu Schritt 5 kam [Warum sind Ihnen diese Resultate wichtig?], dachte ich immer wieder, was wäre, wenn ich nicht da sein sollte, wenn sie anfängt sich mit Jungs zu treffen? Was, wenn es dann Sachen gibt, über die sie mit ihrer Mom nicht reden kann, und ich kann ihr nicht helfen, weil ich nicht mehr da bin?

Es klingt verrückt, ich weiß. Aber das hat etwas in mir ausgelöst. Das ist ganz bestimmt so. Immerhin halte ich mich seit zwei Monaten an meine Diät, und bislang geht es mir gut damit. Und wann immer mich der Drang überkommt, die Regeln mal nicht so eng auszulegen, stelle ich mir einfach Isabel mit fünfzehn, sechzehn oder siebzehn vor, und irgendwie hilft das!

Ich schrieb Dana zurück und bat sie um eine Kopie ihres Aktionsplans, um ihn für dieses Buch zu verwenden. Hier ist er:

Ich, Dana, verspreche mir selbst, mich ab morgen drei Monate lang an meine Diät zu halten. Sollte ich einen Rückfall erleiden und vom Plan abweichen, werde ich sofort bei der nächsten Mahlzeit wieder von vorne anfangen. Versprochen. Ich werde meinen Plan einhalten, indem ich 1) meine Mahlzeiten und Snacks wochenweise im Voraus plane, 2) immer Samstagabend für die ganze Woche einkaufen gehe und die Mahlzeiten vorab zubereite, 3) meinen wöchentlichen Essensplan an den Kühlschrank hänge. Ich mache das, weil ich abnehmen will (dreißig Pfund). Ich will abnehmen, weil ich ein langes und gesundes Leben führen

und da sein möchte, wenn meine Nichte älter wird, damit
ich ihr Tipps für den Umgang mit Jungs geben kann!!!
Gezeichnet,
Dana, 18. Februar 2010

Häufig gestellte Fragen zu Aktionsplänen

– *Woher weiß man, wann die Zeit für einen Aktionsplan gekommen ist?* Wenn Sie klaren Commitment Talk und zumindest einen intrinsischen Grund für eine Änderung oder von starken Emotionen begleitete Gründe (Reasons Talk) zu hören bekommen (siehe Kapitel 8).
– *Was, wenn jemand einem Aktionsplan zustimmt, darin aber ein Verhalten wählt, das zu einfach oder einen Schritt zu klein ist?* Fragen Sie den anderen, warum er zustimmen könnte, etwas mehr zu machen.
– *Was, wenn jemand einem Aktionsplan zustimmt, darin aber ein Verhalten wählt, das zu schwierig oder einen Schritt zu groß ist?* Fragen Sie den anderen, warum er zustimmen könnte, etwas weniger zu machen.

Vom *Warum* zum *Wie*

Sobald wir bereit sind, einen Aktionsplan zu erstellen, verschiebt sich unser Fokus ein wenig. Waren wir bislang am Warum interessiert, rückt nun das Wie ins Zentrum unserer Aufmerksamkeit.

Schauen Sie sich Danas Aktionsplan nochmals an. Sie hat nicht nur ihr Ziel formuliert (drei Monate lang Diät halten), sondern benennt auch, wie sie das erreichen möchte (Mahlzeiten im Voraus planen, im Voraus einkaufen und Essen zubereiten, Essensplan an den Kühlschrank hängen). Diese konkreten Maßnahmen helfen ihr auf dreierlei Weise:

1. *Dana muss sich bei der Umsetzung weniger Gedanken machen.* Die wichtigen Entscheidungen sind bereits gefallen: wie sie einkaufen wird, wann sie kocht, wie oft sie Essen vorbereitet. Da das alles schon geklärt ist, bleibt ihr mehr Kraft, sich auf ihr eigentliches Ziel zu konzentrieren.

2. *Sie machen Dana klar, dass es ihr ernst ist.* Das ist nicht irgendeine vage Idee, sondern etwas, das sie sich gut überlegt hat. Die spezifischen Elemente des Aktionsplans verstärken Danas Gefühl der Entschlossenheit: Sie will diese Veränderung wirklich und wird sie in die Tat umsetzen.

3. *Sie erleichtern Dana die Visualisierung der Veränderung und machen sie dadurch einfacher.* Wenn wir seit Langem einem Muster verhaftet sind, fällt uns die Vorstellung oft schwer, dass man die Dinge auch anders machen kann. Eine der größten Hürden bei der Überwindung einer Abhängigkeit etwa besteht darin, die mit dem Suchtverhalten assoziierten Gewohnheiten und Routinen zu durchbrechen: »Wenn ich mich mit meinen Kumpels treffe, gehen wir in die Kneipe und trinken ein paar Bier« oder »Nach dem Essen setze ich mich immer auf das Sofa und rauche eine Zigarette«. Menschen, die sich aus einer Abhängigkeit befreien möchten, wird geraten, ihre Gewohnheiten zu ändern: ins Kino statt in die Kneipe zu gehen, vielleicht mit anderen Freunden; nach dem Essen nicht aufs Sofa zu wechseln, sondern einen bequemen Stuhl zu wählen oder einen Spaziergang zu machen. Sich ein neues Verhalten anzugewöhnen geht damit einher, viele kleine Details zu ändern. Wenn es Dana gelingt, Details ihrer neuen Routine zu visualisieren – wenn sie sich dabei sehen kann, wie sie jeden Samstagabend einkaufen geht und Mahlzeiten vorbereitet oder wie sie ihren neuen Essensplan an den Kühlschrank hängt –, hilft ihr das, die angestrebte Veränderung zu akzeptieren und sich entsprechend zu verhalten.

Manchmal kann die Suche nach dem *Wie* uns vor Probleme stellen, und in vielen Fällen brauchen wir Hilfe dabei, ob nun in Form sachlicher Informationen (»Ich würde mich ja gerne nach einem neuen Job umsehen, aber ich bin unzufrieden damit, wie ich mich in meinem Lebenslauf darstelle«) oder als moralische Unterstützung (»Ich würde gern endlich in die Gänge kommen, aber irgendwie lande ich am Ende immer auf der Couch und schaue fern«). Wenn Sie versuchen, sich selbst zu ändern, können Sie sich an Freunde oder an Fachleute wenden oder anderweitig Informationen, Ratschläge oder moralische Unterstützung suchen. Wenn Sie jemand anderem helfen wollen sich zu ändern, wäre das vielleicht der Zeitpunkt, ihm die Hilfe und die Unterstützung anzubieten, die Sie ihm während des Prozesses bewusst vorenthalten haben.

Wie immer gilt es, die Autonomie des anderen zu stärken. In diesem Sinne sollten Sie Ihrem Gegenüber den ersten Versuch überlassen, die Frage nach dem Wie zu beantworten:

Mitarbeiter: Ich möchte ein möglichst guter Teamleiter sein, deshalb werde ich das neue Verfahren zur Leistungsüberprüfung diese Woche jedes Mal anwenden, wenn ich einen Mitarbeiter zur Besprechung bitte. Die Mitarbeiterführung liegt mir sehr am Herzen, und mir ist klar, dass ich mein Team schwäche, wenn ich die Regeln nicht einhalte.

Sie: Großartig. Sie wollen das neue Verfahren in der kommenden Woche anwenden und geben sehr überzeugende Gründe dafür an. Darf ich Sie fragen, wie genau Sie das umsetzen wollen? Mit welchen Mitteln werden Sie sicherstellen, Ihr Ziel zu erreichen?

Mitarbeiter: Äh … ich weiß nicht. Ich werde es einfach tun. Seien Sie unbesorgt.

Sie: Ich bin nicht besorgt. Ich bin nur neugierig. Sie haben bislang ein anderes Verfahren genutzt, und ich kann mir vorstellen, dass man da leicht vergisst, die neue Methode anzuwenden. Haben Sie vor, sich mit irgendetwas Bestimmtem an das neue Verfahren zu erinnern?

Mitarbeiter: Ich habe noch nicht darüber nachgedacht, aber das klingt nach einer guten Idee. Vielleicht könnte ich mir das Handbuch zum neuen Verfahren auf den Schreibtisch legen. Nicht, dass ich daraus ablesen müsste, aber sein Anblick würde mich daran erinnern.

Sie: Nicht schlecht. Ich weiß aber aus eigener Erfahrung, dass auf Schreibtischen oft Chaos herrscht und man manche Dinge übersieht. Was halten Sie davon, einen Zettel ans Telefon zu kleben? Könnte das auch helfen?

Wie Sie sehen, liegt der Fokus immer darauf, dem anderen zu helfen, das zu tun, was er – wie er bereits gesagt und mit seinen eigenen Gründen erklärt hat – tun möchte. Sie können so viel Unterstützung und Ratschläge anbieten, wie Sie möchten, sollten aber stets darauf achten, den Prozess nicht an sich zu reißen. Versuchen Sie außerdem, offen zu bleiben. Manchmal muss Ihr Gegenüber Ihre Lösung zurückweisen, um seine Autonomie zu wahren (»Ein Zettel am Telefon wird bei mir nicht funktionieren«), manchmal kommt er mit einer Lösung daher, an die wir nicht gedacht haben, die aber viel besser funktioniert (»aber ich werde mir eine Scorekarte auf den Tisch legen und mich nach jedem Meeting selbst bewerten, um sicherzugehen, dass ich die Prozedur auf die bestmögliche Weise nutze«).

Ich weiß, wie leicht man in die Rolle desjenigen rutscht, der alle Antworten kennt. Aber ich habe auch immer und immer wieder erlebt, wie viel man erreichen kann, wenn man von dieser Position der Überlegenheit abrückt und die Autonomie des anderen aufrichtig stützt. Tun wir das, stellen wir oft fest, dass der andere weitaus unabhängiger, selbstsicherer und kreativer ist, als wir uns das hätten träumen lassen.

Einen eigenen Aktionsplan erstellen

Angenommen, Sie möchten einen Aktionsplan für sich selbst erstellen. Wie gehen Sie vor?

1. *Nehmen Sie einen konkreten und machbaren kleinen ersten Schritt ins Visier.* Achten Sie darauf, die Dead Man's Rule zu befolgen. Zielen Sie nicht auf ein Verhalten ab (»Ich werde keine Dinge mehr aufschieben«), das auch ein Toter haben könnte. Vermeiden Sie vage Aussagen über Einstellungen (»Ich werde die Dinge positiver sehen«) oder Resultate (»Ich werde die Beziehung zu meinen Kindern verbessern«). Ver-

wenden Sie eine positive und konkrete Sprache, um einen mess- und sichtbaren ersten Schritt zu identifizieren, etwas, das sich absolut unter Ihrer Kontrolle befindet. Nehmen Sie sich den *nächsten* Schritt vor – also nicht »Ich werde mehr Zeit mit meiner Familie verbringen«, sondern »Ich werde diese Woche ein Brettspiel mit meiner Familie spielen und hinterher eine Pizza bestellen«.

2. *Legen Sie fest, wann dieser Schritt vollzogen ist.* Üblicherweise funktioniert eine kurze Frist am besten, außerdem kann es sich lohnen, das Zielverhalten mit etwas zu verbinden, das bereits Routine ist: Rechnungen bezahlen, duschen, ein wöchentliches Teammeeting, eine Kaffeepause. Wie die Kognitionswissenschaftler Peter Gollwitzer und Veronika Brandstätter in einem Experiment herausfanden, stellten Studenten Aufgaben eher fertig, wenn sie exakt festlegten, wann sie daran arbeiten würden, und wenn sie die Fertigstellung mit bereits bestehenden Routinen verknüpften.[4]

3. *Benennen Sie die Strategien* – wie *Sie den Schritt tun werden.* Das kann Schwierigkeiten bereiten, denn häufig haben Menschen, sind sie erst einmal so weit gekommen, keine Lust, sich mit Details zu befassen. Veränderungen können Ängste erzeugen, und die Notwendigkeit, sich vorzustellen, wie man etwas tut, wozu man zuvor nicht bereit oder fähig war, kann den Wunsch wachrufen, die ganze Sache abzublasen.

Anderen helfen, einen Aktionsplan zu erstellen

Vielleicht kennen Sie jemanden (einen Ihnen nahe stehenden Menschen, einen Kollegen oder einen Mitarbeiter), der bei einem Aktionsplan Hilfe benötigt. Zusätzlich zu dem, was Sie über die Erstellung eines Aktionsplans für sich selbst gelernt haben, sollten Sie in diesem Fall auch noch die folgenden Richtlinien beachten:

1. *Wählen Sie einen realistischen Schritt aus.* Schlagen Sie dem anderen vor, einen etwas kleineren Schritt auszuwählen, als

er das ursprünglich beabsichtigt hat. Aber denken Sie daran, was die Organisationspsychologen Edwin Locke und Gary Latham in einer wegweisenden Studie herausfanden: Ließ man Arbeiter ihre Ziele selbst festlegen, wählten sie sich anspruchsvollere Ziele als die, die ihnen ihre Vorgesetzten vorgegeben hatten – und erfüllten sie auch mit einer höheren Wahrscheinlichkeit.[5] Sie müssen Ihren Einfluss nicht ganz zurücknehmen, aber Sie wollen auch sicherstellen, dass der andere ein Erfolgserlebnis hat. Und das wird er umso eher haben, je realistischer das angestrebte Ziel ist. Wichtiger als eine schnelle Veränderung sind die Erfolgsaussichten.

2. *Konzentrieren Sie sich auf das Wie einer Änderung.* Falls der andere etwas wie »Ich weiß nicht, wie ich es angehen werde – ich mache es einfach!« sagt, sollten Sie eine der folgenden Antworten ausprobieren:

»Ich glaube Ihnen, aber es kann hilfreich sein, wenn man sich überlegt, wie genau man vorgehen will. Wären Sie bereit, eine Minute darüber nachzudenken, welche Strategien Sie einsetzen könnten?«
»Ich will nur sichergehen, dass Sie alles zu Ihrer Unterstützung bekommen, was Sie brauchen. Wenn Sie mir erzählen, welche Strategien Sie einsetzen wollen, kann ich Ihnen vielleicht helfen, die notwendigen Mittel oder Fortbildungen zu erhalten. Wären Sie bereit zu einem kurzen Brainstorming mit mir?«
»Warum könnten Sie konkreter über mögliche Strategien nachdenken wollen?«

3. *Kehren Sie zur Frage zurück, warum der andere diesen Schritt machen möchte.* An diesem Punkt arbeiten Sie als »Framer«, sprich, Sie sollten sich vor allem darauf konzentrieren, die Gründe des anderen so positiv wie möglich wiederzugeben. Versuchen Sie den anderen vom negativen Framing hin zu positivem Framing zu lenken:

Weniger wünschenswert: »Ich will nicht mehr zu spät kommen, weil mich das nervös und angespannt macht und ich mich am Ende unfähig und selbstsüchtig fühle.« *[Grund, etwas nicht zu tun, um ein negatives Resultat zu vermeiden.]*

Wünschenswert: »Ich will pünktlich kommen, weil ich dann entspannter bin, die Dinge besser in der Hand habe und mich außerdem kompetenter und nützlicher fühle.« *[Grund, etwas zu tun, um ein positives Resultat zu erreichen.]*

Viele von uns neigen dazu, die Dinge in einem negativen Licht zu sehen und sich auf die unschönen Konsequenzen zu konzentrieren, die drohen, wenn wir uns *nicht* so verhalten, wie wir glauben, das tun zu müssen. Dabei weisen unzählige wissenschaftliche Studien auf die Macht des positiven Framings hin. Wie in Kapitel 3 erwähnt, schafften es Raucher, die gebeten worden waren, sich mit positiven Aussagen über das Nichtrauchen zu beschäftigen (»Wenn ich mit dem Rauchen aufhöre, werden meine Kleider besser riechen. Außerdem wird meine Familie mehr Zeit mit mir verbringen und deswegen werde ich mich gut fühlen«), nahezu drei Mal öfter, sechs Wochen lang am Stück nicht zu rauchen, als Raucher, die stattdessen negative Aussagen über das Weiterrauchen erhalten hatten (»Wenn ich nicht mit dem Rauchen aufhöre, bekomme ich vielleicht Krebs. Außerdem werden meine Kleider weiter nach Rauch stinken und meine Familie wird wegen des Passivrauchens immer weniger Zeit mit mir verbringen«).

Findet Ihr Instant-Influence-Gespräch in einem beruflichen Umfeld statt und Sie halten es für notwendig, sich Notizen zu machen, nun, da die Zielperson ihren Aktionsplan in Angriff nimmt, sollten Sie vorher um Erlaubnis fragen. Damit stärken Sie die Autonomie des anderen und sein Gefühl, den Prozess im Griff zu haben. Wer ungefragt Notizen macht, gibt dem anderen nonverbal zu verstehen, dass er seine Einhaltung des Aktionsplans überwacht und die Kontrolle über den Prozess ausübt.

✎ **Testen Sie Ihre Instant-Influence-Fähigkeiten:**
   Positives Framing

Sie arbeiten mit einem Verkäufer, der dabei ist, einen Aktionsplan zu erstellen. Er hat zugestimmt, sich bei allen Anrufen
in den nächsten drei Wochen an die unternehmensinternen
Verkaufsprozeduren zu halten. Sie haben ihn gebeten, seine
Gründe dafür zu wiederholen, warum er das Verfahren anwenden will, woraufhin er die unten stehende Liste verfasst
hat. Lesen Sie die Aussagen Punkt für Punkt durch und notieren Sie sich auf einem Blatt Papier, wie Sie dem Verkäufer die
jeweilige Aussage spiegeln würden. Die Grundregel lautet: Positive Äußerungen sollten verstärkt, negative Äußerungen in
positive Äußerungen umformuliert werden. Bei Äußerungen,
die beides enthalten, sollten Sie positive Elemente verstärken
und negative Elemente umformulieren. Zum Vergleich habe
ich im Anschluss einige mögliche Lösungen aufgeführt.

○ Ich habe Angst, dass meine Umsätze einbrechen, wenn ich
   das neue Verfahren nicht anwende.
○ Wenn ich das neue Verfahren anwende, werde ich ausreichend Geld verdienen, um mein Konto auszugleichen.
   Ich bin es leid, Schulden zu haben!
○ Wenn ich an meiner Methode festhalte, wird mich das in
   Schwierigkeiten bringen – einige meiner Kollegen sind bereits sauer auf mich, und das gefällt mir gar nicht.
○ Ich mag es, wenn ich mit zur Gruppe gehöre, und die anderen haben das neue Verfahren schon übernommen. Ich will
   nicht als Einziger außen vor bleiben.
○ Wenn alle anderen davon überzeugt sind, bin ich es mir
   schuldig, das Verfahren wenigstens auszuprobieren, bevor
   ich es ablehne. Ich will nicht als engstirnig gelten.

■ **Mögliche Antworten**
*Ich habe Angst, dass meine Umsätze einbrechen, wenn ich das neue Ver-
fahren nicht anwende.* »Der Umstieg auf das neue Verfahren könnte
Ihre Umsätze stabilisieren – oder sie sogar noch steigern.«

Wenn ich das neue Verfahren anwende, werde ich ausreichend Geld verdienen, um mein Konto auszugleichen. Ich bin es leid, Schulden zu haben! »Ihnen gefällt die Aussicht, mithilfe des neuen Verfahrens aus den Schulden herauszukommen, was Ihnen wichtig ist.«

Wenn ich an meiner Methode festhalte, wird mich das in Schwierigkeiten bringen – einige meiner Kollegen sind bereits sauer auf mich, und das gefällt mir gar nicht. »Wenn Sie das neue Verfahren anwenden, wird das auch das Verhältnis zu den Kollegen verbessern und Sie werden sich innerhalb der Gruppe wohler fühlen.«

Ich mag es, wenn ich mit zur Gruppe gehöre, und die anderen haben das neue Verfahren schon übernommen. Ich will nicht als Einziger außen vor bleiben. »Sie mögen es, Teil der Gruppe zu sein, und mit dem Umstieg auf das neue Verfahren können Sie das auch weiterhin bleiben. Wenn Sie es anwenden, können Sie das Gefühl überwinden oder vermeiden, außen vor gelassen zu werden.«

Wenn alle anderen davon überzeugt sind, bin ich es mir schuldig, das Verfahren wenigstens auszuprobieren, bevor ich es ablehne. Ich will nicht als engstirnig gelten. »Weil es Ihnen wichtig ist, aufgeschlossen zu sein und neuen Ansätzen eine faire Chance zu geben, möchten Sie das neue Verfahren ausprobieren.« ▪

Die Autonomie respektieren

Eines der häufigsten Probleme meiner Trainees im Zusammenhang mit Aktionsplänen besteht darin, dem Drang zu widerstehen, den Prozess an sich zu reißen. Sie beherrschen sich während des Instant-Influence-Gespräches, respektieren die Autonomie des anderen während der Entscheidung, einen Aktionsplan zu erstellen, und wenn es dann an der Zeit ist, den Aktionsplan tatsächlich zu formulieren, können sie sich nicht mehr zurückhalten. Sie wissen, was zu tun ist, sie sehen, was passiert, wenn andere es falsch machen, und sie können einfach nicht anders – sie müssen sich einmischen.

Glauben Sie mir, als jemand, der schon zahllose Aktionspläne mit Klienten, Kollegen, Mitarbeitern, Therapiepatienten und Familienangehörigen entworfen hat, kann ich das nur zu gut nachempfinden. Es fällt schwer, zuzusehen, wie Leute etwas machen, von dem Sie *wissen,* dass es nicht funktionieren wird. Und in der Tat müssen Sie auch gar nicht auf den Händen sitzen, sich auf die Zunge beißen oder sich ganz aus der Sache heraushalten, wenn Sie merken, dass etwas furchtbar schiefläuft. Allerdings ist es hilfreich, wenn Sie auch hier die Autonomie der Zielperson respektieren.

Was das bedeutet? Idealerweise sollten Sie jeden Teil des Aktionsplans für sich betrachten und dem Gegenüber eine autonomiefördernde Frage dazu stellen:

- Was könnten Sie sich hier als Ihr Ziel vorstellen?
- Bis wann möchten Sie das erledigt haben?
- Welche Methoden und Strategien könnten Sie dabei einsetzen wollen?
- Warum könnten Sie diese Änderung überhaupt vornehmen wollen?

Sie stellen die Frage, aber der andere behält die Kontrolle über den Prozess und ist deshalb so motiviert, wie er es nur sein kann, die Änderung in die Tat umzusetzen und die Verantwortung für die Resultate zu übernehmen.

Hin und wieder sieht man eine Möglichkeit zur Hilfe oder ein Element in dem Plan, das geändert werden muss. Auch in diesem Fall gilt: Tun Sie nichts, ohne zuvor um Erlaubnis gebeten zu haben – und machen Sie nur weiter, wenn der andere Ihnen grünes Licht gibt. Tut er das nicht, bekunden Sie einfach Ihre Bereitschaft, später gegebenenfalls nochmals darauf zurückzukommen – wenn überhaupt. (Die letzten beiden Worte sind sehr wichtig, da sie Ihren Respekt für die Autonomie der Zielperson unterstreichen.)

Wenn Sie jetzt etwas in der Art von »Das überzeugt mich nicht. Was, wenn der andere nur Mist in seinen Aktionsplan schreibt?« denken, dann äußern Sie damit eine berechtigte Sorge – aber eine, auf die Sie im ersten Instant-Influence-Gespräch *nicht* eingehen. Sie haben jemanden von einem Nein zu einem Aktionsplan gebracht, und das allein ist schon ein großer Fortschritt. Riskieren Sie nicht, diesen Erfolg wieder zunichte zu machen, indem Sie seine Bemühungen bis ins Kleinste managen wollen. Ist der Aktionsplan auf kleine Schritte und eine rasche Ausführung ausgerichtet, werden Sie noch ausreichend Gelegenheit bekommen, Ihre Hilfe anzubieten. Denken Sie außerdem daran: Menschen, die ihre eigenen Methoden anwenden und ihren eigenen Motiven folgen, tun üblicherweise weit mehr, als sie in ihrem Aktionsplan angegeben haben. Gut möglich, dass sie sogar selbst die Probleme darin erkennen und eigene Maßnahmen ergreifen, um diese zu beheben.

Was tun, wenn…

… sich jemand weigert, einen Aktionsplan zu erstellen?

- *Erklären Sie ihm, dass der Aktionsplan darauf abzielt, Sie aus der Gleichung zu nehmen und den Prozess allein in seine Hände zu legen.* »Hier geht es um *Ihre* Veränderung. Ich glaube, es könnte hilfreich sein, wenn Sie genau aufschreiben, was Sie vorhaben. Wenn Sie Ihre Entscheidungen schriftlich festhalten, werden Sie leichter Kurs halten können.«
- *Unterstreichen Sie noch mal, dass es wichtig ist, ein Verhalten auszumachen.* »Wir haben uns gerade über viele verschiedene Dinge unterhalten. Ich glaube, es könnte hilfreich sein, wenn Sie die wichtigste Änderung aufschreiben, diejenige, auf die Sie sich wirklich konzentrieren wollen.«
- *Beziehen Sie sein Verhalten auf Ihre eigenen Erfahrungen, wenn Ihnen das angemessen erscheint.* »Also, mir hat es sehr geholfen, einen Aktionsplan zu erstellen, weil es einen dazu zwingt, genau zu sagen, was man als Nächstes tun wird und wann oder wie lange. Ist das erst einmal geklärt und aus dem Weg, muss man fast gar nicht mehr darüber nachdenken.«
- *Schlagen Sie es als ein Experiment vor.* »Wären Sie bereit, es einfach einmal zu versuchen? Nur um zu sehen, ob es Ihre Bereitschaft zur Änderung verstärkt?«
- *Bedenken Sie: Das Fehlen eines formellen Aktionsplans muss nicht bedeuten, dass der andere sich nicht ändert.* Vielleicht ist er einfach noch nicht bereit, sich öffentlich zu seiner Absicht zu bekennen, etwas von nun an anders zu machen.

... jemand *Nein* zu einem Aktionsplan sagt?

- Denken Sie daran: Ihr Fokus liegt auf der *Veränderung*, nicht auf dem Aktionsplan.
- Rufen Sie sich in Erinnerung, dass ein überzeugender Commitment Talk – eine klare Festlegung auf ein bestimmtes Verhalten innerhalb einer konkreten Frist und mindestens ein echter persönlicher Grund – nahezu das Äquivalent ist zu einem schriftlichen Aktionsplan.
- Fragen Sie die Zielperson, ob Sie das Gespräch als Gedächtnisstütze in einem Memo zusammenfassen und ihr dieses zuschicken dürfen.
- Bekunden Sie Ihre Absicht, auf die wörtliche Vereinbarung wieder zu sprechen zu kommen: »Ich finde, wir haben viel erreicht. Ich werde mir eine Notiz machen, dass Sie daran arbeiten. Wäre es in Ordnung, wenn wir uns nächste Woche nochmals zusammensetzen würden?«
- Vermeiden Sie es, mit Konsequenzen zu drohen, wenn der andere sich einem Aktionsplan verweigert. Konsequenzen sollten nur dann verhängt werden, wenn der andere die angestrebte Änderung nicht vornimmt, nicht, weil er es unterlässt, sie in einem Aktionsplan zu formalisieren.
- Arbeiten Sie weiter mit dem Instant-Influence-Ansatz. Fragen Sie den anderen, warum er zu einem späteren Zeitpunkt einen Aktionsplan erstellen wollen könnte.

... sich jemand nicht an seinen Aktionsplan hält?

- Falls Sie die Abweichung für temporär halten, können Sie den anderen mithilfe des Instant-Influence-Prozesses nach Gründen fragen, warum er sich auf die Erfüllung des Aktionsplans festlegen wollen könnte.
- Halten Sie die Abweichung für schwerwiegender, verwenden Sie eine angepasste Form von Schritt 4 (Stellen Sie sich vor, Sie hätten sich verändert. Was wären die positiven Resultate?), um den anderen zu fragen, was seiner Meinung nach passieren würde, sollte er den Aktionsplan nicht umsetzen. Stellen Sie sicher, dass Sie ihn über mögliche Konsequenzen aufklären.

– In Kapitel 10 erfahren Sie, wie Sie weiter vorgehen können, wenn Sie zu dem Urteil gelangen, dass die Zielperson sich aller Wahrscheinlichkeit nach nicht ändern wird.

In der Mehrzahl der Fälle funktionieren Aktionspläne. Aber hin und wieder entwickeln sich natürlich auch die besten Pläne nicht so, wie uns das gefällt. Wir bemühen uns – vielleicht sogar mehrmals –, aber auch nach Tagen oder Wochen oder Monaten hat sich an dem Problem nichts geändert und es sieht auch nicht so aus, als würde das in absehbarer Zeit der Fall sein. Wie Sie mit dieser unerfreulichen Situation umgehen können, erfahren Sie im nächsten Kapitel.

10 Neue Ziele setzen

Sie haben alles richtig gemacht, aber die gewünschte Veränderung tritt einfach nicht ein. Entweder macht die Person, die Sie beeinflusst zu haben glaubten, nicht das, wozu sie sich bereit erklärt hat, oder sie hat sich erst gar nicht zu irgendeiner Änderung bereit erklärt. Vielleicht haben Sie mehrere bittere Kämpfe durchgestanden, Phasen des eisigen Schweigens oder Tage voller Tränen und wütender Schuldzuweisungen. Vielleicht hat man Ihnen ein sonniges Lächeln und ein nonchalantes Achselzucken geschenkt oder Ihnen mit ruhiger, aber fester Stimme zu verstehen gegeben, dass Sie sich um Ihre eigenen Angelegenheiten kümmern sollen.

Oder vielleicht sind Sie selbst derjenige, dem es nicht gelingt, sich zu ändern. Vielleicht haben Sie es versucht, aber nicht geschafft, auch nur den ersten winzigen Schritt in Richtung auf das angestrebte Ziel zu gehen. Oder Sie haben den ersten Schritt gemacht, aber nicht den zweiten, oder den zweiten, aber nicht den dritten. Und nun fühlen Sie sich noch schlechter als zuvor, weil Sie tätig geworden sind, jetzt aber das Gefühl haben, geradewegs versagt zu haben.

Was sollen Sie jetzt tun? Was können Sie jetzt tun? Hier ein paar Ratschläge:

- Akzeptieren Sie die Situation.
- Verzeihen Sie sich, dass Sie keine absolute Kontrolle über den Prozess haben – oder vielleicht auch, dass Sie *überhaupt keine* Kontrolle darüber haben.
- Ziehen Sie die Möglichkeit in Betracht, dass es einfach länger dauert als erwartet, bis der Instant-Influence-Prozess Früchte trägt und er diesem »Zwei Schritte vor, ein Schritt zurück«-Muster folgt, das Veränderungen so häufig charakterisiert.
- Überlegen Sie, ob das Ziel einfach das falsche ist und ob es nicht ein anderes gibt, das angemessener und motivierender ist.

– Ziehen Sie die Möglichkeit in Betracht, dass das Ziel zu
   ehrgeizig ist, und überlegen Sie, ob es nicht ein kleineres,
   leichter erreichbares gibt.
– Vor allem aber und unabhängig davon, ob Sie jemand anderen oder sich selbst beeinflussen wollen, stellen Sie sich die
   folgenden Fragen:

Warum habe ich diese Veränderung überhaupt angestrebt
[beziehungsweise versucht, jemand anderem dabei zu
helfen]?
Warum regt mich das Ausbleiben einer Veränderung so auf?
Warum bin ich nicht bereit, dieses Ziel aufzugeben?

Ein Nachdenken über diese Fragen könnte Ihnen mehr Einsicht
in die Situation verschaffen und dazu beitragen, sich darüber
klar zu werden, was Sie verändern können und was nicht. Auf
dieser Grundlage können Sie eine eindeutige, informierte Entscheidung darüber treffen, ob Sie den Instant-Influence-Prozess
fortsetzen oder ob Sie akzeptieren, dass keine Veränderung
erfolgen wird.

Prüfen Sie sich selbst

Wenn Sie den Eindruck haben, dass ein Instant-Influence-Ge-
spräch nicht funktioniert hat, kann es hilfreich sein, die eigene
Rolle unter die Lupe zu nehmen. Kann es sein, dass Sie Teil des
Problems sind? Haben Sie:

– es unterlassen, die Autonomie der Zielperson zu stärken?
– zugelassen, dass sich der Fokus von den Gründen, warum
   man etwas tun will, auf die Gründe verschoben hat, warum
   man etwas nicht tun will, nicht tun kann oder nicht tun
   sollte?
– zugelassen, dass sich der Fokus von der Frage nach dem *Warum* auf die Frage nach dem *Wie* verschoben hat?
– angefangen, die Fragen für den anderen zu beantworten,
   statt ihn seine eigenen Antworten finden zu lassen?
– versucht zu helfen und Ratschläge gegeben?

- hin und wieder mit »Tell and Sell«-Methoden gearbeitet oder Drohungen eingesetzt?
- ein Zielverhalten gewählt, das zu anspruchsvoll oder zu bescheiden war oder gar kein Verhalten war, sondern vielmehr eine Einstellung oder ein Resultat?
- die Dead Man's Rule vergessen und versucht, zu einem passiven statt einem aktiven Verhalten zu motivieren?
- sich in eine Auseinandersetzung oder Diskussion über irgendetwas anderes als die Frage hineinziehen lassen, warum der andere das ausgewählte Verhalten umsetzen will?
- die angestrebte Veränderung dem anderen mehr gewünscht, als dieser sie für sich selbst wünscht?
- irgendwelche Möglichkeiten ausgelassen, dem anderen seinen Change Talk und Commitment Talk zu spiegeln?

Als Therapeut, Berater, Coach, Trainer und Vater weiß ich, wie schwer es sein kann, fokussiert zu bleiben und sich an das Instant-Influence-Format zu halten. Verlieren Sie nicht den Mut, wenn Sie erkennen, dass Sie einen Fehler gemacht haben und vom Ansatz abgewichen sind. Nichts spricht dagegen, es noch einmal zu versuchen. Vielleicht beginnen Sie das zweite Gespräch ja mit einem Eingeständnis: »Bei unserem letzten Gespräch habe ich mich zu sehr auf meine eigenen Gründe konzentriert, warum Sie [das Zielverhalten] tun sollten, und dafür möchte ich mich entschuldigen. Ich bin aufrichtig daran interessiert, Ihre Gründe zu hören, und ich würde es zu schätzen wissen, wenn Sie mir die Chance für ein weiteres Gespräch gäben.«

Wenn jemand sich weigert, sich zu ändern

Manchmal weiß man einfach nicht so richtig, was man tun soll, wenn jemand sich weigert, sich zu ändern. Nachfolgend finden Sie ein paar Anregungen, wie Sie mit dieser schwierigen Situation umgehen können.

Wann beenden Sie das Gespräch?
– Wenn der andere Sie dazu auffordert.
– Wenn Sie gute motivierende Äußerungen gehört haben, aber keine Festlegung auf eine Veränderung.

Was sagen Sie?
– Erkennen Sie an, was an Veränderung stattgefunden hat und an Motivation entdeckt worden ist.
– Beenden Sie das Gespräch mit einer positiven Wendung.

Was sagen Sie, wenn die Änderung, auf die der andere sich festgelegt hat, nicht eingetreten ist?
– »Warum war es Ihnen wichtig, sich darauf festzulegen?«
– »Können Sie mir sagen, wie Sie sich darauf vorbereitet haben, diese Änderung in die Tat umzusetzen?«
– »Was könnten Sie das nächste Mal möglicherweise anders machen, um mehr Erfolg zu haben? Und warum könnten Sie das tun wollen?«

Was sollten Sie nicht sagen, wenn die Änderung, auf die der andere sich festgelegt hat, nicht eingetreten ist?
– »Was ist schiefgelaufen?«
– »Warum haben Sie es nicht wenigstens versucht?«

Wie akzeptieren Sie das Ausbleiben einer Veränderung, ohne das gleichzeitig gutzuheißen?
– Gestatten Sie sich Ihre eigenen Ansichten darüber, was der andere Ihrer Meinung nach tun sollte.
– Teilen Sie Ihre Gefühle und Ansichten mit und stellen Sie klar, dass es sich dabei um *Ihre* Gefühle und Ansichten handelt: »Ich persönlich würde mich sehr freuen, wenn Sie diesem Verfahren folgen würden, aber das ist nicht meine Entscheidung. Die liegt allein bei Ihnen. Allerdings bestehen die Konsequenzen, die daraus erwachsen, ob Sie es nun tun oder nicht, unverändert fort.«

Aktive Akzeptanz

Gelegentlich hat der Instant-Influence-Prozess kein Happy End, oder zumindest keines, von dem Sie je erfahren werden. Der unbelehrbare Mitarbeiter muss gehen – er kündigt oder wird gekündigt, das Lieblingsprojekt bleibt in den Anfängen stecken, Ihr Lebenspartner lässt nicht von seinen schlechten Angewohnheiten ... Wie geht man damit um?

Erstens, machen Sie sich klar, dass Sie niemals das ganze Bild kennen – Sie wissen nicht, was im Kopf des anderen vor sich geht und was auf lange Sicht passieren wird. Gut möglich, dass Sie danach handeln müssen, was Sie sehen *können* – und einen Mitarbeiter entlassen, eine Beziehung beenden oder Ihr Kind bestrafen müssen. Aber lassen Sie sich nicht entmutigen! Es können bessere Tage folgen.

Zweitens, Sie haben die Autonomie des anderen kontinuierlich bis zum Ende des Prozesses gestärkt, und allein daraus könnte eine Inspiration erwachsen, die möglicherweise erst Monate oder selbst Jahre später voll zum Tragen kommt. Umgekehrt könnten Sie, wenn Sie Ihrem Frust freien Lauf lassen und dem anderen zu verstehen geben, dass Sie es sowieso besser wissen, eine sich langsam vollziehende Veränderung bereits im Keim ersticken.

Ich bezeichne diese Art des nicht auf ein bestimmtes Ende festgelegten Denkens als *aktive Akzeptanz* und damit als das Gegenteil von passiver Akzeptanz oder Resignation. Aktive Akzeptanz heißt nicht, dass man das, was man akzeptiert, mögen oder ihm zustimmen muss – oder gar glauben, so sei es am besten. Es meint einfach die Erkenntnis, dass man, zumindest für den Moment, die Grenzen dessen erreicht hat, was man in der Lage oder willens ist zu tun.

Ich muss mich selbst immer wieder auf diese Haltung besinnen. Gewinne ich den Eindruck, dass Instant Influence bei einem widerstrebenden Manager versagt hat, der sich schwer damit tut, zeitsensible Aufgaben zu delegieren, könnte ich zum Beispiel sagen: »Schauen Sie, es kommt im Moment nicht darauf an, was ich davon halte. Das hier ist *Ihre* Entscheidung.« Damit meine ich aber in den seltensten Fällen, dass er auch das Richtige tut. Vielleicht wäre ich, könnte ich für ihn Entscheidungen treffen, versucht, das zu tun; vielleicht würde ich ihn zwingen, bestimmte Aufgaben zu delegieren, damit er sieht, wie viel besser sein Team dann funktioniert.

Wie auch immer aber seine Entscheidung aussieht, ich muss sie akzeptieren. Sie muss mir nicht gefallen. Ich muss mir auch nicht einreden, dass sie auf eine Weise, die sich mir nicht erschließt, das Beste ist – obwohl ich manchmal, aber beileibe nicht immer, einen gewissen Trost aus dieser Vorstellung ziehe. Gleichzeitig muss ich über meine eigenen Grenzen nachdenken und darüber, welche Konsequenzen für den anderen die besten sein könnten. Ich muss entscheiden, ob es angemessen ist, wenn ich den anderen weiter coache, ob ich bereit bin, mehr Zeit in den Prozess zu investieren, und ob es in seinem Interesse ist, wenn ich weitermache. Das kann ich nur entscheiden, wenn ich die Grenzen meiner Einflussnahme akzeptiere.

Aktive Akzeptanz steht im Gegensatz zu Resignation. Für mich impliziert Resignation eine Einstellung wie: »Das hier war meine Aufgabe, und ich habe versagt. Ich weiß genau, welch verheerende Folgen das für meine Zielperson haben wird, und ich fühle mich deshalb elend.« Aktive Akzeptanz geht mehr in die Richtung von: »Das war niemals meine Verantwortung. Ich habe lediglich versucht, jemandem bei *seiner* Verantwortung zu helfen. Also habe ich auch nicht versagt. Und selbst wenn ich glaube zu wissen, welche Folgen das für die Zielperson haben wird, weiß ich es nicht wirklich, weil die Zukunft ungewiss ist und Menschen immer für eine Überraschung gut sind.« Ich akzeptiere aktiv das Recht des anderen, eine eigene Entscheidung zu treffen, und gestehe mir meine Unfähigkeit ein zu wissen, was die Zukunft bringen mag.

Welche Folgen kann es haben, wenn wir die Entscheidung eines anderen, sich nicht zu ändern, aktiv akzeptieren?

- *Unsere Vorhersagen können sich als falsch erweisen.* Wie sehr wir uns irren können, zeigt eine bewegende Geschichte, die mir vor Kurzem eine Kollegin erzählte. Sie war absolut überzeugt gewesen, ihre betagten Eltern sollten in eine betreute Wohneinrichtung ziehen, bevor einer von beiden sterben würde. »Ich kann mir nicht vorstellen, dass mein Vater oder meine Mutter nach dem Tod des anderen noch mit einer derart radikalen Veränderung zurechtkommen würde«, erzählte sie ihren Freunden oft. »Wenn es uns nicht bald gelingt, sie zu diesem Schritt zu bewegen, ist es zu spät.«

In der Tat starb der Vater meiner Kollegin, noch bevor sie den Plan realisiert hatten, und so musste ihre Mutter den Umzug alleine bewältigen. Wie sich aber herausstellte, war der Umzug genau das, was ihre Mutter brauchte, während sie damit kämpfte, den Tod ihres Mannes zu verarbeiten. Die neuen Freunde, die sie gewann, hatten sie niemals als Teil eines Paares gekannt, was ihr dabei half, sich in ihre neue Rolle hineinzufinden. »Ich hätte mich nicht stärker täuschen können«, sagte meine Kollegin zu mir. »Am liebsten würde ich es ja nicht zugeben, aber ich danke Gott dafür, dass meine Eltern nicht auf mich gehört haben!«

– *Auf sich allein gestellt, entschließt sich die Zielperson endlich, die Änderung doch umzusetzen.* Vielen Menschen gefällt die Aufmerksamkeit, die sie erhalten, wenn andere sich Sorgen um sie machen. Ohne sich dessen bewusst zu sein, verweigern sie sich einer Änderung, solange andere versuchen, ihnen zu helfen. Wenn jedoch die »Helfer« akzeptieren, dass keine Änderung eintreten wird, hört die Beachtung auf und dann setzt manchmal die Veränderung ein.

Eine Verweigerung kann aber auch Teil eines Machtkampfes sein – und zwar unabhängig davon, wie sehr Sie die Autonomie des anderen bekräftigen. Die Zielperson begreift die Änderung, selbst eine, die sie selbst ausgewählt hat, als ein Zeichen für ein »Einknicken« gegenüber einem Elternteil, einem Vorgesetzten oder einer sonstigen Autoritätsperson. Und da es ihr wichtiger ist, ihre Autonomie zu bewahren, als die Änderung vorzunehmen, stellt sie sich auf die Hinterbeine und hält an ihrem alten Verhalten fest, solange sie glaubt, in einen Kampf verstrickt zu sein.

Tritt in dieser Situation das Elternteil, der Vorgesetzte oder die Autoritätsfigur den Rückzug an und akzeptiert aktiv die Weigerung des anderen, sich zu ändern, endet der Kampf und damit sind die Voraussetzungen für eine Änderung geschaffen. Freunde von mir kämpften über Jahre hinweg mit ihrem ältesten Sohn wegen der Hausaufgaben. Seine gesamte Gymnasialzeit hindurch kam es zwischen ihnen zu erbitterten Auseinandersetzungen wegen seiner Lerngewohnheiten, bis sie schließlich verzweifelt aufgaben. Als er in eine andere Stadt auf die Hochschule ging, waren sie überzeugt, ohne ihre ständige Aufsicht würde er nicht einmal das erste Semester überstehen.

Zu jedermanns Überraschung aber berappelte sich der junge Mann nach ein paar schwierigen Wochen. Er entwickelte ein Interesse an Biologie, das er in seiner Zeit am Gymnasium niemals gezeigt hatte, und inzwischen ist er ein erfolgreicher Medizinstudent. Alles, was er brauchte, war Autonomie.

– *Die Dinge laufen weiter wie bisher oder werden noch schlechter.* Vielleicht werden unsere Erwartungen ja bestätigt und die Abwärtsspirale dreht sich wie gehabt weiter oder legt sogar noch an Geschwindigkeit zu. Was tun wir, wenn wir recht behalten und das Ausbleiben der Veränderung die schlimmen Folgen zeitigt, die wir von Anfang an befürchteten?

Da wir *nicht* wissen, was passieren wird, ist die Art und Weise wichtig, wie wir das offenkundige Versagen des anderen akzeptieren. Wenn wir überzeugt sind, sein Versagen werde unweigerlich katastrophale Folgen haben, werden wir ihm das wahrscheinlich auch so kommunizieren – und es ihm dadurch möglicherweise umso schwerer machen, sich zu ändern. Verstärkt durch seine eigenen Ängste und Sorgen, kann das Gewicht unserer Gewissheit, dass er sich niemals ändern wird, zu einer unüberwindbaren Hürde für ihn werden.

Sich selbst zu Akzeptanz und Anpassung motivieren

Aktive Akzeptanz hat auch für uns Vorteile. Wir können uns sagen, dass die umfassendere Bedeutung und die langfristigen Auswirkungen dieser Ereignisse außerhalb unserer Kontrolle liegen. Wir sollten uns auch sagen, dass wir alles in unserer Macht Stehende getan haben, um die Situation zu verbessern. Wir können die vorab angekündigten Konsequenzen ziehen, was dem anderen bewusst ist und was ohne Aggressionen oder Feindseligkeit erfolgt, worüber er vielleicht sogar erleichtert ist. Und schließlich können wir daran arbeiten, unsere eigenen Grenzen aktiv zu akzeptieren – die Grenzen dessen, was wir wissen, tun und kontrollieren können.

Der letzte Schritt besteht demnach darin, sich selbst zu motivieren, die Situation, so, wie sie ist, zu akzeptieren und nach einem Weg zu suchen, wie man sich mit ihr arrangieren kann. Was genau wir in dem Versuch zur Anpassung unternehmen, wird natürlich auch davon abhängen, wie sich die änderungsunwillige Person verhält.

– *Wenn Sie ein kategorisches Nein bekommen haben:* Manchmal ist ein kategorisches Nein ein wahres Geschenk, weil Sie nicht weiter über den wirklichen Sachverhalt nachdenken müssen. Dieses Nein kann zwei Formen annehmen: eine verbale Weigerung, die erbetene Veränderung vorzunehmen, oder ein Verhalten – etwa Fremdgehen in der Ehe oder die Veruntreuung von Firmengeldern –, das so unerhört ist, dass es de facto ein Nein darstellt.

– *Wenn der andere um eine zweite Chance bittet:* Manchmal ist jemand, der sich nicht ändert, nicht bereit oder nicht in der Lage, sich damit abzufinden. Er bittet Sie um ein weiteres Meeting, ein neues Gespräch, noch einen Aktionsplan, um irgendetwas, nur nicht um das, wonach diese Situation wirklich verlangt: die Akzeptanz seiner Weigerung, sich zu verändern. Wenn Sie nach bestem Wissen und Gewissen zu der Überzeugung gelangt sind, dass der andere sich aller Wahrscheinlichkeit nach nicht ändern wird, oder wenn Sie nicht bereit sind, ihm eine weitere Chance zu geben, könnten *Sie* derjenige sein, der die Situation als das anerkennen muss, was sie ist, und eine weitere Zusammenarbeit verweigern. Selbst dabei können Sie die Autonomie des anderen noch stärken und zugleich Ihre Entscheidung unzweifelhaft kundtun. Zum Beispiel so:

Ich akzeptiere, dass Sie hier Ihre eigene Entscheidung treffen. Von meiner Warte aus gesehen ist sie jedoch völlig inakzeptabel, sie schließt weitere Fortschritte aus. Ich halte es für das Beste, wenn wir darüber nicht mehr reden. Ich werde die entsprechenden Konsequenzen ziehen und möchte, dass Sie das wissen.

Ein solches Gespräch zu führen ist niemals leicht. Aber falls es Ihnen schwerfällt, die Interaktion zu beenden, könnte das mit zu dem Problem beigetragen haben: Vielleicht wollten Sie mehr als der andere selbst eine Änderung. Wir Therapeuten erinnern uns ständig gegenseitig daran, uns niemals stärker für die Veränderung eines Klienten zu engagieren, als der Klient selbst das tut. Diesen Grundsatz zu befolgen ist nicht leicht, vor allem nicht für mitfühlende Menschen. Aber es ist absolut entscheidend, wenn Sie Ihnen nahe stehenden Menschen, Kollegen oder Mitarbeitern die Autonomie gewähren wollen, die sie benötigen, um Herr über ihren eigenen Änderungsprozess zu sein.

Probleme beim Akzeptieren

Hier ein paar Tipps für den Fall, dass es Ihnen schwerfällt zu akzeptieren, dass der andere nicht in der Lage oder nicht willens ist, sich zu ändern.

- Erinnern Sie sich daran, dass es sein Kampf ist, nicht Ihrer.
- Suchen Sie sich einen Freund, Kollegen oder Coach, bei dem Sie Dampf ablassen können, ohne dass davon etwas nach außen dringt. Lassen Sie alles raus, was Ihnen auf dem Herzen lastet, jeden Drang, die Person, die sich nicht ändert, zu zwingen, zu bestrafen, anzuflehen oder auf sonstige Weise zu drangsalieren. Das hilft Ihnen, diese Gefühle im Zaum zu halten, wenn Sie das nächste Mal mit der Person zu tun haben.
- Fragen Sie sich, was Sie aus dieser Situation gelernt haben. Wenn Sie im Nachhinein etwas anders machen könnten, was wäre das gewesen? Richten Sie Ihren Fokus zurück von den Bedürfnissen des anderen auf Ihr eigenes Bedürfnis, die Situation zu akzeptieren.

Den Prozess feiern

In den vielen Jahren, die ich diese Arbeit nun schon mache, habe ich erfahren, wie rätselhaft der Prozess der Veränderung ist. Wir Wissenschaftler studieren ihn, analysieren ihn und versuchen, mit ihm zu arbeiten, so gut wir das können. Aber er entfaltet sich auf seine eigene Weise und in seiner eigenen Zeit. Dabei ist Instant Influence zweifelsohne die effektivste Methode, die ich je kennengelernt habe, um Menschen zu einer Veränderung zu inspirieren.

Schlussendlich aber funktioniert der Prozess genau deshalb, weil wir ihn nicht kontrollieren können. Jeder Mensch ist für sein eigenes Handeln verantwortlich, und jeder Mensch ändert sich auf seine eigene Weise. Manchmal ist unser Versagen darin, uns zu ändern, ein echtes Versagen. Aber viel häufiger markiert es einen wichtigen Wendepunkt, der früher oder später zum Erfolg führt.

Wenn Sie den Instant-Influence-Prozess angewendet haben, beglückwünsche ich Sie dazu. Sie haben Ihre besten Absichten im Dienst für andere eingesetzt. Sie haben einen Weg gefunden, Ihre Zielperson – und vielleicht sogar sich selbst – zu einer positiven Veränderung zu bewegen. Und das ist auf jeden Fall ein Anlass zum Feiern.

Nachwort: Wie ich endlich meine Garage entrümpelte

Die Gruppe, mit der ich arbeitete, war sehr skeptisch – Bewährungshelfer, die es für gewöhnlich mit Mehrfachstraftätern zu tun hatten. Sie waren überzeugt, dass es nichts gab, womit sie ihre Probanden zu einer Änderung motivieren könnten. Meine Bemühungen, sie zur Suche nach eigenen Gründen für die Arbeit mit Instant Influence zu bewegen, blieben erfolglos. Schließlich sagte einer von ihnen zu mir: »Hey, Mike, wie wäre es, wenn wir diese Methode an Ihnen ausprobierten?«

Wie hätte ich ablehnen können? Ganz offenkundig hatte ich ihnen zu viel beigebracht. Die Aufgabe, die ich für sie auswählte – meine Garage entrümpeln –, war etwas, was ich seit zwei, wenn nicht sogar drei Jahren vor mir herschob, und allein schon der Gedanke daran löste in mir heftige Abwehrgefühle aus. Ich weiß nicht, was mich dazu brachte, genau diese Aufgabe auszuwählen – vielleicht ein irregeleiteter Impuls, etwas beweisen zu müssen –, jedenfalls wurde ich plötzlich von eifrigen Trainees bedrängt, die unschwer sehen konnten, wie unwohl mir bei dieser Sache war.

»Okay, Leute«, versuchte ich die Sache zu beenden, als wir bei Schritt 3 *(Warum haben Sie keine kleinere Zahl genommen?)* angelangt waren: »Ich glaube, Sie haben das Prinzip jetzt verstanden.«

Keine Chance. Sie bestanden darauf, jeden einzelnen der sechs Schritte bis zum Schluss durchzuexerzieren. Besonders angetan hatte es ihnen dabei Schritt 5: *Warum sind Ihnen diese Resultate wichtig?* Mit anderen Worten, warum wollte ich meine Garage entrümpeln?

Dass ich mich an keinen der Gründe, die ich nannte, mehr erinnere, ist wahrscheinlich ein Indiz dafür, wie nahe mir das Thema ging. Aber an eines erinnere mich noch sehr gut: Als ich an diesem Nachmittag nach Hause kam, fing ich irgendwie – ich weiß nicht wie – an, unsere Garage zu entrümpeln. Meine Frau hatte ihre Schwester zu einem Barbecue eingeladen, und zu dritt machten wir uns daran, die Garage auszuräumen. Selbst die Kinder, die bei Freunden zum Spielen waren, legten mit Hand an, als sie nach Hause kamen. Und plötzlich war aus einer immer wieder und mit schlechtem Gewissen aufgeschobenen lästigen Pflicht eine Familienveranstaltung geworden, die allen Spaß machte.

Was aber noch verwunderlicher war: Es ging immer weiter. Nachdem wir die Garage entrümpelt hatten, machten wir uns daran, zuerst eine und dann eine zweite Terrasse am Haus anzulegen. Die Schwester meiner Frau kam regelmäßig vorbei, um zu helfen, und sogar ein paar Nachbarn packten mit an. Den ganzen Sommer hindurch grillten und hämmerten und werkelten und feierten wir an mehreren Abenden pro Woche. Es war, als würden wir eine einzige lange Nachbarschaftsparty feiern, nur mit dem Unterschied, dass am Ende des Sommers die Garage aufgeräumt war und wir zwei neue Terrassen hatten.

Wie tief unser Einfluss reicht, kann in der Tat erstaunlich sein. Ob Sie Instant Influence zu Hause, am Arbeitsplatz oder draußen in der Welt nutzen, ob Sie den Ansatz auf Kollegen, Mitarbeiter, geliebte Menschen oder sich selbst anwenden, eines garantiere ich Ihnen: Wenn Sie diesem Prozess vertrauen und ihm freien Lauf lassen, werden Sie erstaunt sein, wohin er Sie führen wird. Ich lade Sie ein, auf Ihrem weiteren Weg mit Instant Influence das Beste aus diesem Prozess – und diesem Buch – zu machen.

Anhang

Danksagung

Zuerst und vor allem möchte ich der Liebe, der Unterstützung und der über die Maßen professionellen Anleitung Anerkennung zollen, die mir meine Frau Marianne Sharsky Pantalon in den letzten zweiundzwanzig Jahren hat zukommen lassen. Ich könnte mir keine bessere Partnerin vorstellen. Ich danke dir, Marianne – das alles wäre mir ohne dich nie möglich gewesen. Ich danke auch meinem ältesten Sohn Matt, der im Alter von vier Jahren zu mir sagte, ich solle doch, statt immer durch die Gegend zu fliegen, um mit Leuten zu reden, denen einfach ein Buch von mir schicken. Als ich ihm sagte, dass ich keines hätte, war er zuerst verblüfft, meinte dann aber schnell: »Dann schreib doch eins – jetzt!« Damals wussten wir nicht, wie lange das noch dauern und wie viel mehr Arbeit mir das aufbürden würde. Ebenso wenig gäbe es dieses Buch ohne die stets positive Ermutigung meines Jüngsten, Nic, der genauso unerschütterlich an mich glaubt wie sein Bruder. Ich erinnere mich noch, wie er mir einmal sanft auf die Schulter klopfte und sagte: »Ich werde dafür sorgen, dass jeder dein Buch kauft, Dad.«

Danken möchte ich auch meinem Agenten Jeff Kleinman – er hat von Anfang an an mich geglaubt und mich in jeder Phase des Projektes ermutigt. Herzlichen Dank auch an das gesamte Team bei Folio Literary Management, insbesondere an Celeste Fine und Molly Jaffa.

Meiner Mitarbeiterin Rachel Kranz danke ich für ihre beeindruckende Arbeit und außergewöhnliche Unterstützung sowohl beim Prozess des Schreibens wie auch für mich persönlich als Autor. Mit ihrer Fähigkeit, die Methode zu leben, und ihrer Entschlossenheit, es genau richtig hinzubekommen, war sie einer der Menschen, die am besten geeignet waren, sie auf den Seiten eines Buches lebendig werden zu lassen.

Weiter gilt mein Dank meiner Lektorin bei Little Brown, Tracy Behar, die dieses Buch tausendmal besser gemacht hat, als ich mir das je hätte träumen lassen, sowie in besonderem Maße Little Brown Executive Vice President und Herausgeber Michael Pietsch. Überhaupt bin ich dem ganzen Team bei Little Brown zu Dank verpflichtet, allen voran Marketingdirektorin

Heather Fain, Elizabeth Garriga und Laura Keefe, Presseagentinnen, Lektoratsassistentin Christina Rodriguez, Marie Salter, Außenlektorat, und Ploy Siripant, Umschlagdesigner.

Auch wenn die vielen Menschen, die mich bei der Entwicklung des Instant-Influence-Ansatzes und bei der Arbeit an diesem Buch unterstützt und gefördert haben, hier unmöglich alle namentlich erwähnt werden können, ist es mir doch ein Anliegen, wenigstens einige davon zu nennen, die in ganz besonderem Maße dazu beigetragen haben, dass dieses Buch zu dem geworden ist, was es ist: mein bester Freund und Berater par excellence, Anthony Del Vecchio, und meine Kollegen an der Yale University, insbesondere Gail D'Onofrio, Bruce J. Rounsaville, Richard S. Schottenfeld und Lisa Sanders. Ohne die enorme Hilfe und überragende klinische und wissenschaftliche Expertise meiner brillanten Mentorin Gail D'Onofrio sowie ihren unerschütterlichen Glauben an den Ansatz wären die Forschungen und Untersuchungen, auf denen *Instant Influence* basiert, niemals durchgeführt worden. Gail, es ist mir eine Ehre, mit Ihnen arbeiten zu dürfen.

Dieses Buch steht geistig tief in der Schuld von William R. Miller und Stephen Rollnick, die die Technik der motivationalen Gesprächsführung entwickelt und mich mit großzügigen und unschätzbaren Ratschlägen in meiner Arbeit unterstützt haben. Mit ihrer Hingabe und jahrzehntelangen harten Arbeit haben sie eine grundlegende Neuausrichtung unseres Denkens darüber bewirkt, was es heißt, jemanden zu motivieren, und der Arbeit mit sogenannten hoffnungslosen Fällen dringend benötigte neue Impulse geliefert. Es ehrt mich, dass Sie mir erlaubt haben, Ihre Arbeit einen Schritt weiter zu führen.

Danke auch an Arthur J. Swanson, mit dem zusammen ich am St. Barnabas Hospital und am Union Hospital in der Bronx den Instant-Influence-Ansatz zum ersten Mal bewertet habe, an meinen Coach Ruth Ann Harnisch, ohne die ich niemals den Mut aufgebracht hätte, das alles hier zu tun, und an die vielen Tausend Trainees, die mir zugehört, meinen Ansatz begeistert übernommen und mir enorm wichtige Rückmeldungen darüber geliefert haben, was funktioniert und was nicht. Das gilt insbesondere für die Trainees aus den Abteilungen für Psychiatrie, Notfallmedizin und Innere Medizin der Yale School of Medicine sowie ihrem Primary Care Residency Program, den Trainees von General Electric, Bristol-Myers Squibb, der Court Support Services Division der Justizbehörden des Bundesstaates Connecticut in Hazelden und den Community Solutions Incorporated of Connecticut.

Herzlichen Dank auch an die vielen Menschen, die frühere Versionen des Manuskripts gelesen und mir überaus hilfreiche Rückmeldungen dazu gegeben haben, insbesondere Maurice Cayer, Manuel Paris, Melissa D. Fulgieri, Nancy Meyer Lustman, James Campbell, Richard Barnes, Jenny Blake, Thomas Styron, Robert Bibbiani, Thomas Bavaro, Keith Furniss, Paula Calzetta, Brenda Westbury, Diane Barber, Natalie Travers und Kerry Patterson. Zutiefst dankbar bin ich auch für die organisatorischen Fähigkeiten meiner persönlichen Assistenten und Forschungsassistenten, allen voran Tami Jahns und Meaghan Lavery. Weiter danken möchte ich allen meinen Studenten an der Yale University, insbesondere Alia Crum, Madeleina Rafferty und Michael Rodriguez, sowie natürlich meiner Familie, vor allem meinen Eltern Mike und Nancy Pantalon und meinen Brüdern Eddie und Jimi Pantalon, und nicht zu vergessen meinen Freunden Ivan, Dana, Andrew, Tom und John Drazic, John, Susan, Pamela und Allison Bugden, Ivka Osman, Casey und Leslie King, Carol Freidland, Rebecca Skloot, Rosemary Jones, Thomas Crum, Robyn O'Brien und Stephen Hinshaw, für ihre moralische Unterstützung. Anerkennung schulde ich gleichermaßen meinen Coaching- und Therapieklienten, die mir so viel mehr beigebracht haben als ich ihnen. Und schließlich gilt mein Dank den Lehrern, die mich am meisten beeinflusst haben: Robert W. Motta, Steve Fishman, Barry Lubetkin und Richard Bentall.

Ich bin euch allen auf ewig dankbar.

Anmerkungen

Einleitung: Instant Influence in Aktion

1. Miller, W.R. und Rollnick, S.: *Motivierende Gesprächsführung*. Freiburg im Breisgau 2004.
2. D'Onofrio, G.D., Pantalon, M.V., Degutis, L.C. et al.: »Development and implementation of an emergency department practitioner-performed brief intervention for hazardous and harmful drinkers in the emergency department.« *Academic Emergency Medicine*, Nr. 12 (2005), S. 211–218.
3. Ebenda; Vasilaki, E., Hosier, S., und Cox, W.: »The efficacy of motivational interviewing as a brief intervention for excessive drinking: A meta-analytic review.« *Alcohol and Alcoholism*, Nr. 41 (2006), S. 328–335; Martino, S., Haeseler, F., Belitsky, R., Pantalon, M.V. und Fortin, A.H.: »Teaching brief motivational interviewing to medical students. *Medical Education*, Nr. 41, S. 160–167; D'Onofrio, G., Pantalon, M.V., Degutis, L.C., Fiellin, D.A., Busch, S.H., Chawarski, M.C. und O'Connor, P.G. (unter Begutachtung): »The brief negotiation interview reduces harmful and hazardous drinking in emergency department patients; D'Onofrio, G., Pantalon, M.V., Degutis, L.C., Fiellin, D.A., Busch, S.H., Chawarski, M.C. und O'Connor, P.G.: »Brief intervention for harmful and hazardous drinkers in the emergency department.« *Academic emergency Medicine*, Nr. 51 (2008), S. 742–750.
4. Lundahl, B. und Burke, B.L.: »The effectiveness and applicability of motivational interviewing: A practice-friendly review of four meta-analyses.« *Journal of Clinical Psychology*, Nr. 65 (2009), S. 1232–1245.

1 Was bringt Menschen dazu, sich ändern zu wollen?

1. Brehm, S.S. und Brehm, J.W.: *Psychological reactance: A theory of freedom and control.* New York 1981; Seligman, M., Steen, T., Park, N. und Peterson, C.: »Positive psychology progress: Empirical validation of interventions. *American Psychologist*, Nr. 60 (2005), S. 410–421; Festinger, L.: *Conflict, decision, and dissonance.* Stanford 1964; Bem, D.J. und McConnell, H.K.: »Testing the self-perception explanation of dissonance phenomena: On the salience of premanipulation attitudes.« *Journal of Personality and Social Psychology*, Nr. 14 (1971), S. 23–31.
2. Brehm, J.W.: *A theory of psychological reactance.* New York 1966.
3. Scott, M. und Hale T.: »Psychological reactance: Evidence and theory.« In: J.P. Dillard & S. Hayes (Hrsg.): *Motivation and achievement: A reader.* New York 2001.
4. Ein Überblick über weitere Studien zu dem Thema findet sich zum Beispiel in: Burgoon, M. Alvaro, E. Grandpre, J. und Voulodakis, M.: »Revisiting the theory of psychological reactance: Communicating threats to attitudinal

freedom.« In: J. P. Dillard und M. W. Pfau (Hrsg.), *The persuasion handbook: Developments in theory and practice*. S. 213–232. Thousand Oaks 2002.

5. Worchel, S. und Brehm, J.: »Direct and implied social restoration of freedom.« *Journal of Personality and Social Psychology*, Nr. 18 (1971), S. 294–304.

6. Dillard, J.P., und Shen, L.: »On the nature of reactance and its role in persuasive health communication.« *Communication Monographs*, Nr. 72 (2005), S. 144–168.

7. Seligman, M., Steen, T., Park, N. und Peterson, C.: »Positive psychology progress: Empirical validation of interventions.« *American Psychologist*, Nr. 60 (2005), S. 410–421.

8. Festinger, L.: *Theorie der kognitiven Dissonanz*. Bern 1978.

9. Bem, D.: »Self-perception: An alternative interpretation of cognitive dissonance phenomena.« *Psychological Review*, Nr. 74 (1967), S. 183–200.

10. Pantalon, M.: »Motivational interviewing with dually diagnosed inpatients.« In: W. R. Miller, *Enhancing motivation for change in substance use disorder treatment: A treatment improvement protocol*. DHHS Publikation Nr. SMA 99–3354, S. 161. Substance Abuse and Mental Health Services Administration (CSAT), Washington D.C. 1999.

2 Die Autonomie fördern

1. Pantalon, M. und Swanson, A.: »Use of the University of Rhode Island change assessment to measure motivational readiness to change in psychiatric and dually diagnosed individuals.« *Psychology of Addictive Behaviors*, Nr. 17 (2003), S. 91–97.

2. Pink, D.: *Drive. Was Sie wirklich motiviert*. Salzburg 2010.

3. Pantalon, M., Carroll, K., Nich, C. und Frankforter, T.: »Using the URICA as a measure of motivation to change among treatment-seeking individuals with concurrent alcohol and cocaine problems.« *Psychology of Addictive Behaviors*, Nr. 16 (2002), S. 299–307; Carey, K., Maisto, S., Carey, M. und Purnine, D.: »Measuring readiness-to-change substance misuse among psychiatric outpatients: I. Reliability and validity of self-report measures.« *Journal of Studies on Alcohol*, Nr. 16 (2001), S. 79–88.

4. Deci, E. (mit R. Flaste): *Why we do what we do: understanding self-motivation*. New York 1995.

5. Deci, E.: »Intrinsic motivation, extrinsic reinforcement, and inequity.« *Journal of Personality and Social Psychology*, Nr. 22 (1972), S. 113–120.

6. Callahan, D.: *The cheating culture: Why more Americans are doing wrong to get ahead*. Orlando 2004.

7. Rothman, A. und Salovey, P.: »Shaping perceptions to motivate healthy behaviour: The role of message framing.« *Psychological Bulletin*, Nr. 121 (1997), S. 3–19.

3 Die sechs Schritte zu Instant Influence

1. Vaca, F.E., Winn, D., Anderson, C.L., Kim, D. und Arcila, M.: »Feasibility of emergency department bilingual computerized alcohol screening, brief intervention and referral to treatment.« *Substance Abuse.* London 2010.

2. Pantalon, M. und Swanson, A.: »Use of the University of Rhode Island change assessment to measure motivational readiness to change in psychiatric and dually diagnosed individuals.« *Psychology of Addictive Behaviors*, Nr. 17 (2003), S. 91–97.

3. Ebenda.

4. Pantalon, M., Carroll, K., Nich, C. und Frankforter, T.: »Using the URICA as a measure of motivation to change among treatment-seeking individuals with concurrent alcohol and cocaine problems.« *Psychology of Addictive Behaviors*, Nr. 16 (2002), S. 299–307.

5. Carey, K., Maisto, S., Carey, M. und Purnine, D.: »Measuring readiness-to-change substance misuse among psychiatric outpatients: I. Reliability and validity of self-report measures.« *Journal of Studies on Alcohol*, Nr. 62 (2001), S. 79–88.

6. Vasquez, N. und Buehler, R.: »Seeing future success: Does imagery perspective influence achievement and motivation?« *Personality and Social Psychology Bulletin*, Nr. 33 (2007), S. 1392–1405.

7. Toll, B., O'Malley, S., Katulak, N., Wu, R.,Dubin, J., Latimer, A., Meandzija, B., George, T., Jatlow, P., Cooney, J. und Salovey, P.: »Comparing gain- and loss-framed messages for smoking cessation with sustained-release bupropion: A randomized controlled trial.« *Psychology of Addictive Behavior*, Nr. 21 (2007), S. 534–544.

4 Sich selbst beeinflussen

1. Proulx, T. und Heine, S.: »Connections from Kafka: Exposure to meaning threats improves implicit learning of an artificial grammar.« *Psychological Science*, Nr. 20 (2009), S. 1125–1131.

6 Mit Menschen arbeiten, die sich nicht ändern möchten

1. Miller, W., persönliches Gespräch mit dem Autor, 11. April 2003.

8 Veränderungen erkennen

1. Amrhein, P., Miller, W., Yahne, C., Palmer, M. und Fulcher, L.: »Client commitment language during motivational interviewing predicts drug use outcomes.« *Journal of Consulting and Clinical Psychology*, Nr. 71 (2003), S. 862–878.

9 Einen Aktionsplan erstellen

1. Miller, W. R., Yahne, C. E. und Tonigan, J. S.: »Motivational interviewing in drug abuse services: A randomized trial.« *Journal of Consulting and Clinical Psychology*, Nr. 71 (2003), S. 754–763; Amrhein, P. C., Miller, W. R., Yahne, C. E., Palmer, M. und Fulcher, L.: »Client commitment language during motivational interviewing predicts drug use outcomes.« *Journal of Consulting and Clinical Psychology*, Nr. 71 (2003), S. 862–878.
2. Martino, S., Haeseler, F., Belitsky, R., Pantalon, M. V. und Fortin, A. H.: »Teaching brief motivational interviewing to medical students.« *Medical Education*, Nr. 41 (2007), S. 160–167.
3. Linn, M., Lee, H., Tinker, R., Husic, F. und Chiu, J.: »Teaching and assessing knowledge integration in science.« *Science*, Nr. 313 (2006), S. 1049 f.
4. Gollwitzer P. M. und Brandstätter, V.: »Implementation intentions and effective goal pursuit.« *Journal of Personality and Social Psychology*, Nr. 73 (1997), S. 186–199.
5. Locke, E. A. und Latham, G. P.: »Building a practically useful theory of goal setting and task motivation: A 35-year odyssey.« *American Psychologist*, Nr. 57 (2002), S. 705–717.

Register